Paul Rey Die drei ??? Detektivhandbuch

Paul Rey Die drei ??? Detektivhandbuch

Illustriert von Alexander Jung

KOSMOS

Bildnachweis Detektivhandbuch
u = unten, o = oben, m = Mitte, l = links,
R = rechts

AKG Berlin: 22 ol, 71 (Foto: Paul Almasy), 94
× Bildagentur Mauritius: Titelbild ×
Bildarchiv Ravensburg: 136 × BND
Presseabteilung: 54 × DHM Potsdam: 23 ×
FernsehAllianz (NDR): 22 lo × INFO HUND
/ Krämer: 176 × Kinemathek Berlin: 27u
(Foto: Neue Constantin Film) × KölnBild
Archiv (Foto:U. Ernser): 137 × Kosmos Verlag:
10/11, 17, 20, 24, 40, 44, 45, 49, 50, 56/57, 62
u, 63, 64, 70, 73, 74, 75, 76, 88, 89, 90, 92,
95, 97, 101, 108, 142/143, 148, 149, 156 ol, 157
ur, 158, 162, 163, 164, 165, 168, 171, 172, 173,
180, 181, 182 × Landespolizeidirektion
Stuttgart II: 41 u, 159 ×
Landesvermessungsamt Baden-Württemberg:
139 × Polizeidirektion Hannover: 37, 38, 39 u,
41 o, 146, 147 o, 177 um ×, pro-studios
M.Flaig: 68 × Securicor: 47 × Wuppertaler
Verkehrsverbund: 137 u

Illustrationen von Alexander Jung
Umschlaggestaltung, Atelier Reichert auf der
Grundlage der Gestaltung von Aiga Rasch

Die Deutsches Bibliothek – CIP-
Einheitsaufnahme
Ein Titelsatz für diese Publikation ist bei der
Deutschen Bibliothek erhältlich.

Im Besonderen bedanken wir uns für die
freundliche Unterstützung bei der
Pressestelle des Bundesnachrichtendienstes,
der Polizeidirektion Hannover und der
Landespolizeidirektion Stuttgart II.

Gedruckt auf chlorfrei gebleichtem
Papier. Dieses Buch folgt den Regeln der
neuen Rechtschreibung.

1. Auflage
©2001, Franckh-Kosmos Verlags-GmbH
& Co., Stuttgart
Alle Rechte vorbehalten.
ISBN 3-440-08906-1

Redaktion: Martina Zierold
Layout: Markus Schärtlein
Produktion: Markus Schärtlein/
Heiderose Stetter
Druck und Bindung: Těšínská Tiskárna
Satz: Katrin Schrof
Repro: Repro Schmid, Stuttgart
Printed in Czech Republic/Imprimé
en République Tchèque

Informationen senden wir Ihnen gerne zu

Bücher · Kalender · Spiele
Experimentierkästen · CDs · Videos
Seminare
Natur · Garten & Zimmerpflanzen ·
Heimtiere · Pferde & Reiten ·
Astronomie · Angeln & Jagd ·
Eisenbahn & Nutzfahrzeuge ·
Kinder & Jugend

KOSMOS

Postfach 10 60 11
D-70049 Stuttgart
TELEFON +49 (0)711-2191-0
FAX +49 (0)711-2191-422
WEB www.kosmos.de
E-MAIL info@kosmos.de

Inhaltsverzeichnis

Spuren erkennen, sichern und auswerten

Die drei ???
Justus, Peter und Bob

Liebe Krimi-Fans und Detektivkollegen,

es ist kaum zu glauben – aber dieses Jahr haben wir, die Drei ???, unseren 100. Fall erfolgreich lösen können! Wir haben da wieder eimal ein atemberaubendes Abenteuer erlebt, das unsere detektivischen Fähigkeiten hart auf die Probe gestellt und all unser kriminalistisches Wissen erfordert hat.

Als wir dann glücklich in die Zentrale zurückgekehrt waren und Tante Mathilda uns mit ihrem berühmten köstlichen Kirsch-

kuchen und eiskaltem Pfirsichtee versorgt hatte, saßen wir eine ganze Nacht vor dem Wohnwagen, schauten in den strahlenden Sternenhimmel von Rocky Beach und ließen unseren Erinnerungen freien Lauf.

Was war es eigentlich, das uns immer wieder auf die heiße Spur eines Falles brachte, die vertracktesten Rätsel lösen und schließlich den oder die Täter überführen ließ? Justus – in seiner bekannten selbstbewussten Art – meinte, dass nur seine „herausragenden kognitiven Fähigkeiten" der Schlüssel zu unserem Erfolg sein könnten. Ein Super-Gedächtnis, schnelle Kombinationsgabe und überdurchschnittlich ausgeprägtes logisches Denken seien die Faktoren, die den Detektiv erfolgreich machten. Peter widersprach gleich und wies mit boshaftem Blick auf die korpulente Figur unseres Ersten darauf hin, dass ohne eine gewisse körperliche Fitness und handwerkliche Geschicklichkeit wohl kein Fall zu lösen gewesen wäre; man denke nur an die ungezählten Türen und Schlösser, die ohne sein Dietrich-Set uns wohl immer verschlossen geblieben wären. Dann gab Bob bescheiden zu bedenken, dass ohne sorgfältige Recherche und ein sauber geführtes Archiv auch nicht viel laufen würde.

Schließlich wurde uns mit einem Schlag klar: Die Mischung machts! Gedächtnis, Ausdauer, die richtige Ausrüstung und das Faktenwissen – das alles machte uns in unserer Detektivarbeit so erfolgreich.

Und damit all die anderen angehenden oder schon tätigen Detektive von diesem Wissen profitieren konnten, beschlossen wir, dass es ein Handbuch für Detektive geben musste. Es sollte ein Buch werden, das Informationen zu den wichtigsten Aspekten der Kriminalistik liefert, als Nachschlagewerk benutzt werden kann und gleichzeitig jede Menge Tipps und Übungsmaterial für den angehenden Meisterdetektiv bereithält.

Dieses Buch hältst du nun in deinen Händen und wir wünschen dir viel Spaß damit.

Justus, Peter und Bob

Die drei Detektive
Wir übernehmen jeden Fall

???

Erster Detektiv:
Justus Jonas

Zweiter Detektiv:
Peter Shaw

Recherchen und Archiv:
Bob Andrews

Was brauchst du, um ein guter Detektiv zu werden?

Es ist ziemlich gleichgültig, ob du ein Junge oder ein Mädchen bist, groß oder klein, dick oder dünn, stark wie ein Bär oder zart wie ein Schmetterling.
Es kommt nicht so sehr darauf an, wie du ausschaust, sondern, was du im Kopf hast und was du mit deinem Kopf machst. Als guter Detektiv brauchst du folgende vier Fähigkeiten: Du musst deinen Kopf richtig einsetzen können. Du musst gut mit anderen Menschen umgehen können. Du musst Nerven bewahren können und Ausdauer haben. Und du musst einigermaßen fit sein.

KAPITEL 1

Das macht den guten Detektiv aus

In diesem Buch wirst du erfahren, wie du als Detektiv arbeiten kannst. Nicht so wie einer dieser Detektive im Fernsehen, die innerhalb einer halben Stunde den kompliziertesten Fall lösen. Nein, wie ein echter Detektiv. Das ist im wirklichen Leben viel schwieriger. Du musst dich anstrengen, du musst denken, du brauchst Ausdauer und du wirst kaum Zuschauer haben, die klatschen, wenn der Fall gelöst ist.

Das Wichtigste, was du mitbringen musst, ist die richtige Einstellung. Es ist ziemlich gleichgültig, ob du ein Junge oder ein Mädchen bist, groß oder klein, dick oder dünn, stark wie ein Bär oder zart wie ein Schmetterling. Es kommt nicht so sehr darauf an, wie du ausschaust, sondern, was du im Kopf hast und was du mit deinem Kopf machst. Als guter Detektiv brauchst du folgende vier Fähigkeiten: Du musst deinen Kopf richtig einsetzen können. Du musst gut mit anderen Menschen um-

gehen können. Du musst Nerven bewahren können und Ausdauer haben. Und du musst einigermaßen fit sein.

DEINEN KOPF RICHTIG EINSETZEN

Richtig denken können, ist zweifellos die wichtigste Fähigkeit. Du brauchst kein Einstein zu sein, kein Genie. Deine ganz normalen Denkfähigkeiten reichen aus - du musst sie nur richtig pflegen und einsetzen. Ein Detektiv setzt sein Gehirn ein, um Probleme zu lösen. Er sammelt Fakten wie die Teile eines Puzzles, setzt sie zusammen, versucht, fehlende Stücke zu ergänzen. Dann baut er daraus eine Theorie über das, was abgelaufen ist - möglichst plausibel und immer logisch. Und wenn die Teile des Puzzles keinen Sinn ergeben? Dann wird ein Detektiv den Fall von einer ganz anderen Perspektive betrachten, völlig umdenken und versuchen, so die Lösung zu finden. Trainiere die

---

Detektivin oder Detektiv?

Im Buch wird in der Regel von dem Detektiv gesprochen. Das ist kürzer und sieht nicht so komisch aus wie „der/die Detektiv(in)". Zwar sind die meisten Detektive Männer, aber natürlich gibt es auch viele erfolgreiche Frauen in diesem Beruf, nicht nur in Büchern oder im Fernsehen, sondern auch im richtigen Leben.

---

plausibel: einleuchtend, verständlich, begreiflich, stichhaltig kleinen grauen Zellen in deinem Gehirn, so häufig du kannst, und bleibe flexibel.

Wir wissen, dass manche Menschen von Neugier geplagt sind oder vor Neugier verbrennen. Aber ohne Neugier wäre ein Detektiv kein guter Detektiv. Jeder Detektiv sollte mit offenen Augen durch die Welt gehen, immer auf der Suche nach neuen Entdeckungen, immer bereit, sich von neuen Dingen und Entwicklungen überraschen zu lassen. Ein Detektiv, den nichts interessiert und der alles langweilig findet, wird kaum einen Fall lösen können. Dass du neugierig bist, daran besteht kein Zweifel - sonst würdest du ja nicht dieses Buch lesen.

Neben logischem Denken und Neugier wirst du auch etwas brauchen, was Fachleute als „tangentiales" Denken bezeichnen. Jeder sammelt täglich viele kleine Informationen, mit denen wir praktisch wenig anfangen können. Der Tabellenstand in der Bundesliga, das Vermögen eines berühmten Politikers, der in einen Skandal verwickelt ist, oder die Ergebnisse einer Untersuchung über die Abstände, die Spatzen einhalten, wenn sie nebeneinander auf einer Stromleitung sitzen.

Normalerweise ist dies nur

???-Tipp

Die Perspektive wechseln

Wenn du mit deinen Überlegungen nicht weiterkommst, solltest du die Perspektive wechseln, aus der du den Fall betrachtest. Beispielsweise kannst du dich in die Gedankenwelt des Täters versetzen. Wie würdest du als Täter vorgehen? Wie würdest du versuchen, die Spuren zu verwischen. Wohin würdest du fliehen? Was würdest du mit dem geraubten Geld machen? Oder versetze dich in die Person des einzigen Zeugen, des Opfers oder eines neutralen Beobachters. All dies kann dir helfen, zu neuen Erkenntnissen und der Lösung des Falls zu kommen.

Wissen, das für Teilnehmer in Fernseh-Quizshows wichtig ist – und für Detektive. Warum? Weil ein Detektiv niemals weiß, welches Wissen für ihn wichtig sein kann. Natürlich wirst du nicht immer so viel Glück haben wie der Detektiv in „Die Geschichte der Eisenbahn" (nächste Seite). Und keine Angst, du sollst jetzt nicht dieses Buch zur Seite legen und dich erst mit Eisenbahngeschichte befassen.

Du weißt ja so einiges, vielleicht wie man am besten ein bestimmtes Computerspiel spielt, wie eine Fahrradkette repariert wird oder warum Spatzen auf Stromleitungen sitzen können, ohne einen Schlag zu bekommen. Ein guter Detektiv ist immer dabei, sein Wissen auszubauen. Er liest, sehr viel und er hört anderen zu. Das meiste, was du dabei lernst, wird dir zunächst nicht viel nützen. Es ist unwahrscheinlich, dass du

flexibel: biegsam, beweglich, anpassungsfähig

jemals dein Wissen über das Fütterungsverhalten von Karpfen, über die Regeln von Kricket oder die Geschichte der Mauren in Spanien einsetzen kannst. – Aber wer weiß, du kannst es nämlich auch nicht ausschließen!

Die Geschichte der Eisenbahn

Ein Mann wurde von einem anderen Mann zusammengeschlagen. Glücklicherweise wurde der Täter sofort verhaftet. Die Aufgabe des Detektivs Greg Fallis war es, den Arzt zu befragen, der das Opfer als erster im Krankenhaus untersucht hatte. Doch der Arzt wollte nicht mit Fallis sprechen. Er saß in der Notaufnahme und las in einem Buch. Ein Mann war schwer verletzt und ein anderer würde einige Jahre hinter Gittern verbringen, aber der Arzt entspannte sich mit einem Buch. Der Titel des Buches lautete „Die Geschichte der Eisenbahn", der Doktor war ein Eisenbahnnarr. Anstatt also ihn über den Fall auszufragen, unterhielt sich Greg Fallis mit ihm über Eisenbahngeschichte. Und nach einer Stunde erzählte der Arzt ihm, was er wissen wollte. Fallis hatte einfach Glück: Er wusste etwas darüber, wofür sich der Doktor brennend interessierte.

GUT MIT ANDEREN MENSCHEN UMGEHEN

Ein Detektiv muss in der Lage sein, gut mit anderen Menschen umzugehen. Und das bedeutet: gut zuhören, gute Fragen stellen, eine ungezwungene Gesprächsatmosphäre schaffen und etwas schauspielern können.

Später kannst du mehr über Gesprächs – und Befragungstechniken lernen (Seite 122 – 127). „Was aber ist mit einer ungezwungenen Gesprächsatmosphäre" gemeint? Dazu gehört beispielsweise angemessene Kleidung. Will ein Detektiv den Leiter einer großen Bank befragen, so erscheint er zum Termin besser im Anzug und mit einer Krawatte und schafft damit eine für den Banker vertraute Atmosphäre.

Wollte er aber in der gleichen Kleidung jemanden aus der Rauschgiftszene befragen, würden Schlips und Kragen eher hemmend wirken. Jeans und T-Shirt wären hier wahrscheinlich besser angebracht.

Eine gute Gesprächsatmosphäre schaffen, bedeutet auch, dass der Detektiv immer wieder sein Interesse daran äußert, was der andere gerade erzählt. Das wird diesen dazu ermuntern weiterzureden.

NERVEN UND AUSDAUER

Jeder, der sich mit Kriminalität, mit Mord und Totschlag, Betrug und Diebstahl beschäftigt, ist zunächst einmal empört darüber, dass jemand so dreist ist, die Gesundheit oder das Eigentum von anderen Menschen zu attackieren. Aber ein Detektiv sollte sich solche Gefühle nicht leisten. Dies würde seine Arbeit erschweren. Du kannst nicht effektiv arbeiten, wenn du empört, verängstigt, wütend, angeekelt oder in Hochstimmung bist. Solche starken Gefühlsregungen hindern dich, logisch zu denken, auf die kleinen wichtigen Details zu achten und einen Fall schließlich zu lösen.

Was auch immer passiert: Nerven und einen kühlen Kopf bewahren. Ein afrikanischer Detektiv erklärte einmal seinem Kollegen: Du darfst nicht mit dem Herzen denken.

Aufgeben ist ganz einfach, und manchmal wirst du den Drang verspüren, einfach alles hinzuschmeißen und zu sagen: Kann ich nicht, übersteigt mein Wissen, übersteigt meine Fähigkeiten, ein unlösbarer Fall. Und wenn du vor einer solchen Wand stehst und absolut nicht weiter kommst, ist Aufgeben eine verständliche Reaktion.

Viele Detektive haben ihre eigenen Techniken entwickelt, mit solchen Situationen fertig zu werden. Einige lässt ein Fall nie los und sie suchen Wege, die Wand zu umgehen, indem sie die Perspektive wechseln (siehe Kasten S. 13).

Andere üben sich in geduldigem Warten wie der berühmte Detective Bernard Tracey von der Westchester Polizei in New Jersey, der den ungeheuren Willen besaß, einen Mordfall auch noch nach 18 Jahren zu lösen (siehe Kasten rechts).

FIT SEIN

Als Detektiv musst du weder besonders stark noch trainiert wie ein großer olympischer Zehnkämpfer sein. Allerdings solltest du einigermaßen fit sein. Du musst keine 10 km rennen können, solltest aber schon bei einer längeren Verfolgung zu Fuß mithalten können. Du musst nicht 50 kg Gewichte stoßen können, aber manchmal wirst du einiges heben oder tragen müssen. Und du musst dich nicht über Klippen einen Gipfel erstürmen, aber ins vierte Geschoss eines Hauses hochzusteigen, solltest du schon schaffen, ohne aus der Puste zu kommen.

Auch unangenehme Lagen musst du aushalten, beispielsweise lange Zeiten, in denen du als Beobachter stillstehen oder sitzen musst. Da wird die Kälte langsam von deinen Füßen emporsteigen oder der Schweiß Tropfen für Tropfen von deiner Stirn rinnen.

Nicht so romantisch wie bei den Fernsehdetektiven, nicht wahr? Aber wer sagt denn, dass es im richtigen Leben so zugeht wie im Fernsehen?

Tracey 18 Jahre auf der Spur

18 Jahre war Detective Bernard Tracey auf der Suche nach einem Mann, der 1971 seine Familie umgebracht hatte. 1986 bat Tracey eine große Illustrierte darum, über den Fall zu berichten. Doch der Erfolg blieb aus. Schließlich gelang es ihm 1989, seinen Fall in der Fernsehsendung „Amerikas meistgesuchte Verbrecher" zu platzieren. Die Fernsehleute hatten sich zunächst beharrlich geweigert, den Fall aufzunehmen, da sie nach 18 Jahren keine Chance sahen, den Täter noch zu finden. Doch Tracey hatte ein neuartiges Computerprogramm des FBI eingesetzt, mit dem es möglich war, auf der Grundlage von alten Fotos darzustellen, wie der Mörder 1989 aussehen könnte.

Nach der Sendung am 21. Mai 1989 gingen mehr als 250 Hinweise ein. Und Tracey konnte den Mann neun Tage später verhaften.

KAPITEL 2

Was ist ein Verbrechen?

Arthritis: Gelenkentzündung; schmerzhafte Gelenkschwellung

Rauschgift Marihuana

Marihuana ist ein Rauschgift, das aus den getrockneten Blättern und Blüten der weiblichen Pflanze des indischen Hanfs besteht. Das tabakartige Gemisch wird zu Marihuanazigaretten verarbeitet und geraucht. Obgleich Anbau und Genuss in vielen Ländern verboten sind, ist Marihuana das weltweit gebräuchlichste natürliche Rauschmittel. In Deutschland ist Marihuana im Betäubungsmittelgesetz weitestgehend verboten. Wer ohne Erlaubnis Hanf anbaut, herstellt oder vertreibt wird mit Gefängnis nicht unter zwei Jahren bestraft.

Am 16. Januar 1997 wurde der 38-jährige Joseph Forster aus Tulsa, Oklahoma, wegen des Anbaus von Marihuana in seinem Keller zu einer Freiheitsstrafe von 93 Jahren verurteilt. Forster hatte behauptet, dass er an Arthritis in den Füßen, den Hüften und den Händen leide und das Marihuana aus medizinischen Gründen anbaue und konsumiere. Forster sitzt derzeit in McAlester in Oklahoma im Gefängnis.

Hätte er die gleiche Handlung, nämlich den Anbau von Marihuana, im Bundesstaat Kalifornien begangen, wäre er wahrscheinlich auch verurteilt worden, aber zu einer wesentlich geringeren Strafe; denn in Kalifornien sind die Gesetze weniger streng als in den anderen US-Staaten. Hätte er die Tat in den Niederlanden begangen, wäre er heute noch ein freier Mann; dort ist der Konsum von Marihuana völlig straffrei. In den USA ist Joseph Forster ein Verbrecher, in den Niederlanden wäre er ein freier Mann.

DAS GESETZ ENTSCHEIDET

Was macht ein Verbrechen zum Verbrechen? Eigentlich gibt es auf diese Frage eine ganz einfache Antwort: Das Gesetz macht eine Handlung zum Verbrechen. Ein Verbrechen ist nichts anderes als ein Verstoß gegen ein Gesetz.

Jeder Staat gibt sich eine Vielzahl von Gesetzen und verschiedene Staaten geben sich eben verschiedene Gesetze. Allerdings nicht ganz. Es gibt einen Kern von Gesetzen, die mehr oder weniger in allen Staaten die gleichen sind.

Mord und Totschlag, Diebstahl oder Betrug sind überall verboten, doch wird der Mörder oder Dieb nicht überall in gleicher Weise bestraft. Andere Taten werden nur in manchen Staaten als Verbrechen betrachtet, in anderen dagegen nicht. Dazu gehört der Konsum von Drogen.

Wir haben eingangs schon gesehen, dass der Genuss von Marihuana in den USA verboten und mit schwerer Strafe bedroht, in den Niederlanden und einigen anderen Staaten aber erlaubt ist. In Deutschland dürfen Erwachsene über 18 Jahre Alkohol trinken (übrigens auch eine Droge, die so gefährlich ist wie Marihuana!), in den USA müssen sie 21 Jahre alt sein und in vielen arabischen Ländern ist Alkohol streng verboten.

In einigen Staaten der Erde dürfen sich Frauen nur mit einem Schleier auf der Straße bewegen. Iranerinnen drohen bei Verstößen gegen die Kleidervorschrift 74 Peitschenhiebe oder bis zu zwei Monate Gefängnis, den Frauen in Afghanistan sogar der Tod. In den meisten anderen Staaten schüttelt man über solche Gesetze aber nur den Kopf.

VERBRECHEN UND VERGEHEN

Bei uns in Deutschland ist im Strafgesetzbuch festgelegt, was ein Verbrechen ist und wie ein Verbrechen bestraft wird. Im § 12 heißt es: „Verbrechen sind rechtswidrige Taten, die im Mindestmaß mit Freiheitsstrafe von einem Jahr oder darüber bedroht sind." Eine Tat muss also mit mindestens einem Jahr Freiheitsstrafe bedroht werden, bevor sie zum „Verbrechen" erklärt wird.

Überfällt jemand mit einer Pistole in der Hand eine Bank und raubt die Kasse aus, wird dies als schwerer Raub mit mindestens drei Jahren Kittchen bestraft werden und er darf mit Fug und Recht als „Verbrecher" bezeichnet werden.

Schlägt jemand nachts die Scheibe vom Vereinshaus des Schrebergartenvereins ein, steigt ein und klaut die Vereinskasse mit 150 DM, so wird dies als Diebstahl betrachtet und wahrscheinlich mit weniger als einem Jahr bestraft. In einem solchen Fall spricht das Gesetz nicht von „Verbrechen", sondern von „Vergehen". Vergehen sind rechtswidrige Taten, die im Mindestmaß mit einer geringeren Freiheitsstrafe als einem Jahr oder die mit Geldstrafe bedroht sind.

VORSATZ

Eine Straftat wird nur dann bestraft werden, wenn dem Täter nachgewiesen werden kann, dass er mit Vorsatz gehandelt hat. Mit Vorsatz handeln heißt, dass der Täter wirklich die Absicht hatte, eine Straftat zu begehen. Der Mann, der ins Vereinshaus eingebrochen ist, hatte sicher die Absicht, einen Einbruch zu begehen, andernfalls hätte er wahrscheinlich nicht die

StGB ist die Abkürzung für Strafgesetzbuch. Sie wird in Deutschland, Österreich und der Schweiz verwendet. Hier siehst du die Taschenbuchausgabe des deutschen StGB.

§ Dieses Zeichen verwenden Richter und Anwälte für das Wort Paragraph, was so viel wie Abschnitt bedeutet. Anstatt „Paragraph 248" schreiben sie einfach: § 248.

Drakonische Strafen

Drakon war ein Mann, der im alten Athen in Griechenland 624 bis 621 vor Christus die Strafbestimmungen radikal veränderte. Er glaubte, dass selbst die kleinsten Vergehen und Verbrechen mit dem Tode bestraft werden müssten. Und so wurden nicht nur Mörder, sondern auch Gotteslästerer, Diebe und Betrüger, ja sogar Menschen, die der Faulheit überführt wurden, zum Tode verurteilt. Seine „Blutgesetze" wurden schnell wieder abgeschafft, aber sein Name hat sich bis heute erhalten. Ist eine Strafe im Verhältnis zum Verbrechen besonders schwer, sprechen wir noch heute von einer drakonischen Strafe.

Scheibe eingeschlagen. Aber stell dir einmal folgende Situation vor:

Direktor Müller und seine Frau rennen in großer Eile die Stufen zum Konzerthaus hinauf, stürzen zur Garderobe, hängen dort ihre Mäntel auf und schaffen es gerade noch in dem Moment auf ihre Plätze, als der Dirgent des Blasorchesters „Wahre Freude" seinen Taktstock hebt.

Erst am Ende des zweistündigen Konzerts dämmert es dem Direktor: „Mensch, ich habe ja vergessen, die Tageseinnahmen in den Nachtschalter bei der Bank zu werfen. 10.000 €, die sind noch in meinem Mantel." - „Wären wir noch bei der Bank vorbei, hätten wir es zum Konzert nie geschafft", lautet die Antwort seiner Frau.

Doch der Direktor ist schon zur Garderobe verschwunden. Dort herrscht das übliche Gedränge nach einem Konzert. Und nachdem sich der Direktor höchst unvornehm nach vorn gedrängelt hat, stellt er entsetzt fest, sein Mantel ist verschwunden. „Diebstahl", schreit er, „haltet den Dieb."

Er stürzt vor das Konzerthaus und sieht einen Mann seiner Größe in seinem Mantel verschwinden. „Haltet den

Dieb!", ruft er aus Leibeskräften und stürzt sich auf den vermeintlichen Dieb.

Dieser wehrt empört die Versuche des Direktors ab, ihm den Mantel auszuziehen. Erst als ein Polizist eintrifft, beruhigen sich die Gemüter etwas. Der Mann muss den Mantel ausziehen. Und tatsächlich: Es ist der Mantel des Direktors, die 10.000 € stecken noch in der Innentasche.

„Das habe ich doch nicht mit Absicht gemacht, der sieht doch genau wie mein Mantel aus!", verteidigt sich der vermeintliche Dieb. „Ich habe die beiden Mäntel miteinander verwechselt."

Ob glaubhaft oder nicht, eine Absicht kann dem vermeintlichen Dieb wahrscheinlich nicht nachgewiesen werden, und so wird er – selbst wenn er tatsächlich ein Dieb war – straffrei ausgehen. Allerdings tut der Polizist gut daran zu prüfen, ob der Herr tatsächlich einen Mantel hatte, der dem des Direktors zum Verwechseln ähnlich sah.

VERBRECHEN OHNE STRAFE

Begeht also jemand ohne Absicht eine Straftat, so wird er in der Regel nicht bestraft. Es gibt weitere Gruppen von

Menschen, die nicht bestraft werden, jedenfalls in Deutschland: Schuldunfähig ist, wer bei Begehung der Tat noch nicht vierzehn Jahre alt ist. Schuldunfähig bedeutet, dass jemand nicht fähig ist, das Unrecht einer Tat zu erkennen. Als schuldunfähig kann deshalb beispielsweise auch ein geistig gestörter Mensch betrachtet werden, der ein Verbrechen begangen hat.

Und schließlich wird ein Verbrechen auch dann nicht bestraft, wenn es verjährt ist, das heißt wenn zwischen dem Verbrechen und der Verhaftung des Täters eine sehr lange Zeit verstrichen ist. Im Strafgesetzbuch ist geregelt, wann ein Verbrechen verjährt:

Nach **dreißig Jahren** bei Taten, die mit lebenslanger Freiheitsstrafe bedroht sind,

nach **zwanzig Jahren** bei Taten, die im Höchstmaß mit Freiheitsstrafe von mehr als zehn Jahren bedroht sind,

nach **zehn Jahren** bei Taten, die im Höchstmaß mit Freiheitsstrafe von mehr als fünf Jahren bis zu zehn Jahren bedroht sind,

nach **fünf Jahren** bei Taten, die im Höchstmaß mit Freiheitsstrafe von mehr als einem Jahr bis zu fünf Jahren bedroht sind,

nach **drei Jahren** bei den übrigen Taten.

Mord und Völkermord verjähren **niemals**.

Verbrechen und Strafen

Landesverrat
Freiheitsstrafe nicht unter einem Jahr. In besonders schweren Fällen lebenslange Freiheitsstrafe.

Wahlfälschung
Freiheitsstrafe bis zu fünf Jahren oder Geldstrafe.

Gefangenenbefreiung
Freiheitsstrafe bis zu drei Jahren oder Geldstrafe.

Geldfälschung
Freiheitsstrafe nicht unter einem Jahr.

Meineid
Wer vor Gericht unter Eid eine Falschaussage macht, wird mit Freiheitsstrafe nicht unter einem Jahr bestraft.

Falsche Verdächtigung
Wer einen anderen wider besseres Wissen einer rechtswidrigen Tat verdächtigt, wird mit Freiheitsstrafe bis zu fünf Jahren oder mit Geldstrafe bestraft.

Verletzung des Briefgeheimnisses
Freiheitsstrafe bis zu einem Jahr oder Geldstrafe.

Mord
Der Mörder wird mit lebenslanger Freiheitsstrafe bestraft. Mörder ist, wer aus Mordlust, zur Befriedigung des Geschlechtstriebs, aus Habgier oder sonst aus niedrigen Beweggründen heimtückisch oder grausam oder mit gemeingefährlichen Mitteln oder um eine andere Straftat zu ermöglichen oder zu verdecken einen Menschen tötet.

Totschlag
Wer einen Menschen tötet, ohne Mörder zu sein, wird mit Freiheitsstrafe nicht unter fünf Jahren bestraft.

Körperverletzung
Freiheitsstrafe bis zu fünf Jahren oder Geldstrafe.

Erpresserischer Menschenraub
Freiheitsstrafe nicht unter fünf Jahren.

Diebstahl
Freiheitsstrafe bis zu fünf Jahren oder Geldstrafe.

Raub
Freiheitsstrafe nicht unter einem Jahr.

Erpressung
Freiheitsstrafe bis zu fünf Jahren oder Geldstrafe.

Betrug
Freiheitsstrafe bis zu fünf Jahren oder Geldstrafe.

Urkundenfälschung
Freiheitsstrafe bis zu fünf Jahren oder Geldstrafe.

KAPITEL 3

Mörder, Räuber und Spione

spektakulär: großes Aufsehen erregend, wie eine Sensation

Alibi: kommt aus dem Lateinischen und bedeutet „anderswo". Damit ist der Nachweis gemeint (meistens durch Zeugen), dass ein Verdächtiger sich zur Tatzeit an einem anderen Ort aufgehalten hat.

Verbrechen ist nicht gleich Verbrechen. Die meisten Menschen sind von Verbrechen unbeeindruckt, außer sie sind selbst das Opfer eines Diebstahls, eines Einbruchs in ihr Auto oder eines Betrugs. Einige spektakuläre Verbrechen und Verbrecher aber beschäftigen die Öffentlichkeit, sie werden in Zeitung und Fernsehen ausführlich dargestellt, in Büchern nachgezeichnet und in spannenden Filmen verewigt.

Aber tatsächlich haben solche Verbrechen nur einen sehr geringen Anteil an allen Verbrechen. Der Tabelle rechts oben kannst du entnehmen, dass es in Deutschland 1999 insgesamt 6.302.316 Straftaten gab. Aber nur 2.851 Fälle davon waren Mord und Totschlag. Das sind weniger als ein halbes Prozent. Hingegen machten Diebstähle die Hälfte aller Straftaten aus.

Ein Fingerabdruck ist einzigartig. Selbst (eineiige) Zwillinge haben unterschiedliche Fingerabdrücke.

MORD

Wenn wir an Verbrecher denken, fallen uns am häufigsten jene Männer und Frauen ein, die andere Menschen ermordet haben. Sei es aus Mordlust, aus Liebe, aus Habgier, um ein anderes Verbrechen zu verdecken oder aus politischen Motiven, Mörder haben zu allen Zeiten ihre Opfer gefunden. Doch Mörder sind zugleich auch diejenigen Verbrecher, die am häufigsten gefunden, überführt und verurteilt werden.

Einer der berühmtesten Mordfälle in der Kriminalgeschichte spielte sich 1892 im Ort Necochea in Argentinien ab. In einem kleinen Haus am Ortsrand passierte ein Doppelmord. Die Opfer waren die beiden Kinder der 26-jährigen Francesca Rojas. Am Abend des 19. Junis lief Francesca schreiend zu ihren Nachbarn und rief, dass ein anderer Nachbar mit dem Namen Velasquez ihre beiden Kinder umgebracht hätte. Tatsächlich lagen beide Kinder erschlagen im Haus. Der örtliche Polizeichef verhörte Francesca und Velasquez. Dabei stellte sich heraus, dass Velasquez in Francesca verliebt war. Sie hatte ihn aber wegen eines anderen Liebhabers abgewiesen. Und er – so jedenfalls behauptete Francesca – hatte nun aus Rache ihre beiden Kinder umgebracht.

Trotz intensiver Verhöre wollte Velasquez die Tat nicht gestehen. Und wenig später stellte sich heraus, dass er für die Tatzeit sogar ein hieb- und stichfestes Alibi hatte. Im Ort machten nun Gerüchte die Runde, dass der andere Liebhaber von Francesca gesagt haben soll, dass er diese nur heiraten würde, wenn sie keine Kinder hätte. So wurde Francesca erneut verhört. Aber die Polizei kam nicht weiter.

Der Polizeichef wandte sich an das regionale Hauptquartier in La Plata und bat um Hilfe. Dort hatte ein jugoslawischer Immigrant gerade die Leitung des Erkennungsdienstes übernommen. Er hatte einige Artikel über Fingerabdrücke gelesen und war davon so begeistert, dass er einen Polizeioffizier schickte, um den Tatort gründlich zu untersuchen.

Und tatsächlich fand der Offizier an der Tür zum Tatraum Blutspuren, auf denen

Total	6.302.316	100%
Diebstahl	3.133.418	50%
Betrug	717.333	11%
Sachbeschädigung	654.172	10%
Körperverletzung	365.815	6%
Rauschgiftvergehen	226.563	4%
Beleidigung	136.285	2%
Urkundenfälschung	72.819	1%
Umweltvergehen	36.663	1%
Brandstiftung	29.003	0,5%
Mord und Totschlag	2.851	0,05%

deutlich Fingerabdrücke zu sehen waren. Kurzerhand sägte er diesen Teil der Tür aus und nahm ihn mit.

Im örtlichen Polizeibüro nahm er dann einen Fingerabdruck von Francesca. Als ihr Abdruck neben dem Abdruck auf der Tür zu sehen war, konnte jeder mit einer Lupe erkennen, dass beide Abdrücke von der gleichen Person stammten. Angesichts dieses Beweises gestand Francesca die Tat.

Die Gerüchte im Ort hatten sich bewahrheitet und Francesca war die erste Person in der Geschichte, die mit Hilfe von Fingerabdrücken eines Mordes überführt wurde.

RAUB

Blutig geht es manchmal auch bei anderen Verbrechen zu, die die Fantasie vieler Menschen anregt: dem Raub und besonders dem Bankraub. Zu

1999 wurden in Deutschland 6.302.316 Straftaten verübt. Das sind 12 Straftaten pro Minute, Tag und Nacht. Hier kannst du für einige Bereiche sehen, wie viele Straftaten verübt wurden.

% Das ist das Zeichen für Prozent. Es bedeutet „von Hundert". 11% bedeutet beispielsweise in der Tabelle oben: von 100 Straftaten sind 11 Straftaten Betrugsfälle. Oder 1% bedeutet: von 100 Straftaten ist 1 eine Straftat ein Umweltvergehen.

populär: volkstümlich, beim Volk beliebt

Viele Zeitgenossen betrachteten ihn als modernen Robin Hood: der amerikanische Bankräuber John Dillinger.

Als im Jahr 1965 der Überfall der 15 Posträuber auf den Postzug von Glasgow nach London als dreiteilige Serie ins Fernsehen kam, saßen ganz Deutschland, Österreich und die Schweiz vor dem Fernsehapparat.

den bekanntesten Räubern gehörte John Dillinger. In den dreißiger Jahren brach er in den USA mit Hilfe einer aus Holz und schwarzer Schuhcreme gefertigten Pistolenattrappe aus dem Gefängnis aus. Anschließend raubte er mit einer vom ihm gegründeten Bande mehrere Banken aus.

Dabei war er wenig zimperlich. Er verletzte mehrere Menschen schwer oder tödlich. Und immer wieder gelang es ihm, der Polizei zu entwischen. Einmal wurde er von den Kugeln eines Polizisten getroffen, doch trug er eine kugelsichere Weste.

Das FBI erklärte ihn zum „meistgesuchten Verbrecher Amerikas". Zugleich wurde er aber bei vielen Menschen sehr populär, da es ihm immer wieder gelang, mit der Polizei Katz und Maus zu spielen.

Schließlich wurde er durch ein Bandenmitglied verraten und vor einem Kino in Chicago von der Polizei erschossen.

Wahrscheinlich noch viel populärer als Dilliger waren die Gangster, die im August 1963 den Postzug zwischen dem schottischen Glasgow und der britischen Hauptstadt London stoppten.

15 maskierte Männer überwältigten den Lokomotivführer und brachen einen der Waggons des Zuges auf. Vier dort tätige Postler wurden überwältigt und die Fracht des Waggons in drei bereitstehende Lastwagen geladen. Die Bande erbeutete 120 Geldsäcke mit insgesamt 2,63 Millionen Pfund, umgerechnet etwa 4,4 Millionen Euro.

Das Ganze lief ab, ohne dass einem der Opfer ein einziges Haar gekrümmt wurde. Scotland Yard gelang es, die meisten Mitglieder der Bande zu verhaften. Doch erst 1964 wurde der Kopf der Bande gefasst, Ronald Biggs.

Ihm gelang wenig später eine Aufsehen erregende Flucht aus dem Gefängnis. Nach dem Biggs 35 Jahre lang in Brasilien im Exil gelebt hatte, ist er am 7. Mai 2001 freiwillig nach London zurückgekehrt und wurde dort noch am Flughafen festgenommen.

SPIONE

Einer der bekanntesten Spionagefälle spielte sich während des Ersten Weltkriegs in Paris ab. Dort trat die Niederländerin Margaretha Zelle unter ihrem Künstlernamen Mata Hari als Tänzerin auf.

Bald wurde sie durch ihre orientalischen Vorstellungen berühmt. Männer gaben Unsummen von Geld aus, um sie tanzen zu sehen. Beim Ausbruch des Ersten Weltkriegs wurde sie vom deutschen Konsul als Spionin angeworben, da viele ihrer Männerbekanntschaften französische Offiziere waren. Sie zog in eine Villa und baute heimlich als Agentin ein großes Spionagenetz auf.

Am 13.2.1917, nachdem der Krieg schon drei Jahre tobte, wurde sie von den französischen Behörden enttarnt. Diese hatten übrigens selbst versucht, sie als Spionin gegen die Deutschen anzuwerben. Sie wurde zum Tode verurteilt und am 15. Oktober 1917 hingerichtet.

Nicht weniger Aufsehen erregend war im Jahr 1974 der Fall des Spions Günter Guillaume. Er hatte sich als kleines Mitglied der Frankfurter SPD durch alle politischen Ebenen der Partei in das Bundeskanzleramt gedient und war schließlich einer der engsten Berater vom damaligen Bundeskanzler Willy Brandt geworden.

Bei seiner Arbeit hatte er Zugang zu den wichtigsten und geheimsten Dokumenten und zu vielen vertraulichen Gesprächen des Kanzlers. Sein Wissen übermittelte er auf geheimen Kanälen an den DDR Staatssicherheitsdienst. Im Jahre 1974 wurde er durch den Bundesnachrichtendienst als Offizier des ostdeutschen Staatssicherheitsdienstes enttarnt.

19 Jahre zuvor war er aus der damaligen DDR in die Bundesrepublik eingeschleust worden, wo er sich als politischer Flüchtling ausgab, und seinen Weg in die höchste politische Spitze machte. Zwei Wochen nach der Enttarnung trat Bundeskanzler Brandt zurück. Guillaume wurde 1975 zu 13 Jahren Gefängnis verurteilt.

Guillaume war einer der wenigen Spione, denen es gelang, bis in die Regierungsspitze vorzudringen.

Spionage

Mit Spionage ist das Auskundschaften militärischer, politischer und wirtschaftlicher Geheimnisse durch Spione, Agenten und Nachrichtendienste gemeint. Nach unserem Strafrecht wird Spionage als Landesverrat, Verrat militärischer oder diplomatischer Geheimnisse bestraft. Doch bleibt die Spionagetätigkeit zugunsten des eigenen Staats straffrei und wird sogar staatlich unterstützt.

Durch Spionage kann für einen Staat oder für ein Industrieunternehmen sehr großer politischer und / oder wirtschaftlicher Schaden entstehen. Manche Staaten bestrafen lediglich die gegen sie begangenen Spionagedelikte, während andere Staaten (z. B. die Schweiz) jedwede Spionage unter Strafe gestellt haben.

Häufig werden Spione zwar bestraft, aber dann gegen Spione der eigenen Seite „ausgetauscht", d. h. beiderseitig über die Grenze abgeschoben.

Wie war das doch gleich?

Ein guter Detektiv mit einem schlechten Gedächtnis? Kaum vorstellbar, nicht wahr. Aber mal ehrlich, wie gut ist eigentlich dein Gedächtnis? Dies kannst du mit dem Gedächtnistest für Detektive (links) prüfen. Wenn du dich an mehr als die Hälfte der Kennzeichen erinnerst, bist du schon gut.

Wie kannst du dein Gedächtnis verbessern? Wissenschaftler haben herausgefunden, dass sich deine Gedächtnisleistung nicht verbessert, wenn du die Übung mehrmals hintereinander wiederholst. Aber du kannst besser werden, wenn du einige Tricks von den Profis lernst.

Da ist zum Beispiel Dominic O'Brien. Er war 1994 Gedächtnisweltmeister. Er erzählt, dass er als Kind ein schlechter Schüler war und dass er obendrein ein ziemlich schlechtes Gedächtnis hatte. Und nur durch das Training seines Gedächtnisses und durch ein bisschen Fitnesstraining ist es ihm gelungen, zu den Höchstleistungen aufzusteigen, die ihm schließlich den Weltmeistertitel einbrachten.

Eine der Aufgaben bei der Weltmeisterschaft war es, innerhalb einer Stunde möglichst viele Karten, die gemischt wurden, in der richtigen Reihenfolge zu erinnern. O'Brien schaffte es, neuneinhalb Kartenspiele, das sind 494 Karten, in der richtigen Reihenfolge zu erinnern.

1994 stellte Dominic O'Brien einen neuen Weltrekord auf. Ein Kartenspiel, bestehend aus 52 Karten, wurde gründlich gemischt. O'Brien schaute sich den Satz in der gemischten Reihenfolge genau 43,59 Sekunden an und konnte anschließend alle Karten in der richtigen Reihenfolge aufzählen.

Sicher schaffst du das noch nicht, sonst könntest du an den nächsten Weltmeisterschaften teilnehmen. Aber du kannst anhand der Aufstellung (rechts) feststellen, wie gut du schon bist.

ESELSBRÜCKEN

Eselsbrücken, so nennt man die einfachsten Hilfsmittel, um unserem Gedächtnis auf die Sprünge zu helfen. Gereimte Eselsbrücken sind am bekanntesten:

Drei, drei, drei – bei Issos Keilerei (333 besiegte Alexander der Große den Perserkönig Darius III. bei Issos).

Iller, Lech, Isar, Inn fließen zu der Donau hin; Altmühl, Nab und Regen fließen ihr entgegen.

Manchmal kannst du Dinge dadurch besser behalten, dass du dir einen Satz merkst. Die Namen der Planeten in unserem Sonnensystem erinnerst du mit dem Satz:

Mein Vater erklärt mir jeden Sonntag unsere neun Planeten (siehe rechts).

Mit dem Satz **Welcher Sportler liegt bis neun im Bett** merkst du dir die Namen der ostfriesischen Inseln (Wangerooge, Spiekeroog, Langeoog, Baltrum, Norderney, Juist, Borkum).

Und häufig reicht ein einzelner Buchstabe, der dir

Erinnern von Spielkarten

Es geht um das Erinnern von gemischten Spielkarten. Mische einen Stapel von 52 Karten und versuche, dir die Karten in der gemischten Reihenfolge zu merken. Die Zeit kannst du mit einem Küchenwecker stoppen. Ist die Zeit abgelaufen, schreibst du die Reihenfolge, in der die Karten lagen, auf einen Zettel. Dabei kannst du statt Herz 8 einfach H8, für Kreuz Dame einfach KD, für Pik 6 einfach P6 schreiben usw. Nach dem Aufschreiben kannst du am Kartenstapel prüfen, wie viele Karten du richtig erinnert hast.
26 Karten in 30 Minuten: normal.
52 Karten in 30 Minuten: gut.

52 Karten in 15 Minuten: Du bist besser als 98% der Bevölkerung.
52 Karten in 10 Minuten: Du bist besser als 99% der Bevölkerung.
52 Karten in 6 Minuten: Du kannst an den deutschen Meisterschaften teilnehmen.
52 Karten in 3 Minuten: Du bist so gut, dass du an den Weltmeisterschaften teilnehmen kannst.
52 Karten in 2 Minuten: Du gehörst zu den 10 Besten in der Welt.
52 Karten in unter 50 Sekunden: Wenn du noch etwas schneller wirst, kannst du den Weltrekord brechen.

[nach Buzan, Tony: Buzan's Book of Genius, London 1994]

---

auf die Sprünge hilft. Als Beispiel die ewige Frage der Landratten: Wenn der Kapitän nach steuerbord lenkt, fährt das Boot dann nach rechts oder nach links? „Steuerbord" hat ein e, backbord nicht. Also ist steuerbord rechts und backbord links.

Und für die nächste Biologiestunde ist vielleicht die folgende Eselsbrücke nützlich: **Afrikanische Elefanten haben lange Ohren. Indische Elefanten haben winzige Ohren.**

Manchmal brauchst du nicht einmal einen Buchstaben. Um festzustellen, welche Monate 31 Tage haben,

Mein	Merkur
Vater	Venus
Erklärt	Erde
Mir	Mars
Jeden	Jupiter
Sonntag	Saturn
Unsere	Uranus
Neun	Neptun
Planeten	Pluto

Mit dem Satz in der linken Spalte kannst du dir die Namen der Planeten in unserem Sonnensystem merken.

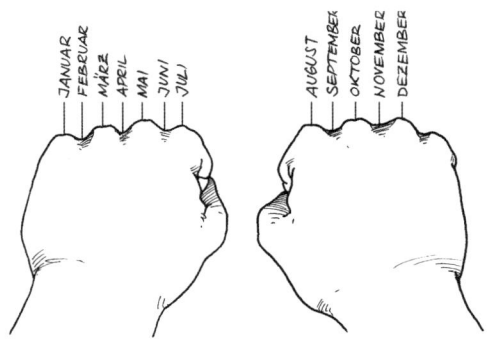

Ein Monat auf einer Erhebung hat 31 Tage. Und recht deutlich wird, wenn du von einer Faust zur anderen springst: Juli und August haben beide 31 Tage.

musst du nur den Erhebungen und Vertiefungen auf deinen Fäusten nachgehen.

GEDÄCHTNISTRAINING WIE BEI DEN ALTEN GRIECHEN

Schon die alten Griechen hatten Probleme mit ihrem Gedächtnis. Sie haben einen Trick entwickelt, wie sie sich eine Kette von Sätzen (zum Beispiel bei einer Rede) oder eine Reihe von Wörtern merken konnten.

Sie stellten sich ein Haus, eine Wohnung oder auch ein Klassenzimmer vor, dass ihnen sehr vertraut war. Dann gingen sie im Kopf durch die Wohnung, das Haus oder das Zimmer; etwa so:

Zuerst komme ich in den Flur, da ist rechts ein großer Spiegel. Daneben geht es in das Badezimmer mit der großen grünen Wanne, von dort in die Küche mit der Feuerstelle neben dem Fenster usw. Du siehst, wie sie im Kopf durch die Wohnung wandern.

Nun haben sie bei der Vorbereitung ihrer Rede einfach auf jedem dieser Gegenstände einen Satz oder ein Wort „liegen gelassen", die oder den sie sich merken wollten. Nimm zum Beispiel an, du musst dir die Wortliste „Knopf, Lineal, Schuhe, Fingerabdruck und Wechselgeld" merken. Das machst du so:

Zuerst komme ich den Flur und sehe rechts im Spiegel den großen Knopf an meinem Mantel. Ich gehe weiter ins Bad und dort schwimmt ein Holzlineal in der Badewanne. Ich komme in die Küche und jemand hat seine Schuhe in die Feuerstelle gestellt usw.

Du kannst dir vorstellen, wie es weitergeht. Nachdem du dir diese Geschichte zwei oder drei Mal erzählt hast, wirst du auch noch nach zwei Tagen mit Hilfe eines Rundgangs durch deine Wohnung die Wortliste ohne Probleme wiederholen können.

PERSONENGEDÄCHTNIS

Häufig fällt es uns schwer, die Namen von Menschen zu merken, für Detektive kaum denkbar. Aber auch hier gibt es einige Tricks. Wichtig ist, dass du dich für einen Menschen wirklich interessierst.

Meist kommt dir dann von allein eine Gedankenverbindung (eine Assoziation), die beim Erinnern hilft.

Manchmal ist es einfach, da heißt einer Vogel, dann stellst du ihn dir mit einem Vogel auf der Schulter vor, oder Frau Fischer mit einer Angelrute. Aus Herrn Brüggemann wird in deinem Kopf der Mann auf der Brücke und aus Frau Kohlhammer die Frau, die den Kohl mit dem Hammer zu zerlegen versucht.

Aber was machst du, wenn jemand Frau Arnold heißt? Nun ist Arnold auch ein Vorname. Und Vornamen kann man sich häufig merken, indem man an berühmte Personen denkt, die den gleichen Vornamen tragen. Denk doch einfach an Arnold Schwarzenegger. Frau Arnold ist genau das Gegenteil von ihm: eine Frau, klein und zierlich.

Menschen begegnen uns ja nicht irgendwo, sondern in bestimmten Situationen, in der Bibliothek, in der U-Bahn, auf einer Party. Je mehr es dir gelingt, den Namen mit dem Ort zu verbinden, an dem du jemanden getroffen hast, desto einfacher wirst du dich auch später an den Namen erinnern können. Du wirst dann nicht fragen: „Mensch wie hieß der noch, wie hieß

der bloß", sondern dir fällt ein: „Ach ja, den habe ich ja neulich in der Bibliothek gesprochen, sein Name hatte etwas mit dem Bau zu tun. Ach ja Steinlein, Peter Steinlein."

Und dann gibt es da noch die Namen, die man sich absolut nicht merken kann, weil sie eine so schwierige Schreibweise haben. Du willst der betreffenden Person eine E-Mail schreiben und weißt nicht mehr, wie der Name richtig geschrieben wird. In solchen Fällen kannst du dir mit ähnlichen Sätzen helfen wie oben, als es um das Behalten der Namen der Planeten in unserem Sonnensystem ging. Ein Beispiel: Du willst einen Brief an Kommisar Naumczyk schreiben. Die Schreibweise kannst du dir merken, wenn du dir folgenden Satz in Zusammenhang mit dem Namen einprägst: <u>Na</u> <u>u</u>nd, <u>m</u>ein (s)<u>ch</u>icer <u>Z</u>ylinder <u>k</u>lemmt.

B – HH 253
PI – B 3490
OHZ – ER 146
RV – PI 971
S – LM 726
TÜ – TE 407
KA – YK 530
LH – JM 358
M – P 3091
HR – LL 220
M – LA 2363
DO – TU 4570
D – MO 4913
MA – CV 7892
MTK – UI 4971
FR – YH 8963
BAD – OL 9994
OHL – RV 4231
L – HT 6721
RT – KY 341

Schau dir diese Liste für 5 Minuten genau an. Schlage das Buch zu und schreibe so viele Kennzeichen auswendig auf, wie du kannst. Zur Erklärung siehe Seite 24.

Sein Name erinnert an eine schwarze Ecke, obwohl er ja keine schwarze Gestalt ist, im Gegenteil.

KAPITEL 5

Na, ist doch logisch!

In welche Richtung?

Du hast dich im Reichswald verlaufen. Der Wald ist etwa 8 km lang und 5 km breit und liegt genau zwischen Oberndorf und Unterwiesn. In Oberndorf leben Lügner, was immer sie sagen, sie lügen. Die Leute aus Unterwiesn sagen dagegen immer die Wahrheit.

Endlich triffst du im Wald einen Mann, den du nach dem Weg fragen kannst. Du weißt aber nicht, ob er aus Oberndorf oder aus Unterwiesn stammt. Du hast nur eine einzige Frage, um herauszufinden, welches die richtige Richtung ist. Was wirst du den Mann fragen? Die Antwort findest du auf Seite 184.

Die Sprache und die Gedanken, die wir normalerweise verwenden, sind oft nicht sehr klar. Als Detektiv können wir uns das nicht leisten. Ohne Klarheit können wir keinen Verbrecher überführen und ohne präzise Sätze können wir ihn nicht vor Gericht bringen.

Schau dir die folgenden Sätze an:

1. Blut ist rot.
2. Holst du bitte die Lupe!
3. Wasser besteht aus zwei Wasserstoffatomen und einem Sauerstoffatom.

Als Detektiv beschäftigst du dich eigentlich nur mit solchen Sätzen, deren Inhalt entweder wahr oder falsch sein kann. Beim ersten Satz kann man feststellen, ob er wahr oder falsch ist, ebenso beim dritten. Der zweite Satz aber ist eine Bitte, hier ist die Frage, ob er wahr oder falsch ist, nicht sinnvoll. Wie ist das bei den folgenden Sätzen:

1. Warst du gestern im Kino?
2. Ich war zur Tatzeit im Kino.
3. Das Blut an der Tatwaffe gehört zur Blutgruppe 0.
4. Fahr zur Hölle!
5. Goethe schrieb den Roman „Emil und die Detektive".

Die Sätze 1 und 4 sind keine logischen Sätze in dem Sinne, dass man feststellen kann, ob sie wahr oder falsch sind. Bei 2, 3 und 5 ist dies aber durchaus möglich.

Häufig lässt sich herausfinden, ob ein Satz wahr oder falsch ist. Du kannst in der Stadtbibliothek feststellen, dass „Emil und die Detektive" von Kästner und nicht von Goethe geschrieben wurde. Und die Behauptung des Verdächtigen, dass er zur Tatzeit im Kino war, lässt sich durch Zeugen ebenfalls als richtig oder falsch erweisen.

Manchmal ist dies aber nicht so einfach, besonders wenn das Wörtchen „alle" in einem Satz steckt. Schau dir diese beiden Beispiele an:

1. Alle Schwäne sind weiß.
2. Alle Schimmel sind weiß.

Dass der zweite Satz wahr ist, ist klar; denn Schimmel sind ja alle die Pferde, die weiß sind. Der erste Satz ist schwieriger. Kannst du dir denken, warum? „Alle" meint ja wirklich alle, und zwar ohne Ausnahme. Eigentlich müsste man also alle Schwäne, die es gibt, anschauen und prüfen, ob sie weiß sind. Unmöglich! Allerdings genügt schon ein einziger schwarzer Schwan, um zu zeigen, dass der Satz nicht stimmt. Du musst also nur ein einziges Gegenbeispiel finden, um einen Satz mit „alle" aus den Angeln zu heben.

DEDUKTIVES DENKEN

Um einen Fall zu lösen, musst du nicht nur in Sätzen denken, die wahr oder falsch sein können, du musst auch bestimmte Schlüsse aus ihnen ziehen. Hier einige Beispiele:

1. Alle Schwäne sind Vögel.
2. Alle Vögel legen Eier.
3. Also legen alle Schwäne Eier.

Aus der 1. und der 2. Tatsache hast du den 3. Satz abgeleitet. Allerdings musst du manchmal gut aufpassen. Was stimmt hier nicht?

1. Alle Emus sind Vögel.
2. Alle Vögel können fliegen.
3. Also können alle Emus fliegen.

Das ist offensichtlich falsch. Der Emu ist ein australischer Laufvogel, der nicht fliegen kann. Die 2. Behauptung „Alle Vögel können fliegen" ist falsch und deshalb ist auch die Schlussfolgerung falsch. Aber jetzt wird es vertrackt. Was stimmt hier nicht:

1. Alle Schwäne sind Vögel.
2. Alle Vögel brüten ihre Eier aus.
3. Also brüten alle Schwäne ihre Eier aus.

Hier stimmt die erste Aussage und die Schlussfolgerung „Also brüten alle Schwäne ihre Eier aus." Aber die zweite Behauptung ist falsch. Nicht alle Vögel brüten ihre Eier aus, der Kuckuck legt sie anderen Vögeln zum Ausbrüten ins Nest. Du kannst also trotz einer falschen Tatsachenbehauptung etwas Richtiges schließen. Allerdings würde kein Staatsanwalt vor Gericht mit einer solchen Argumentation durchkommen. Dort wie im Ermittlungsverfahren muss alles stimmen. Logisch denken heißt also immer: Du musst zunächst deine Tatsachenbehauptungen wasserdicht machen, bevor du Schlussfolgerungen ziehst.

Eine andere Form des logischen Denkens, die Detektive oft einsetzen, geht so:

1. Alle Flugzeuge haben Flügel.
2. Die Boeing 747 hat Flügel.
3. Also ist die Boeing 747 ein Flugzeug.

Zu viert über den Fluss

Ein Bauer gelangt an einen Fluss. Mit sich führt er einen Wolf, eine Ziege und einen Kohlkopf. Am Flussufer befindet sich nur ein sehr kleines Boot und keine Brücke ist in der Nähe. Das Boot ist so klein, dass der Bauer immer nur mit einem der drei über den Fluss rudern kann. Doch lässt er den Wolf und die Ziege allein an einem Ufer, wird der Wolf die Ziege fressen. Lässt er die Ziege mit dem Kohlkopf allein wird diese den Kohl essen. Wie schafft es der Bauer, mit allen dreien über den Fluss zu kommen, ohne dass Ziege oder Kohlkopf gefressen werden? Die Antwort findest du auf Seite 184.

Claudia hinter Claus

Claus steht hinter Claudia und zur gleichen Zeit steht Claudia hinter Claus. Wie ist das möglich?
Die Antwort findest du auf Seite 184.

Die letzte Botschaft

Ein Mann wurde tot in seinem Arbeitszimmer gefunden. Er lag erschossen mit dem Oberkörper auf seinem Schreibtisch, neben ihm ein Kassettenrekorder. Als der Detektiv die Kassette abspielte hörte er: „Ich kann so nicht mehr weiterleben. Lebt wohl!" Und dann war noch ein Schuss zu hören. Der Detektiv wusste sofort, dass der Mann ermordet wurde. Warum?
Die Antwort findest du auf Seite 184.

Das klingt in Ordnung und ist in Ordnung. Was aber stimmt hier nicht?
1. Alle Flugzeuge haben Flügel.
2. Ein Adler hat Flügel.
3. Also ist ein Adler ein Flugzeug.

Die erste Behauptung stimmt. Aber wie ist das mit der zweiten? Kannst du dir die Antwort denken?

Diese Form des logischen Denkens in unseren Beispielen nennt man Deduktion. Das bedeutet, aus allgemeinen Behauptungen wird auf einen besonderen Fall geschlossen. Und deduktives Denken liegt in der Regel dann vor, wenn mindestens einer der Tatsachensätze mit dem Wort „alle" beginnt. Sherlock Holmes ist für sein deduktives Denken berühmt. Ein Fall wird bei ihm beispielsweise durch die folgenden logischen Sätze gelöst:
1. Alle Wachhunde bellen, wenn ein Fremder sich ihnen nähert.
2. Als Professor Müller ermordet wurde, hat der Wachhund nicht gebellt.
3. Also wurde Professor Müller nicht von einem Fremden ermordet.

Das ist im Prinzip das gleiche Denkmuster wie in unserem Boeing 747-Beispiel.

Genauso wie das folgende Beispiel:
1. Alle Menschen haben Fingerabdrücke, die einzigartig sind.
2. An der Pistole wurden die Fingerabdrücke des Butlers gefunden.
3. Also hat der Butler die Pistole angefasst.

INDUKTIVES DENKEN
Häufig denken Detektive aber nicht deduktiv wie Sherlock Holmes, sondern induktiv, das heißt, sie beobachten einzelne Spuren, Fakten oder Zeugenaussagen und schließen daraus auf etwas Allgemeines, nämlich wer der Täter war. Hier sind zwei Beispiele:
1. Du sitzt im Zimmer neben der Küche, es fängt an, nach verbranntem Brot zu riechen. Deine Schlussfolgerung: Jemand muss den Toaster bedient haben.
2. Du schaust zufällig aus dem Fenster und siehst einen Mann davonlaufen, hinter dem ein Polizist herrennt. Deine Schlussfolgerung: Der Polizist verfolgt den Mann.

Der Unterschied zum deduktiven Denken ist dir vielleicht schon deutlich geworden: Deine Schlussfolgerung **kann** stimmen, sie muss aber nicht stimmen. Nimm an, dass im zweiten Beispiel hinter dem Polizisten eine große Dogge rennt. Dann könnte es ja auch sein, dass beide, der Polizist und der Mann, vor der Dogge davonlaufen. Beim induktiven Denken kommt es also darauf an, dass du möglichst gute Tatsachen sammelst und dann vorsichtig deine Schlussfolgerungen ziehst. Nimm Folgendes an:

1. Der Professor ist mit seiner eigenen Pistole durch einen Schuss in den Rücken ums Leben gekommen.

2. Die Pistole wurde neben dem Toten gefunden.

3. Der Wachhund hat nicht gebellt.

4. An der Pistole findet die Polizei Fingerabdrücke vom Professor und vom Butler.

Wenn ich dich frage, was du vermutest, wirst du wahrscheinlich den Butler als Mörder verdächtigen. Deine Vermutung ist eine induktive Schlussfolgerung. Du hast die einzelnen Tatsachen betrachtet, hast geschaut, wie diese zusammenpassen, um schließlich zu deiner Vermutung zu kommen: Der Butler ist es wahrscheinlich gewesen. Und in der Formulierung wird schon deutlich, eine Induktion führt dich nicht zu absoluter Gewissheit. Ganz sicher kannst du angesichts der vier vorliegenden Tatsachen noch

nicht sein. Die Polizei würden in einer solchen Situation nach weiteren Tatsachen suchen. Wird mit einer Pistole geschossen, entstehen Schmauchspuren. Finden sich solche Spuren an der Hand des Butlers, erhärtet sich der Verdacht.

Schmauchspuren: mikroskopisch kleine Bleipartikel, die bei einem Schuss mit dem Projektil zusammen austreten und die Spuren an der Hand des Schützen hinterlassen.

???-Wettbewerb

Einsteins Rätsel

Dieses Rätsel kann von etwa 2% der Weltbevölkerung gelöst werden. Es ist als Einsteins Rätsel berühmt, obwohl er es gar nicht erdacht hat. Gehörst du zu den Top 2%? Probier es aus!

Ausgangslage

1. Es gibt 5 Häuser in 5 verschiedenen Farben.

2. In jedem Haus lebt eine Person aus einem anderen Land.

3. Jede von ihnen trinkt ein bestimmtes Getränk, raucht eine bestimmte Zigarettenmarke und besitzt ein bestimmtes Haustier.

4. Keiner der Bewohner hat das gleiche Haustier, raucht die gleichen Zigaretten oder trinkt das gleiche Getränk wie ein anderer.

Tipps

1. Der Engländer ist im roten Haus.

2. Der Schwede hat einen Hund als Haustier.

3. Der Däne trinkt Tee.

4. Das grüne Haus ist links vom weißen Haus.

5. Der Bewohner des grünen Hauses trinkt Kaffee.

6. Der Mann der Pall Mall raucht hat einen Wellensittich.

7. Der Bewohner des gelben Hauses raucht Dunhill.

8. Der Mann, der im Haus genau in der Mitte wohnt, trinkt Milch.

9. Der Norweger lebt im ersten Haus.

10. Der Mann, der Blend raucht, lebt neben dem Mann, der die Katze hat.

11. Der Mann, der ein Pferd besitzt, lebt neben dem Mann, der Dunhill raucht.

12. Der Mann, der Stuyvesant raucht, trinkt Bier.

13. Der Deutsche raucht Prince.

14. Der Norweger lebt neben dem blauen Haus.

15. Der Mann, der Blend raucht, hat einen Nachbarn, der Wasser trinkt.

Die Frage: Wem gehört der Fisch?
Die Antwort findest du auf
Seite 184.

Detektivarbeit ist Ehrensache

Die Aufgabe eines Detektivs ist es nicht, wie ein Karatekämpfer oder wie Rambo Gangster zur Strecke zu bringen. Diese erledigen ihre Gegner durch Stärke, Waffen und Gewalt.

Ein Detektiv versuch, die Wahrheit herauszufinden, nicht durch Gewalt – überhaupt nicht durch Kämpfen, sondern durch Köpfchen. Das ist auch der Sinn dieses Buches, dir zu zeigen, wie du wie ein Detektiv denken kannst, wie du etwas siehst, was niemand sonst sieht, und wie du Schlüsse ziehen kannst, die niemand sonst zieht. Die Wahrheit herauszufinden, ist deine vornehmliche Aufgabe. Darum geht es.

DU BIST KEIN POLIZIST

Du bist ein Amateur. Du bist Detektiv, weil du Spaß daran hast. Du machst es um der Ehre willen. Aber du machst es nicht, um Geld damit zu verdienen. Das dürftest du auch gar nicht, denn zuvor müsstest du ein Gewerbe anmelden und dafür musst du 18 Jahre alt sein. Ein richtiger Detektiv ist meistens auch Mitglied in einem der Detektiv-Verbände. Die Voraussetzungen, um in einem solchen Verband Mitglied zu werden, findest du im Kasten links.

Anders als ein Polizist hat ein Detektiv keine besonderen Rechte. Misch dich nicht in die Arbeit der Polizei ein. Wenn du Kontakt mit der Polizei suchst, wendest du dich am besten an deinen KOB, den Kontaktbereichsbeamten (siehe Kasten auf S.33). Glaubst du, dass du einem wirklichen Verbrechen auf der Spur bist, so wendest du dich an deine Eltern und bittest sie, mit dir zur Polizei zu gehen. In einem Notfall kannst du dich auch direkt an die Polizei wenden. Auf keinen Fall darfst du selbst Ermittlungen aufnehmen oder weiterführen. Das musst du den Profis überlassen. Nicht zuletzt auch deshalb, weil du dich, deine Familie und deine Freunde nicht in Gefahr bringen darfst. Ein guter Detektiv bringt sich nicht in Gefahr und er gefährdet auch keine anderen.

DU BIST NICHT JAMES BOND

Anders als James Bond hat kein Detektiv die Lizenz, das Gesetz zu brechen. Dabei gibt es eine einzige Ausnahme und die gilt für jeden Bürger. Im Fall von Notwehr darf sich ein Detektiv verteidigen, notfalls auch mit Gewalt. Aber ansonsten hat er sich an das Gesetz zu halten.

Beispielsweise darf ein Detektiv nicht ein Grundstück oder eine Wohnung betreten, es sei denn, er hat die ausdrückliche Erlaubnis des Besitzers. Zwar ist es wesentlich einfacher, in ein Fenster zu schauen, wenn der Detektiv auf dem Rasen direkt vor dem Fenster steht, doch hätte er dann schon eine Gesetzesübertretung begangen. Auch Abhörgeräte, die heute so klein sind, dass sie völlig unbemerkt in einem Telefonhörer oder in einem Wecker platziert werden können und die dann die Gespräche auf ein Funkgerät senden (sogenannte Wanzen), sind in Deutschland nicht zulässig. Nicht einmal die Polizei darf ohne die Erlaubnis eines Richters Telefongespräche abhören.

Auch ein Detektiv, der an einem PKW, den er verfolgen will, mal eben das Rücklicht außer Gefecht setzt, damit er im Dunkeln den Wagen besser von anderen unterscheiden kann, macht sich strafbar. Er gefährdet nicht nur den verfolgten Wagen, sondern auch andere Verkehrsteilnehmer. Und er bricht das Gesetz, weil er eine Sachbeschädigung begangen hat. Ein Detektiv hat keine Lizenz, irgendetwas kaputtzumachen, nicht einmal das Rücklicht eines Autos.

unbescholten: rechtschaffen, ehrenhaft, von einwandfreiem Ruf

???-Tipp

Kontaktbereichsbeamte

In vielen Städten werden von der Polizei Kontaktbereichsbeamte (KOBs) eingesetzt. Die KOBs gehen zu Fuß, um mit den Bürgern auf der Straße ins Gespräch zu kommen. Ihr Job ist es nicht nur, für mehr Sicherheit in der Stadt zu sorgen. Sie sollen sich auch der Sorgen und Nöte der Bewohner in ihren Revieren annehmen. Um zu wissen, was in ihrem Stadtteil los ist, gehen die KOBs auf Geschäftsleute und Bewohner zu, suchen Schulen, Vereine und Institutionen auf. Ihr Dienstplan richtet sich nach dem Leben im Wohngebiet. Wenn dort Veranstaltungen sind, ist auch der KOB dabei. Ob Schulkonferenzen, Bürgerversammlungen oder Lampionumzüge, der KOB holt sich dort die nötigen Informationen über gefährliche Ecken, Schulwege oder andere Probleme. Sein Wissen wiederum ist Grundlage für die Einsatzplanungen in den Polizeirevieren. Wenn ein Kriminalpolizist etwas über ein bestimmtes Wohngebiet wissen möchte, ist sein erster Ansprechpartner meist der zuständige KOB. Wenn du Kontakt zu deinem KOB suchst, kannst du dich an das zuständige Polizeirevier bei dir in der Nähe wenden.

Die Alarmanlage

Angenehm war den beiden die Fahrt nicht. Bob und Peter saßen bewegungslos auf den hinteren Sitzen des alten Kombis. Hinter ihnen, im Gepäckraum des Wagens, hockte Schneewittchen. Sie hatte ihren riesigen Kopf so über die Rückenlehne geschoben, dass beide ihre feuchtwarmen Atemzüge am Hals spürten. Schneewittchen war die pechschwarze Dänische Dogge von Professor Al Ryan, der vor ihnen neben Justus am Steuer des Wagens saß. Die beiden waren in ein Gespräch über Kunstfälscher vertieft, das Spezialgebiet des Professors.

Die drei ??? hatten den Professor bei der Eröffnung einer Ausstellung im Museum getroffen, eine Ausstellung, die der Professor zusammengestellt hatte und in der einige echte Gemälde neben ihren Fälschungen hingen. Es war so voll, wie noch nie bei einer Eröffnungsparty. Die Kunstwelt von halb Kalifornien schien gekommen zu sein. Das Thema Fälschung war „in". Deshalb waren die drei recht stolz, als der Professor sie am Ende der Party zu sich nach Hause einlud: „Dort könnt ihr meine Sammlung von echten Oxjaus sehen. Ihr wisst doch, Oxjau, der bekannteste Fälscher von Rembrandt. Es sind nur 15 Minuten mit meinem Auto." Na klar hatten die drei von Oxjau gehört. Ein gefälschter Rembrandt, der auf der Rückseite der Leinwand mit „gefälscht von Oxjau" signiert war, wurde inzwischen schon mit einigen tausend Dollar gehandelt.

Mit der Dogge im Nacken konnten Bob und Peter den Fachsimpeleien vom Professor und Justus keine Aufmerksamkeit schenken. Denn erst als der Wagen auf das Grundstück des Professors einbog, zog Schneewittchen ihren Kopf zurück, wandte sich der Heckklappe des Wagens zu und bellte einmal kräftig, wie um den Professor daran zu erinnern, sie nicht wieder im Wagen zu vergessen. Das war das zweite Spezialgebiet von Professor Al Ryan: Alles, was nicht unmittelbar mit seinem ersten Spezialgebiet zusammenhing, vergaß er mit Vorliebe. An der Universität war er deshalb den meisten auch nur mit seinem Spitznamen Professor Alshyaner bekannt.

Bob und Peter sprangen als Erste aus dem Wagen und liefen auf das Haus zu, ohne auf Justus und den Professor zu warten, die noch mit den Thema des Einsatzes von Röntgengeräten beim Nachweis von Fälschungen beschäftigt waren. Als der Professor die Wagentür öffnete, rief er den beiden zu: „Wartet, ich muss vorangehen, um die Alarmanlage zu entschärfen!" Dabei wandte er sich Justus zu und erläuterte: „Wenn ich mit Schneewittchen unterwegs bin, mache ich immer die Alarmanlage an."

Der Professor lief, gefolgt von den drei ???, die Holztreppe hinauf. An der Tür angekommen stieß er erschreckt aus: „Verdammt, die Tür ist angelehnt, das kann doch gar nicht sein. Ich habe doch zugeschlossen und die Alarmanlage angestellt." „Warten Sie, Professor", drängte sich Justus nach vorn und stieß mit seinem Ellenbogen vorsichtig die Tür auf. Sie konnten jetzt direkt in den großen Wohnraum blicken, dessen Wände über und über mit Bildern von Rembrandt verhangen waren. „Huii", pfiff Peter, „sind die alle echt." – „Hast wohl vorhin geschlafen, alles echte Oxjaus", fuhr ihn Justus an, der ja nicht wissen konnte, wie sehr Peter vorhin im Wagen mit Schneewittchen beschäftigt war.

Vorsichtig gingen die vier hinein und schauten sich um. „Da und da, da fehlen welche!", rief Bob. „Nein, nein, die hängen in der Ausstellung. Hier scheint alles in Ordnung zu sein. Ich sehe mich einmal im Rest des Hauses um." Der Professor ließ die drei allein, war aber nach kurzer Zeit zurück: „Nichts gefunden, kein Einbruch, keine Spuren. Ich weiß genau, ich habe die Alarmanlage angemacht. Hier auf der Tastatur gibt man den Zahlenkode ein. Und wenn dann jemand die Tür öffnet und nicht innerhalb von 15 Sekunden den Kode erneut eingibt, geht sie los." Der Professor schaute sichtlich beunruhigt auf die Tastatur der Alarmanlage, dann auf die drei ??? und zurück auf die Tastatur. „Ich weiß es ganz genau. Ich habe Schneewittchen genommen, sie in den Wagen gesetzt, bin extra wieder hoch und habe die Alarmanlage scharf gemacht. Dann, als ich im Auto saß und den Motor startete, leuchtete das Öldruckzeichen auf. Ich hatte schon wieder vergessen, Öl nachzufüllen. Ich habe das Öl aus der Garage geholt, die Motorhaube aufgemacht und 2 Liter nachgekippt. Dabei habe ich mir meine Finger so schmutzig gemacht, dass ich ärgerlicherweise wieder ins Haus hoch musste. Ich habe die Alarmanlage ausgestellt, mir gründlich die Hände gewaschen, die Anlage erneut scharf gemacht und bin endgültig abgefahren. Ich bin mir wirklich sicher, ich habe die Anlage angestellt. - Oder sollte ich es vielleicht doch vergessen haben?"

„Na, das können wir leicht feststellen", meinte Justus und lächelte selbstzufrieden.

Wie will Justus feststellen, ob der Professor die Alarmanlage heute Morgen scharf gemacht hat oder nicht?

Die Antwort findest du auf Seite 184

KAPITEL 7

Polizei und Kriminalpolizei

Geht es um Kriminalfälle, ist in den meisten Ländern der Welt die Polizei für die Aufklärung zuständig. Bei uns ist die Polizei in zwei Abteilungen gegliedert, die Schutzpolizei und die Kriminalpolizei; daneben gibt es noch die Bereitschaftspolizei und die Wasserschutzpolizei. Die Schutzpolizei ist die uniformierte Polizei, die dir häufig in ihren Streifenwagen auf der Straße begegnet. Auch der KOB (siehe S. 33) gehört zur Schutzpolizei.

Die Aufgaben dieser Polizisten besteht darin, die Sicherheit und Ordnung aufrechtzuerhalten. Sie kümmern sich um Autounfälle, um kleine Vergehen, um Streitigkeiten in einer Kneipe, sie sind dabei, wenn große Menschenmengen zusammenkommen, etwa bei einem Fußballspiel, bei einem Staatsbesuch oder bei einer Demonstration. Ausgebildet wird ein Polizist bei der Bereitschaftspolizei.

Die zweite große Abteilung ist die Kriminalpolizei (Kripo). Sie ist für die Aufklärung von Verbrechen zuständig und für all die Taten, für die man Spezialisten zur Aufklärung braucht. Ob Mord oder Tot-

Heroin auf dem Großmarkt

Mehr als 10 Kilo Heroin hat das Kommissariat für Rauschgiftermittlungen sichergestellt. In diesem Zusammenhang nahmen Polizeibeamte auf dem Münchner Großmarkt vier Drogenkuriere und anschließend die drei Drahtzieher in Hannover fest. Seit zwei Monaten sind die Spezialisten der Kriminalpolizei den Dealern auf der Spur. Nach einem Tipp aus der Szene war schnell klar, dass das Trio Kleindealer im gesamten norddeutschen Raum und insbesondere in Hannover im großen Stil mit Heroin versorgt. Nachforschungen ergaben, dass in der vergangenen Woche eine Lieferung für die Verdächtigen aus der Türkei in München ankommen sollte. Die Beamten erhielten Hilfe von Münchner Kollegen, die sowohl die Beobachtungen als auch die Festnahmen übernahmen, als die Hannoveraner auf dem Großmarkt eintrafen. Bei der Übergabe des Heroins nahmen sie den Fahrer des Lastwagens, zwei Frauen und einen Mann aus Hannover fest. Den Wagen, der neben den Drogen mit etwa zwei Tonnen Gemüse beladen war, stellten die Beamten ebenfalls sicher und untersuchten ihn eingehend. Im Anschluss gelang es den Fahndern, in Hannover die mutmaßlichen Drahtzieher festzunehmen: Die drei Männer konnten noch am Wochenende gemeinsam mit den Kurieren einem Haftrichter vorgeführt werden. Die Ermittler sprechen von ihrem bislang größten Fund. Die sichergestellte Menge hat einen Wert von etwa 10 Mio DM.

schlag, Rauschgiftkriminalität, Geldfälscherei, Raub, Erpressung, Waffenhandel oder Wirtschaftsverbrechen, hier sind die nicht-uniformierten Beamten der Kriminalpolizei gefragt. Eine typische Meldung der Kriminalpolizei Hannover findest du im Kasten „Heroin auf dem Großmarkt" (links).

In Hannover gibt es bei der Kriminalpolizei wie fast überall eine eigene Abteilung für Rauschgiftdelikte. Und der ist hier in Zusammenarbeit mit der Kriminalpolizei ein schwerer Schlag gegen eine Heroinbande gelungen.

Die Polizei ist nach den Bundesländern organisiert. Das bedeutet, es gibt eine Schutz- und Kriminalpolizei für Schleswig-Holstein, eine für Berlin, eine für Nordrhein-Westfalen, eine für Sachsen, ... für jedes Bundesland eine eigene. Zusätzlich gibt es noch

Das Bundeskriminalamt

▸ Im Computer des BKA sind etwa 800.000 Personen verzeichnet, nach denen derzeit polizeilich gefahndet wird.

▸ Durchschnittlich werden im BKA im Verlauf eines Monats rund 44.000 Fingerabdruckblätter geprüft und verarbeitet.

▸ Im BKA-Computer sind etwa 8 Millionen Gegenstände ver-

zeichnet, nach denen gesucht wird, unter anderem 40.000 LKW, 1 Million Fahrräder, 3,6 Millionen Ausweise, 160.000 Schusswaffen

▸ Im BKA sind zurzeit Fingerabdruckblätter von rund 2,6 Millionen Personen erfasst.

▸ Das BKA hat im Jahr 2001 etwa 4.500 Mitarbeiter, 2.000 davon sind Kriminalbeamte.

Polizeiorganisationen auf der Ebene des Bundes. Die bekannteste ist das Bundeskriminalamt (das BKA). Seine Aufgabe besteht darin, die Länderpolizeien zu unterstützen. Beim BKA gibt es Spezialisten aus allen Natur-

Polizisten auf Pferden übernehmen Gefahrenabwehr, Kriminalitätsbekämpfung und Verfolgung von Ordnungswidrigkeiten in Parkanlagen, im Stadtwald oder in Naturschutzgebieten. Sie werden auch bei Großveranstaltungen wie Fußballspielen oder Demonstrationen eingesetzt. Reiter können zum Beispiel aufeinander los gehende Fan-Gruppen trennen. Dafür wären sonst viel mehr Beamte nötig. Pferde und ihre uniformierten Reiter genießen sogar bei den brutalsten Hooligans Respekt. Ein Polizeipferd ist ungefähr 15 Jahre im Dienst.

MORD
5 000,— DM Belohnung

Am 16.05.96 (Himmelfahrt) wurden gegen 21.30 Uhr auf einem Waldparkplatz bei Walkenried, LK. Osterode, ein 23-jähriger Berliner erschossen und sein 30-jähriger Begleiter durch Schüsse verletzt.

Bei der Tatwaffe handelt es sich vermutlich um eine Pistole, Kal. 7,65, an der möglicherweise eine Vorrichtung zum Auffangen der Hülsen angebracht war.

Der mutmaßliche Täter wird folgendermaßen beschrieben:
- männlich
- ca. 170 cm
- schmale Statur
- trug längere, dunkle Jacke und sog. "Russenmütze", Ohrenklappen heruntergelassen

Von dem unbekannten Schützen wurden Phantomskizzen gefertigt.

Die Mordkommission bittet um Mithilfe bei der Aufklärung dieses Verbrechens:
- Wer kennt die abgebildete Person?
- Wer hat in der Nähe des Tatortes (Waldparkplatz an der Bahnstrecke Walkenried-Ellrich, Höhe "Itelteich") verdächtige Wahrnehmungen gemacht?
- Wer kann sonst sachdienliche Angaben machen?

Hinweise werden erbeten an die Mordkommission, z. Z. Bad Lauterberg, Telefon (0 55 24) 9 63-0 oder jede andere Polizeidienststelle.

Von der Bezirksregierung Braunschweig wurde für Hinweise, die zur Überführung des Täters führen, eine Belohnung in Höhe von 5 000,— DM (fünftausend) ausgesetzt.

Die Belohnung ist ausschließlich für an der Straftat nicht beteiligte Privatpersonen und nicht für Amtsträger bestimmt, zu deren Berufspflicht die Verfolgung strafbarer Handlungen gehört.

Die Zuerkennung und Verteilung der Belohnung erfolgt unter Ausschluß des Rechtsweges.

Bad Lauterberg, im Mai 1996

Polizeiinspektion Goslar
— Mordkommission —

wissenschaften, Computer-
experten und Psychologen,
deren Aufgabe es ist, besonders schwierige Fälle zu lösen
und die Ermittlungsmethoden
der Polizei ständig zu verbessern.

Daneben kümmert sich das
BKA um solche Verbrechen,
die im großen internationalen
Rahmen ablaufen, Drogen-
schmuggel, Menschenhandel
oder Terrorismus.

SCOTLAND YARD

Scotland Yard ist der weltweit
bekannte Name für das
Hauptquartier der Londoner
Polizei. Der richtige Name der
Polizei lautet „Metropolitan
Police Service".

Der Name Scotland Yard
stammt von einem kleinen
Hof, der sich hinter dem
ersten Gebäude der 1829 neu
gebildeten Londoner Polizei
erstreckte. Dort pflegten die
schottischen Könige auf ihren
Besuchen in London zu wohnen. Und die Londoner haben
kurzerhand diesen Namen auf
ihre neue Polizei übertragen.
Heute befindet sich das

Wenn Polizisten Sterne sehen	

Anhand der Anzahl der Sterne (formell heißt das „Dienstgradabzeichen")
auf der Schulterklappe einer deutschen Polizeiuniform kannst du bei der
Schutzpolizei den Dienstgrad erkennen:

Polizeimeister	2 grüne Sterne
Polizeiobermeister	3 grüne Sterne
Polizeihauptmeister	4 grüne Sterne
Polizeikommissar	1 silberner Stern
Polizeioberkommissar	2 silberne Sterne
Polizeihauptkommissar	3 silberne Sterne
Erster Polizeihauptkommissar	4 silberne Sterne
Polizeirat	1 goldener Stern
Polizeioberrat	2 goldene Sterne
Polizeidirektor	3 goldene Sterne
Leitender Polizeidirektor	4 goldene Sterne

Häufig setzt die Polizei Fahndungs-
plakate ein, mit denen die Bevölkerung um Mithilfe bei der Aufklärung
eines Verbrechens gebeten wird.
Auf der linken Seite ist ein Plakat abgebildet, mit dem ein Mörder gesucht
wird.

Hauptquartier der Londoner Polizei schon längst an anderer Stelle, in einem 20-stöckigem Hochhaus in der nähe des House of Parliament. Aber auch dieses Gebäude setzt die fast 200 Jahre alte Tradition fort: Es wird New Scotland Yard genannt.

Innerhalb von Scotland Yard gibt es eine Kriminalpolizei mit dem Namen „Criminal Investigation Department" (CID). Viele Menschen meinen eigentlich das CID, wenn sie von Scotland Yard sprechen. Das CID ist weltberühmt, nicht zuletzt wegen seiner sehr großen technischen und wissenschaftlichen Ausstattung. Es war eine der ersten Polizeibehörden der Welt, die in umfangreichen Maße damit begonnen hatte, Fingerabdrücke zu sammeln.

DAS FBI

Das FBI ist die amerikanische Bundespolizei. Ähnlich wie das deutsche BKA ist das FBI dazu da, lokale Polizeibehörden zu unterstützen und besondere Verbrechen zu verfolgen. Dazu gehören bestimmte Mordfälle, Terroranschläge, das organisierte Verbrechen, Spionage, Drogenhandel, Entführung und alle Verbrechen gegen Mitglieder der Regierung und Mitglieder des Kongresses.

Das FBI hat über 29.000 Mitarbeiter, davon sind etwa 17.000 Kriminalpolizisten, die „Special Agents" heißen. Die Kriminallabors des FBI sind wahrscheinlich die größten und erfolgreichsten Labors, die es in der Welt gibt.

Pro Jahr werden von den Kriminalwissenschaftlern

In den USA hat jede Stadt und Gemeinde eine eigene Polizei. Darüber hinaus haben aber auch die Counties, das sind die Kreise, ihre Polizei. Der Leiter dieser Polizei ist der Sheriff. Und seine Polizisten sind die Deputies.

Dass Fahrradstreifen recht erfolgreich sein können, zeigt diese Meldung: Der Umstieg vom Fahrrad ins Auto hat sich in Hannover für einen Bankräuber nicht gelohnt. Der Mann hatte am Morgen in einer Bank den Kassierer mit einer Waffe bedroht. Mit einer Beute von 17.000 Mark flüchtete er zunächst mit dem Fahrrad und stieg dann in einen VW-Bus um. Ein Zeuge beobachtete dies und alarmierte die Polizei. Kurze Zeit später stellten zwei Polizisten einer Mountainbike-Streife den Bankräuber an einer Ampel und nahmen ihn fest. In der Stadt können Fahrräder halt doch schneller sein als Autos.

etwa 800.00 Untersuchungen durchgeführt. Unzählige Experten arbeiten für das FBI.

Dazu gehören beispielsweise **Fingerabdruckexperten**. Das FBI besitzt ein Computersystem, um Fingerabdrücke zu bestimmen. Seine Sammlung von Fingerabdrücken enthält heute über 35 Millionen Abdrücke. Pro Jahr werden über 1,4 Millionen Abdrücke überprüft und dadurch ca. 1.000 Verbrechen aufgeklärt.

Fotografen. Jeder Tatort wird aus ganz verschiedenen Winkeln fotografiert, um ein möglichst umfassendes Bild vom Schauplatz zu erhalten und um jedes Detail im Bild festzuhalten. Dabei verwenden die Fotografen spezielle Kameras

und spezielle Filme. Pro Jahr entstehen dabei 2 Millionen Fotos.

Kriminalpathologen. Das sind speziell ausgebildete Ärzte, die Leichen untersuchen, um die Todesursache, die Identität, den Todeszeitpunkt und son-

Ein Kriminalchemiker der Landespolizeidirektion Stuttgart 2 bei der Arbeit. Schutzkleidung und Maske sollen verhindern, dass die Präparate verunreinigt und wichtige Ergebnisse verfälscht werden.

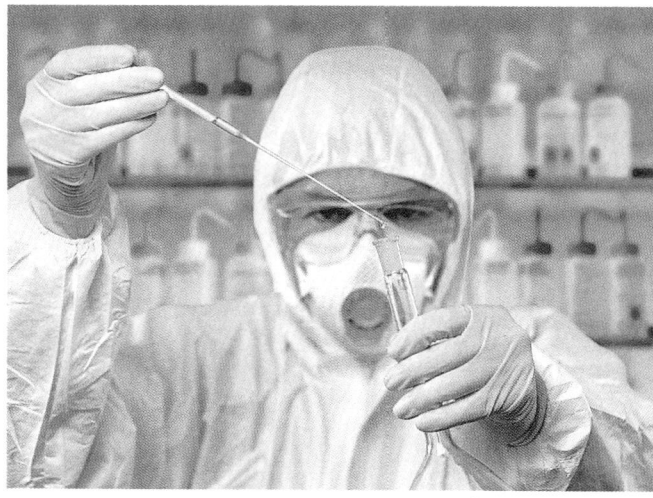

stige Spuren festzustellen.
Ballistische Experten. Ballistik
ist die Wissenschaft von den
Geschossen. Diese Experten
studieren Schusswaffen, die
Schussbahnen, die Spuren,
die Pistolen und Gewehre
hinterlassen, die Geschosse
selbst und deren Wirkung. In
den FBI-Labors gibt es ein
Computersystem, in dem sich
die Angaben von über
200.000 Patronen und Waf-
fen befinden, die bei Vebre-
chen verwendet wurden.
Kriminalchemiker. Diese
untersuchen Substanzen, die
am Tatort gefunden wurden,
beispielsweise allerkleinste
Spuren von Autolacken, um
daraus auf den Hersteller und
den Wagentyp zu schließen.
Die FBI-Wissenschaftler sammeln schon seit 1935 Lackpro-
ben von amerikanischen und
ausländischen Autos. Sie können jede noch so kleine Spur
mit ihrer Sammlung vergleichen.
Kriminallinguisten sind
Wissenschaftler, die den Inhalt
von geschriebener und gespro-
chener Sprache analysieren,
um herauszufinden, wer der
Verfasser oder der Sprecher
ist, und um festzustellen, ob
zwei verschiedene Schriftstücke oder Äußerungen von
der gleichen Person stammen.

Verblüffung im Kriminallabor

Am 11. Oktober 1923 überfielen zwei
Gangster einen Zug. Sie zwangen die
beiden Lokomotivführer hinter einem
Tunnel so zu halten, dass die Lokomo-
tive und der Postwagen im Freien standen und der Rest des Zuges noch im
Tunnel. Ein drittes Bandenmitglied
wartete schon am Tunnelausgang und
platzierte einige Stangen Dynamit am
Postwagen. Doch es war so viel
Sprengstoff, dass der ganze Wagen in
die Luft flog, wobei der darin arbeiten-
de Postbeamte ums Leben kam. Dann,
erschossen die Bandenmitglieder noch
einen der Lokomotivführer und den
aus dem Tunnel geeilten Zugschaffner.

Alles was die Polizei fand, war der
Zündmechanismus für den Sprengstoff, ein Revolver und ein paar klebri-
ge blaue Jeans, die einer der Täter
hinterlassen hatte. Die Fahndung blieb
ohne Ergebnis. Der Wissenschaftler
Edward Heinrich wurde um Hilfe gebeten. Er untersuchte jeden Millimeter
der Jeans, einschließlich der Spuren in
den Taschen und der klebrigen Reste.

Als Erstes stellte er fest, dass es sich
bei den klebrigen Spuren an der Hose
um Harz von einer Tanne handelte.
Und dann überraschte er die Polizei
mit einer erstaunlich genauen
Beschreibung des Täters:

Es handelt sich um einen linkshän-
digen Holzfäller aus dem Nordwesten.
Er hat hellbraunes Haar, dreht seine

Zigaretten selbst und achtet auf sein Äußeres. Er ist etwa 1,80 m groß, wiegt etwa 80 bis 85 kg und ist zwischen 20 und 25 Jahre alt.

Seine Zuhörer starrten auf Heinrich und wieder auf die Hose. Wie konnte jemand allein durch die Untersuchung einer Hose zu solchen Ergebnissen gelangen? Der ruhige Heinrich erklärte ihnen bescheiden:

Die Hosentasche auf der linken Seite ist stärker ausgebeult als die auf der rechten. Das spricht für einen Linkshänder. Das Harz an der Hose stammt von einer Douglasie, die im Nordwesten wächst. In der rechten Hosentasche befinden sich Holzspäne, die dort hinein gelangen, wenn ein linkshändiger Holzfäller Bäume fällt. Tabakreste in den Taschen weisen darauf, dass der Mann Zigaretten selbst dreht.

Aus der Hosengröße kann man auf Körpergröße und Gewicht schließen. In ihren Umschlägen befinden sich saubere Rest von Fingernägeln, die dort beim Schneiden der Nägel hineingefallen waren. Ungewöhnlich für einen Holzfäller, weshalb Heinrich annahm, dass der Mann auf sein Äußeres achtete. Ein Haar an der Hose war hellbraun. Aus der Pigmentierung des Haars schloss Heinrich auf das Alter.

Und dann fand Heinrich in der Beintasche für die Bleistifte einen kleinen Papierrest, der schon mehrfach mitgewaschen war. Nachdem Heinrich das Papier mit einer Chemikalie behandelte, konnte er die Reste einer Postquittung ausmachen. Diesen Papierfetzen hatte die Polizei bislang schlichtweg übersehen.

Mit Hilfe der Post konnte die Polizei feststellen, dass die Quittung für einen Mann namens Roy D'Autremont in Oregon (das liegt im Nordwesten) ausgestellt wurde. Die weiteren Ermittlungen ergaben, dass Roy und seine Brüder seit dem 11. Oktober, dem Tag des Überfalls, verschwunden waren.

Und kaum zu glauben, Nachforschungen über Roy ergaben: Er war Linkshänder, hatte als Holzfäller gearbeitet, drehte sich seine eigenen Zigaretten und war sehr auf sein Äußeres bedacht.

Heinrich hatte inzwischen auch die Pistole, die am Zug gefunden wurde, untersucht. Zwar war die Seriennummer weggefeilt, doch Heinrich wusste, dass in neueren Modellen eine zweite Seriennummer in Inneren der Pistole angebracht war. Tatsächlich fand er dort die zweite Nummer. Diese führte die Polizei zu einem Waffengeschäft in Seattle. Dort hatte ein Mann namens William Elliot die Waffe gekauft und dafür quittiert. Als Heinrich nun noch die Unterschrift von Elliot mit der von Roy D'Autremont unter dem Mikroskop verglich, konnte er nachweisen, dass es sich um ein und dieselbe Person handelte.

Aus den Brüdern wurden die meist gesuchten Verbrecher Amerikas. Sie konnten allerdings erst vier Jahre später festgenommen werden.

Sherlock Holmes in Amerika

Edward Heinrich (1881 – 1953) war ein stiller Naturwissenschaftler, der an der Universität von Kalifornien in Berkeley arbeitete. Und doch jagte allein die Erwähnung seines Namens Verbrechern Schauer über den Rücken. Er hatte sich auf Kriminologie spezialisiert und war einer der gefragtesten Experten in den USA. Wann immer die amerikanische Polizei nicht weiterkam, bat sie Edward Heinrich um Hilfe. In seinem Leben soll er über 2.000 Verbrechen aufgeklärt haben. Aber nicht nur dies, sondern auch die Art und Weise, wie er dachte, brachte ihm den Namen der „amerikanische Sherlock Holmes" ein. Der Fall der D'Autremont Brüder (siehe links) ist wahrscheinlich sein Glanzstück.

KAPITEL 8

Die Arbeit von Detektiven

Hier geht es nicht um die berühmten Romanfiguren wie Sherlock Holmes, Miss Marple, Pater Brown oder Philip Marlowe, sondern um die Arbeit von echten Detektiven. Detektive oder Private Investigators (PI), wie sie in Großbritannien und in den USA heißen, können von jedem angeheuert werden, um Ermittlungen durchführen zu lassen.

Neben den Detektivagenturen, die Ermittlungen übernehmen, gibt es noch die Wach- und Schließgesellschaften. Sie bieten zahlreiche Leistungen an, zum Beispiel die Bewachung von privaten Häusern, von Geschäften oder von Industriebetrieben, die Absicherung von Veranstaltungen, die Übernahme von Geldtransporten oder den Schutz von Personen (Bodyguard). Die Alarmanlagen in Privathäusern sind in der Regel mit zentralen Überwachungseinheiten in Wach- und Schließgesellschaften verbunden. Wird ein Alarm ausgelöst, versucht man von der Zentrale zunächst das Haus anzurufen. Falls das nicht gelingt oder die Person, die den Anruf beantwortet, nicht das vereinbarte Kodewort weiß, wird umgehend die Polizei geschickt. Diese kann innerhalb von Minuten zur Stelle sein.

Und schließlich gibt es Detektive, die von großen Unternehmen angeheuert oder sogar angestellt werden, um die Sicherheit im Betrieb zu gewährleisten, Diebstähle zu verhindern, Besucher zu kontrollieren und andere Überwachungsaufgaben zu bewältigen. Am bekanntesten ist der Kaufhausdetektiv.

Detektive verrichten ihre Beobachtungsarbeit in möglichst unauffälligen Autos. Die Kamera mit einem Teleobjektiv und einem lichtempfindlichen Film ist ein wichtiges Arbeitsinstrument.

KAUFHAUSDETEKTIVE

In deutschen Geschäften werden pro Jahr Waren im Werte von etwa 5 Milliarden Mark von Ladendieben gestohlen. Zusätzlich zu diesem Verlust müssen die Unternehmen noch viele Millionen Mark ausgeben, um die Ware zu sichern und Überwachungseinrichtungen einzubauen und zu unterhalten.

In einem Kaufhaus werden im Duchschnitt täglich zwei bis drei Ladendiebe erwischt. All dies ist für viele Läden und Kaufhäuser Grund genug, eigene Detektive anzustellen oder die Hilfe von Detekteien zu suchen, um ihre Kunden diskret zu überwachen und Ladendiebstähle aufzudecken.

Viele Diebstähle gehen aber auch auf das Konto von Laden- und Kaufhausmitarbeitern oder von Lieferanten. Deshalb haben die Detektive nicht nur die Kunden im Visier. Einige Tricks der Detektive findest du rechts beschrieben.

HOTELDETEKTIVE

Hotels sind ein idealer Tummelplatz für Diebe. Ihre Opfer haben häufig Wertsachen offen in ihren Zimmern liegen, die meist schlecht gesichert oder deren Fenster geöffnet sind. Die Meldung der bayrischen Polizei ist typisch für solche Fälle (siehe S. 46).

An den Ausgängen vieler Läden und Bibliotheken befinden sich elektronische Schranken. Sie reagieren auf Magnetstreifen an vielen Waren und in Büchern. Werden die Streifen an der Kasse oder der Ausleihe nicht entmagnetisiert, geht ein Alarm los, sobald der Kunde die elektronische Schranke passiert.

Die Tricks der Kaufhausdetektive

▶ Viele Läden werden heute mit Kameras überwacht. Der Detektiv sitzt in einem Hinterzimmer, in dem auf mehreren Bildschirmen die Aufnahmen aus dem Laden übertragen werden.

▶ Ein erfahrener Detektiv arbeitet häufig mit Spiegeln. Beispielsweise legt er einen Spiegel so in einen gefüllten Einkaufswagen, dass er von den vorbeilaufenden Kunden nicht zu erkennen ist. Steckt ein Kunde Ware ein, kann der Detektiv ihn unauffällig beobachten, obwohl er dem Kunden seinen Rücken zukehrt. Der Spiegel kann auch so in den Wagen gelegt werden, dass der Detektiv damit um die Ecke, in einen anderen Regalgang schauen kann.

▶ Manche Geschäfte sind mit so genannten Venezianischen Spiegeln ausgerüstet. Das sind Spiegel, die auf der einen Seite wie ein Spiegel wirken, durch die man aber von der Rückseite hindurchschauen kann. So kann der Detektiv überwachen, ohne selbst gesehen zu werden.

▶ Viele Waren werden durch elektronische Magnetstreifen gesichert. Man findet den Streifen oft auf Verpackungen von CDs oder auf Computerspielen. Läuft ein Dieb, ohne zu bezahlen, durch die Schranken am Ladenausgang, so erfasst der Detektor den noch nicht entmagnetisierten Streifen und gibt Alarm. Leider kennen einige Ladendiebe Tricks, um diese Magnetstreifen zu überlisten.

▶ Deshalb wird heute an teureren Waren besonders in Modegeschäften ein Chip befestigt, der eine rote Tinte enthält. Öffnet der Dieb mit Gewalt den Chip, wird die rote Tinte verspritzt, die man auch nach etlichem Händewaschen noch tagelang sehen wird.

▶ Funkgesteuerte Minikameras können problemlos in jeden beliebigen Gegenstand oder in eine Dekoration eingebaut werden, ohne dass sie auffallen.

Hoteldieb in Bayern

Ein Dieb treibt zur Zeit sein Unwesen in Bad Reichenhall, Inzell und Ruhpolding. Es handelt sich offensichtlich um die gleiche Person, die sich in Hotels und Pensionen einschleicht und Zimmer nach Wertgegenständen, Bargeld und Schmuck durchsucht. So betrat er am Mittwoch vergangener Woche zwischen 17.00 und 18.00 Uhr ein Hotel in Bad Reichenhall und öffnete sämtliche nicht versperrte Zimmer im 3. Stock. Aus zwei Räumen entwendete er eine Goldkette, ein goldenes Armkettchen sowie aus einer Geldbörse Bargeld. Der Dieb wurde vergangenen Mittwoch nachmittags jeweils in Inzell und Ruhpolding in zwei Pensionen angetroffen, wo er vorgab, nach einem Herrn „Maier" bzw. nach Zimmer 3 zu suchen. In Ruhpolding fehlen seither ein Zimmerschlüssel und ein 10-Mark-Schein.

Der Mann ist ca. 180 cm groß, etwa 30 Jahre alt, schlank, hat blonde lange Haare, die hinten zu einem Pferdeschwanz zusammengebunden sind; er trug eine blaue Jeans-Hose und ein hellblaues Hemd.
Hinweise nehmen die Polizeiinspektionen in Bad Reichenhall und Ruhpolding entgegen.
(Meldung der Polizeidirektion Traunstein aus dem Jahr 1998)

Produktpiraterie: das Nachahmen oder Fälschen von Produkten und deren rechtswidriges Verkaufen. In manchen Ländern beschäftigen sich ganze Industriezweige nur mit der Herstellung von verbotenen Billigkopien von Nike-Sportschuhen, Levis Jeans und anderen bekannten Marken. 1999 hat die deutsche Zollfahndung gefälschte Produkte im Wert von 42 Millionen Mark beschlagnahmt.

zurück zahlt. Oder da ist der Betrüger, der sich im teuersten Zimmer des Hotels einmietet, im Restaurant des Hotels große Rechnungen macht, vom Personal gern gemocht wird, da er großzügige Trinkgelder gibt, und der dann nach einigen Tagen verschwindet, ohne seine Rechnung zu bezahlen.

Die Aufgabe des Hoteldetektivs ist es, solche Diebe und Betrüger möglichst vor ihrer Tat zu erkennen bzw. im Nachhinein zu überführen. Und dies möglichst ohne dass die anderen Hotelgäste es bemerken. Kein Hotel hat es gern, wenn so etwas mit viel Lärm über die Bühne geht.

DETEKTIVE IN DER WIRTSCHAFT

Die große Mehrheit aller Aufträge für Detektive, nämlich 80%, kommen aus der Wirtschaft. Die Delikte, die die Detektive dort verfolgen reichen von Industriespionage, Diebstahl, Produktpiraterie bis zur Verfolgung von Erpressungen. Diebstähle spielen in manchen Betrieben eine große Rolle. Es gibt in diesem Bereich drei Tätertypen.

Zum Einen den Dieb, der sich bei einer günstigen Gelegenheit im Unternehmen selbst bedient. Da wird ein

Neben Dieben, die in Hotels eindringen und nach Gelegenheiten suchen, gibt es weitere Diebe und Betrüger, für die sich Hoteldetektive besonders interessieren. Da ist der Dieb, der sich als Gast einmietet, meist mit falschen Papieren und unter falschem Namen. Er ist perfekt gekleidet, verbringt viel Zeit in der Hotelbar, ist dort ein guter Unterhalter und versucht, andere allein reisende Gäste kennen zu lernen. Hat er deren Vertrauen gewonnen, wird er sie bestehlen oder von ihnen Geld leihen, das er nie

Werkzeug mit nach Hause genommen oder ein Produkt, das die Firma herstellt, oder einfach Geld aus der Handkasse gestohlen. Dann gibt es solche Mitarbeiter, die allein oder zusammen mit anderen systematisch Diebstähle begehen. Bekannt geworden ist beispielsweise 1997 ein Fall bei der Firma Hewlett Packard in Böblingen, wo ein Angestellter Festplatten im Wert von mehreren Millionen Mark gestohlen hatte.

Und schließlich gibt es auch die Mitarbeiter, die mit Dieben außerhalb der Firma zusammenarbeiten, diesen wertvolle Tipps und Hinweise auf die Sicherheitsschwachstellen der Firma geben und die nicht selten an der Beute beteiligt werden.

Niemand weiß, welche Bedeutung Diebstähle in Firmen

Diebstahlserie in der Telefonbranche

Die Diebstahlserie hochwertiger Computer, Notebooks, Drucker, sonstiger Geräte und Ersatzteile in einem bekannten Unternehmen der Telefonbranche ist aufgeklärt. Langwierige Beobachtungen – fast 7 Monate dauerte es – brachten den Nachweis, dass ein rauschgiftabhängiger Informatikstudent, der für einen PC-Händler Computersysteme zusammenstellte die Tipps gab, wo man welche Geräte auf welche Weise im Wesentlichen risikolos „beschaffen" konnte. Der junge Mann war sehr befähigt. In den Unternehmen ging er teilweise ein und aus wie ein fester Mitarbeiter. Er verfügte über Dauerpassierscheine, hatte teilweise Schlüssel zu den Häusern oder Büros. Er war allerdings so klug, diese niemals weiterzugeben. Vielmehr beschränkte er sich auf Tipps an eine Gruppe junger Einbrecher aus der Szene, die mit großer Geschicklichkeit Schlösser überwanden, und Alarmanlagen umgingen. Alle Beteiligten konnten durch die Arbeit von Werksdetektiven verhaftet werden.

wirklich spielen, da die Firmen meist nicht daran interessiert sind, so etwas an die große Glocke zu hängen oder der Polizei zu übergeben. Schließlich kann ein überführter Dieb, der nicht vor Gericht

Die Alarmanlagen in Industriebetrieben und Privathäusern in Hamburg sind mit derartigen Computern bei einem Sicherheitsdienst verbunden/vernetzt. Der wachhabende Sicherheitsmann kann am Computer nicht nur feststellen, in welchem Gebäude der Alarm ausgelöst wurde, sondern auch an welchem Alarmmelder innerhalb des Gebäudes.

kommt, den ganzen Schaden oder einen Teil besser wieder zurückzahlen, wenn er nicht im Gefängnis sitzt.

Detektive sind in solchen Situationen ideal. Meist werden sie „verdeckt" in die Firma eingeschleust. Das bedeutet, sie werden als neuer Mitarbeiter eingestellt. Und außer einigen Vertrauten der Geschäftsführung weiß niemand um ihren eigentlichen Auftrag. So getarnt können sie ihre Ermittlungs- und Überwachungsarbeit ungestört durchführen.

PRIVATDETEKTIVE

Neben Aufträgen aus der Wirtschaft erhalten Detektive auch private Aufträge. Häufig geht es um die Suche nach vermissten Personen. Da ist eine Ehefrau oder ein Vater seit Wochen spurlos verschwunden. Oder da geht es um einen Vater, der nach einer Scheidung Unterhalt an seine Frau und seine Kinder zahlen muss und urplötzlich verschwindet. Die Mittel zur Suche, die den Angehörigen zur Verfügung stehen, sind oft sehr begrenzt. Die Polizei nimmt zwar die Vermisstenmeldung auf, ermittelt jedoch meist nur, wenn Hinweise auf ein Verbrechen vorliegen. In vielen Fällen sind Angehörige des-

halb auf Eigeninitiative angewiesen.

Die Polizei ist aufgrund der Vielzahl von Vermisstenmeldungen überlastet. Und dann wird häufig auf die Leistung von Detektiven zurückgegriffen, besonders wenn vermutet wird, dass sich die vermisste Person im Ausland aufhält.

Aber wie kann ein Detektiv jemanden finden. Ein Profi, der Detektiv Greg Fallis, gibt folgende Tipps:

„Grundsätzlich kann ich jeden finden, wenn man mir Zeit lässt. Zunächst befrage ich die Person, die den Vermissten sucht, ausgiebig über den Vermissten. Und dann halte ich mich an diese Grundsätze:

1. Niemand will allein leben. Menschen suchen den Kontakt zu anderen Menschen. Sie brauchen Freunde, Kollegen, Nachbarn oder ein Kneipe, in die sie jeden Abend gehen.

2. Menschen sind Gewohnheitstiere. Es ist viel einfacher deine Adresse, dein Aussehen oder deine Arbeit zu wechseln als deine Gewohnheiten. Gewohnheit kann alles sein, von der Zigarettenmarke, die jemand raucht, der Art und Weise, wie er oder sie sich kleidet, welche Spiele er spielt, dass er gerne Fahrrad fährt

oder dass er mit Vorliebe Urlaub auf Mallorca macht. Je mehr Gewohnheiten jemand hat, desto einfacher ist es, ihn zu finden.

3. Menschen ändern ihre Einstellungen kaum. Sozialdemokraten bleiben Sozialdemokraten, gläubige Katholiken bleiben gläubige Katholiken, und Bayern München Fans bleiben Bayern München treu. Je mehr Einstellungen jemand hat, desto einfacher ist es, ihn zu finden.

4. Und schließlich ist jeder Mensch irgendwie den Behörden und Institutionen ausgesetzt. Zwar gibt es viele Obdachlose, aber die meisten gesuchten Menschen wohnen irgendwo zur Miete oder halten sich in einem Hotel auf. Sie haben irgendwann ein Auto angemeldet. Sie haben ein Bankkonto, machen Schulden und bezahlen die Rechnungen der Stromwerke und der Müllabfuhr.

Wenn Menschen nicht bewusst alle ihre Spuren verwischen, kann man sie finden. Man muss nur den Spuren folgen, die sie hinterlassen."

Vermisste Kinder

Immer wieder verschwinden Menschen und werden von ihren Angehörigen gesucht. Häufig finden sich die Gesuchten schnell wieder. Manchmal wollen Menschen auch verschwinden und woanders ein neues Leben beginnen. Und manchmal sind die Verschwundenen Opfer eines Verbrechens.

Besonders betroffen sind wir, wenn Kinder verschwinden. Eine Elterninitiative hat jetzt eine eigene Internetseite eingerichtet, auf der nach vermissten Kindern gesucht wird. Schau doch mal hinein: www.vermisste-kinder.de. Von dieser Seite stammt auch dieser Suchaufruf für Katrin Konert.

Katrin Konert

aus Waddeweitz (Landkreis Lüchow-Dannenberg)

vermisst seit dem 01.01.2001

Alter:	15 Jahre
Größe:	ca. 160 cm
Haare:	schwarz; nackenlang
Erscheinung:	schlank
Kleidung:	schwarze Kordhose; weißer Rolli; schwarze Jacke mit orangefarbenem Innenfutter; schwarze Halbstiefel;
besondere Merkmale:	silberfarbene Armbanduhr mit Gravour "Katrin" auf der Unterseite; graues Handy der Marke ALCATEL

Seit Montag, 01.01.2001, ca. 19.30 Uhr wird die 15jährige Schülerin Katrin KONERT aus dem Landkreis Lüchow-Dannenberg (Niedersachsen) vermisst.
Die Familie Konert ist 1994, aus Magdeburg kommend, in den Raum Clenze gezogen.
Die Vermisste befand sich am Neujahrstag auf dem Heimweg von ihrem Freund, der in 29468 Bergen/Dumme, wohnt. Von hier wollte sie als Anhalterin in die elterliche Wohnung zurückkehren.
Von diesem Zeitpunkt an verliert sich ihre Spur. Ein Kapitalverbrechen kann nicht mehr ausgeschlossen werden.
Konkrete Anhaltspunkte dafür, dass das Mädchen ihren gewohnten Lebensraum aus eigenem Antrieb heraus verlassen hat, liegen bisher nicht vor. Katrin gilt als zuverlässig.

Wenn Sie Katrin gesehen oder etwas über sie gehört haben, wenden Sie sich bitte an

die Polizeiinspektion in Lüchow-Dannenberg unter den Rufnummern

oder an jede andere Polizeidienststelle.

Spione und Geheim- dienste

NYPD: ist die bekannte Abkürzung für die New Yorker Polizei. Die Buchstaben bedeuten New York Police Department.

Am Abend des 22. Juni 1953 klingelte der 13-jährige Zeitungsjunge Jimmy an der Wohnungstür von Mrs Miller in Brooklyn, New York. Es war wieder so weit, er wollte das Zeitungsgeld kassieren. „Tut mir Leid, Jimmy", sagte Mrs Miller, „ich habe nur einen Zehndollarschein." Jimmy klingelte bei den beiden netten alten Damen gegenüber. Sie konnten den Schein wechseln, und mit Hilfe ihrer Münzen konnte er auf den Zehndollar- schein herausgeben.

Wieder auf der Straße lief er fröhlich pfeifend zurück nach Hause. Dabei spielte er mit einigen der soeben erhaltenen Münzen. Das war komisch. Eine der Münzen, ein Nickel, fühlte sich leichter an als die

anderen. Jimmy untersuchte die Münze genauer.

Sie sah ganz normal aus, aber sie war zu leicht, das konnte er fühlen. Er ließ sie auf den Bürgersteig fallen und zu seinem großen Erstaunen zersprang die Münze in zwei Hälften, eine obere und eine untere. Neugierig untersuchte er die beiden Teile. Sie waren hohl und in dem unteren Teil klemmte noch ein winziger Zettel.

Jimmy nahm die Münze nach Hause mit und berichte- te zwei Tage später seiner Freundin Sarah von dem geheimnisvollen Fund. Sarahs Vater war Polizeibeamter beim NYPD. Als er am nächsten Tag zufällig in einer Besprech- ung mit einem FBI-Agenten

Vier US Münzen: Die klein- ste ist die kupferfarbene 1 Cent Münze. Eine 5 Cent Münze wird „Nickel" genannt, und die 10 Cent Münze heißt im allgemeinen „Dime". Schließlich gibt es noch eine silberne 25 Cent Münze, sie wird „Quarter" genannt.

(siehe S. 40) zusammentraf, erzählte er die merkwürdige Story weiter. Noch am gleichen Abend hatte Jimmy Besuch von zwei FBI-Agenten. Jimmy übergab ihnen die Münze und die Agenten brachten sie schleunigst in das FBI-Kriminallabor. Dort wurde festgestellt, dass es sich bei dem kleinen Zettel um ein Foto handelt. Als es vergrößert wurde, entdeckten die Wissenschaftler zehn lange Spalten voll geschrieben mit Ziffern, 5 Ziffern in jeder Zahl und etwa 20 Zahlen in jeder Spalte. Das musste eine geheime Nachricht sein.

Das FBI setzte seine gewaltige Ermittlungsmaschinerie in Bewegung. Die alten Damen wurden verhört, die Münze wurde im Labor untersucht, hunderte von Geschäftsleuten und Bankangestellten befragt. Aber niemandem, außer natürlich Jimmy, war die Münze aufgefallen. Experten versuchten die Zahlen zu entschlüsseln, ohne Erfolg. Das FBI kam nicht voran. Es wurde still um die geheimnisvolle Münze.

Vier Jahre später meldete sich in der amerikanischen Botschaft in Paris ein ungewöhnlicher Besucher. Er verlangte den Botschafter zu sprechen und erklärte diesem ohne weitere Umschweife:

„Mein Name ist Reino Hayhanen. Ich bin 36 Jahre alt und Leutnant des sowjetischen Geheimdienstes KGB, mein Kodename ist Viktor. Ich habe jahrelang in den USA Spionage betrieben und wurde nun plötzlich nach Moskau zurückbeordert. Ich brauche ihre Hilfe. Ich möchte zurück in die USA. Wenn ich straffrei bleibe, werde ich auspacken."

Und dann erzählte er dem Botschafter einige Details seiner Arbeit in Amerika. Noch in der Nacht wurden seine Angaben vom FBI überprüft. Sie stellten sich alle als wahr heraus. Hayhanen erhielt sofort die Erlaubnis, in die USA einreisen zu dürfen, und die Zusicherung, straffrei zu bleiben, wenn er mit dem FBI kooperiert. Und schon am nächsten Morgen wurde er, getarnt als amerikanischer Diplomat, von Paris in einem Sonderflugzeug in die USA geflogen.

Dort packte er wie versprochen aus. Aufgrund seiner Angaben konnte das FBI in

Wappen des russischen Militärischen Auslandsnachrichtendienstes (GRU). Kannst du dir vorstellen, warum das Wappen eine Fledermaus zeigt?

NSA

Einer der verschwiegensten Geheimdienste war jahrelang die amerikanische NSA. Zu den Aufgaben der NSA (National Security Agency) zählt die Entschlüsselung von abgehörten Telefonaten, Faxübermittlungen, E-Mails und anderen Nachrichten von ausländischen Regierungen, Geheimdiensten und Industriebetrieben. Zusammen mit britischen Geheimdiensten betreibt die NSA in der ganzen Welt ein System von Abhörstationen, das ECHELON genannt wird. Auch in Deutschland, im bayrischen Bad Aibling, befindet sich eine ECHELON-Anlage. Hier werden Telefongespräche, Faxe und E-Mails aus dem ehemaligen Ostblock aber auch aus Deutschland abgefangen.

Dass dabei auch wichtige Informationen über europäische Unternehmen an die eigenen amerikanischen Unternehmen weitergegeben werden, zeigte sich vor einigen Monaten. Das europäische Unternehmen, das den Airbus baut, hatte versucht einen Flugzeuggroßauftrag von Saudi-Arabien zu bekommen.

Mit Hilfe des Spionage-Netzwerkes ECHELON soll die NSA die Verhandlungen zwischen Saudi-Arabien und Airbus ausgeschnüffelt haben. Dass anschließend die Konkurrenzangebote amerikanischer Firmen immer ein wenig besser ausfielen und der Zuschlag für einen Sechs-Milliarden-Dollar-Auftrag in die USA ging, war also kein Zufall.

der Hilfe der Angabe des übergelaufenen Agenten, konnten sie die Nachricht entschlüsseln. Es war ausgerechnet eine Mitteilung an ihn, und zwar die erste, nachdem er als Spion illegal über die kanadische Grenze in die USA gekommen war. Der erste Absatz der Nachricht lautete:

Herzlichen Glückwunsch für die gelungene Übersiedlung. Wir bestätigen den Empfang deines Briefes „V". Wir haben für dich 3.000 Dollar bereitgestellt. Melde dich bei uns, bevor du irgendwelche Unternehmungen beginnst.

Der von Hayhanen verratene Kode ist übrigens als Hayhanen-Chiffre in die Geschichte der Geheimdienste und Spione eingegangen. Und wie er funktioniert, erfährst du im Kapitel über Verschlüsseln, auf Seite 92.

MODERNE SPIONAGE

Ein Spionagefall, der durch einen 13-jährigen Jungen entdeckt wurde, ist schon etwas ungewöhnlich. Durchaus nicht ungewöhnlich ist es aber, dass Agenten fremder Geheimdienste und Spione Nachrichten, militärische Geheimnisse und Industriebetriebe ausspionieren, um für ihr Land Vorteile zu erzielen. Das ist in den USA heute

den folgenden Jahren mehrere sowjetische Agenten in den USA verhaften. Hayhanen übergab dem FBI auch den Kode, mit dem die Nachrichten aus Moskau an ihn verschlüsselt wurden. Und jetzt erinnerte sich einer der FBI-Agenten an Jimmy, den Jungen, der diese Münze mit dem Foto und den geheimnisvollen Zahlen entdeckt hatte. Erneut wurde das Foto von den Entschlüsselungsexperten analysiert. Und diesmal, mit nicht anders als zu den Zeiten, als Jimmy den Nickel gefunden hat.

Über 10 verschiedene Organisationen sind dort heute mit der Abwehr von Spionage oder mit der Lenkung amerikanischer Spionage in anderen Ländern beschäftigt (siehe Kasten links). Und aus dem damaligen sowjetischen Geheimdienst, KGB, dem Reino Hayhanen angehörte, sind nach der Auflösung der Sowjetunion neue Abwehr- und Spionageorganisationen entstanden (siehe S. 51).

Heutzutage steht neben dem Auskundschaften von militärischen Geheimnissen vor allem die Beschaffung von geheimen Informationen aus allen Bereichen der Industrie im Vordergrund. Im rechten Kasten kannst du sehen, worauf es ausländische Geheimdienste in Deutschland abgesehen haben. Und diese ausländischen Geheimdienste, die in Deutschland spionieren, kommen nicht immer aus dem ehemaligen Ostblock oder aus dem Nahen Osten. Die Geschichte des Airbus-Auftrags für Saudi-Arabien (Kasten „NSA", links) zeigt, dass auch befreundete Nationen sich gegenseitig ausspionieren und sich damit Schaden zufügen.

DEUTSCHE GEHEIMDIENSTE

In Deutschland gibt es drei große Geheimdienste, die sich mit der Abwehr und der Nachrichtenbeschaffung beschäftigen.

In Pullach bei München sitzt der **Bundesnachrichtendienst** (BND). Er ist für die Auslandsaufklärung zuständig, das heißt er beschafft Nachrichten für die Regierung und wertet sie aus. Beispielsweise über international tätige Terroristen, über die Entwicklung von neuen Waffensystemen in Russland, im Irak, in Libyen oder in China, aber auch über große internationale Verbrecherbanden, die im Waffenschmuggel oder Drogenhandel tätig sind.

Der BND gibt an, dass er seine Informationen nur aus jedermann zugänglichen Quellen und von befreundeten Geheimdiensten bezieht. Allerdings wäre er in diesem Fall wahrscheinlich der einzige Geheimdienst in der Welt, der nicht mit Geheimagenten und Spionen arbeiten würde.

Drei Abteilungen arbeiten in Pullach: Die Abteilung „Operative Nachrichtenbeschaffung" sucht und unterhält Kontakte zu Personen, die Zugang zu geheimen auslän-

Wofür interessieren sich Spione?

Dass sich Spione heute in Deutschland nicht nur um militärische Geheimnisse kümmern, erfährst du aus dem Verfassungsschutz-Bericht des Landes Baden-Württemberg. Dort heißt es, die Interessen fremder Nachrichtendienste „umfassen nahezu den gesamten Bereich der industriellen Forschung und Produktion." Im Vordergrund stehen u.a. Informationen aus den Bereichen:
▶ Hochleistungsrechner und Netzwerke
▶ Software-Entwicklung
▶ Mikroelektronik
▶ Satellitentechnik
▶ Werkstoffforschung für den Flugzeugbau
▶ Hochleistungsmetalle
▶ Angewandte Biologie
▶ Gentechnik.
Und wonach suchen die Spione? Nach Entwurfszeichnungen, Notizen, Fotokopien, Disketten, Speicherplatten, Modellen, Geräten, Müll (der nach EDV-Listen und anderen nützlichen Abfallprodukten durchforscht wird) und nach Kontakten mit unvorsichtigen oder gesprächsbereiten Mitarbeitern der auszuspionierenden Firmen.

Lediglich die Zentrale des BND befindet sich in Pullach. Weltweit unterhält die Organisation Auslandsdienststellen, die so genannten Residenturen.

V-Mann: Verbindungsmann, den die Polizei oder der Geheimdienst in kriminelle Vereinigungen oder in Organisationen der gegnerischen Seiten einschleust.

dischen Informationen haben. Die Abteilung „Technische Nachrichtenbeschaffung" versucht beispielsweise den Funk- oder E-Mail-Verkehr anderer Regierungen und Organisationen abzuhören und abzufangen.

Es ist heute überhaupt kein technisches Problem, Telefongespräche, Fernschreib- oder Faxverbindungen gezielt und nach einem bestimmten Suchwortprogramm automatisch zu filtern, mitzulesen und aufzuzeichnen.

Ob sich russische Regierungsbeamte über das Autotelefon oder iranische Kampfpiloten über Funk unterhalten; es kann alles abgehört werden. Und die Abteilung „Auswertung" wertet das von den beiden anderen Abteilungen gelieferte Material, Berichte der deutschen Botschaften im ganzen Ausland und Hinwei-

se von befreundeten Geheimdiensten aus und informiert Regierung und Ministerien.

Das **Bundesamt für Verfassungsschutz** hat seinen Hauptsitz in Köln. Seine Aufgabe ist die Inlandsaufklärung. Das heißt die Beamten und Agenten des Verfassungsschutzes beobachten radikale politische Gruppen, die die Sicherheit des Landes und seiner Menschen gefährden. Sie versuchen, Agenten und Spione von fremden Geheimdiensten aufzuspüren. Und schließlich überprüfen sie die Mitarbeiter in deutschen Betrieben, die Waffen, Flugzeuge und andere Ausrüstungsgegenstände für die Bundeswehr produzieren.

Einen Teil seiner Informationen bezieht der Verfassungsschutz aus offenen Quellen wie Zeitungen, Veröffentlichungen von Organisationen, öffentlich zugänglichen Veranstaltungen wie die Parteitage extremer Parteien. Die so gesammelten Informationen werden durch nachrichtendienstliche Mittel ergänzt. Und das bedeutet: wie andere Geheimdienste auch, observiert (siehe Kasten rechts) der Verfassungsschutz Verdächtige. Er schleust V-Leute in Organisationen und Firmen ein, macht Film- und

Tonaufnahmen und hört Telefone und Faxgeräte ab.

Das Bundesamt für Verfassungsschutz ist nicht für die deutsche Bundeswehr zuständig. Diese hat einen eigenen Geheimdienst, den **Militärischen Abschirmdienst** (MAD). Der MAD sammelt Informationen über extremistische und sicherheitsgefährdende Gruppen, deren Arbeit sich gegen die Bundeswehr richtet. Außerdem überwacht er Bundeswehrangehörige, die im Verdacht stehen, geheimdienstliche Tätigkeiten für eine fremde Macht auszuüben. Der MAD gewinnt seine Informationen aus offen zugänglichen Quellen (beispielsweise den Medien), durch offene Ermittlungen, durch Meldungen von Soldaten sowie durch Informationen von anderen Geheimdiensten. Bei der Abwehr extremistischer Gruppen und von Spionage beschafft er Informationen auch mit „nachrichtendienstlichen" Mitteln. Zu der Arbeit der verschiedenen Abteilungen des MAD gehören unter anderem verdeckte Ermittlungen, der Einsatz geheimer Mitarbeiter und die streng geheime Überwachung von Brief- und Telefonverkehr der verdächtigen Personenkreise.

Was ist eigentlich Observation?

Observieren kommt von dem lateinischen Wort „observare" und bedeutet: beobachten. Eine Observation ist eine unauffällige organisierte Überwachung, von der der Beobachtete nichts merken soll. Das erfordert einigen Aufwand, wenn sie etwas taugen soll: gute Vorbereitung, genügend Beobachter, Autos oder andere Fahrzeuge und technische Hilfsmittel wie Kameras, Nachtsichtgeräte oder Richtmikrofone.

Es gibt verschiedene Formen der Observation. Beispielsweise mieten die Beobachter eine Wohnung oder ein Hotelzimmer an, um ein gegenüberliegendes Haus zu beobachten: Wer betritt das Haus, wie lange hält er oder sie sich darin auf usw. Das Ziel kann sein, genau zu erkunden, welche Personen über einen bestimmten Zeitraum eine Bar betreten und verlassen, von der angenommen wird, dass sie als Umschlagplatz für Drogen dient.

Wenn sich das Objekt, das beobachtet werden soll, bewegt, zum Beispiel ein Auto, so müssen die Beobachter anders vorgehen. Jetzt müssen sie sich auch bewegen. Da sie ja nicht erkannt werden wollen, übernehmen mehrere Beobachter, die untereinander in Funkkontakt stehen, die Beobachtung. Sie lösen sich an bestimmten Stellen ab. Der blaue Ford verfolgt den Verdächtigen bis zur Uhlandstraße, dort übernimmt ein weißer Passat die weitere Verfolgung und dieser wird am Kranoldplatz von einem gelben Lieferwagen abgelöst.

Das Auto hat für die Beobachter viele Vorteile: Sie können ihre Funkgeräte und sonstigen Materialien (Fotoapparat, Kleider zum Wechseln) gut verstecken. Sie können laut sprechen und Funksprüche hören, ohne dass es Außenstehenden auffällt. Sie können schnell mal den Ort wechseln. Sie sitzen bequem und können vielleicht sogar mal ein Nickerchen machen, wenn eine Observation sich hinzieht.

Bei den Beobachtungsfahrzeugen handelt es sich um alle möglichen Automodelle in allen möglichen Farben, meist sind es PS-starke Versionen, aber keine edlen oder auffälligen Wagen. Du wirst von außen keine technischen Besonderheiten entdecken wie Funkgerät, Funkantenne oder so etwas Ähnliches. Die Autos haben Freisprech-Anlagen, bei denen die Meldung von einem versteckten Raummikrofon aufgenommen wird und das Funkgerät z. B. im Handschuhfach versteckt bleiben kann. So unauffällig wie möglich ist die Devise der Beobachter.

Die richtige Ausrüstung

Viel Ausrüstung musst du dir als Detektiv oder als Detektivin nicht anschaffen. Das meiste wirst du sowieso schon besitzen oder dir in deiner Familie ausleihen können. Hier einige der wichtigen und nützlichen Dinge:
Notizbuch, Karteikarten und Karteikasten, Lupe, Pinzetten, Briefumschläge, Zentimetermaß, Taschenmesser, Taschenlampe, Fotoapparat und eine Tasche für unterwegs. Nicht unbedingt nötig, aber wirklich nützlich sind Fernglas, Computer und Walkie-Talkie, besonders wenn du mit anderen Detektiven zusammenarbeitest. Und natürlich brauchst du einen Raum oder eine Detektivecke in deinem Zimmer.

KAPITEL 10

Dein Zimmer ist dein Detektivbüro

Jeder Detektiv braucht ein Büro. Du wirst deinen Karteikasten dort führen oder am Computer Informationen suchen. Du wirst die Materialien, die du zu einem Fall gesammelt hast, dort aufbewahren. Aber auch alle anderen Unterlagen, die du immer wieder benötigst: ein Telefonbuch, Stadt- und Landkarten, ein kleines Lexikon und dieses Buch. Du wirst geheime Nachrichten an deinem Schreibtisch entschlüsseln, Fingerabdrücke mit anderen vergleichen und deine Geheimkodes dort verstecken.

Meist wird dein Zimmer zugleich auch dein Detektivbüro sein. Deshalb wirst du nicht verhindern können, dass jemand dein Büro betritt. Aber du kannst sicher wenigstens ein kleines Geheimfach für die wichtigsten Papiere in deinem Zimmer finden. Außerdem gibt es einige Tricks, um festzustellen, ob jemand in deiner Abwesenheit dein Zimmer betreten oder deinen Schrank geöffnet hat.

In deinem Regal hast du ein Fach
für deine Detektivausrüstung
freigemacht.
Für jeden Fall hast du eine Pappschachtel.
Darin wird alles aufbewahrt,
was du zu dem Fall gesammelt hast.

Auf dem Fensterbrett steht
griffbereit ein Fernglas.

Deinen Computer hast du
mit einem Passwort davor gesichert,
dass jemand anders als du selbst
ihn nutzen kann.

Auf deinem Schreibtisch könnte
ein Spiegel stehen, sodass du
sehen kannst, wer in dein
Zimmer kommt, ohne dass du
dich umdrehen musst.

Wenn du einen kleinen Faden
unauffällig in die Tür deines
Schranks klemmst, kannst du
feststellen, ob dieser während
deiner Abwesenheit geöffnet
wurde. Genauso kannst du auch
deine Zimmertür präparieren.

Deine echten Nachrichten und
Kodes hast du zum Beispiel in
einem Buch versteckt. Wahrscheinlich hast du aber ein noch
besseres Versteck in deinem
Zimmer.

Über der Tür hast du eine
Glocke so angebracht, dass
ein kleiner Stift an der Tür sie
beim Öffnen klingeln lässt.

Jeder würde geheime Papiere
und Kodes in einem Umschlag
unter deinem Teppich vermuten.
Deshalb hast du einen solchen
Umschlag mit falschen Nachrichten und falschen Kodes dort
versteckt.

KAPITEL 11

Die richtige Ausrüstung

Viel Ausrüstung musst du dir als Detektiv nicht anschaffen. Das meiste wirst du sowieso schon besitzen oder dir in deiner Familie ausleihen können. Hier einige der wichtigen und nützlichen Dinge:

NOTIZBUCH

Ohne ein dickes Notizbuch und einen Bleistift wirst du nicht auskommen. Du hältst darin deine Beobachtungen fest, machst Skizzen vom Tatort oder von verschwundenen Gegenständen. Du kannst Adressen und Telefonnummern aufschreiben, die du unterwegs brauchst, oder Nachrichten entschlüsseln.

Am besten eignet sich ein Notizbuch, das feste Pappdeckel hat und stabil ist. Es sollte nicht größer als DIN A6 sein, das ist die Größe einer Postkarte. Außerdem sollte es innen kariert sein. Das hat verschiedene Vorteile. Normalerweise sind die Karos je einen halben Zentimeter breit und hoch, das heißt zwei Karos sind ein Zentimeter lang. (Das solltest du aber in deinem Notizbuch mit einem Lineal nachmessen!) Du kannst deshalb das karierte Papier zum Ausmessen verwenden, wenn du unterwegs bist.

Außerdem kannst du auf kariertem Papier wesentlich besser zeichnen und genauere Tatortskizzen anfertigen. Bleistifte eignen sich besser zum Mitnehmen als ein Kugelschreiber oder Filzstift, da diese leicht in der Hemd- oder Hosentasche auslaufen oder austrocknen.

> **???-Tipp**
>
> ## Messen ohne Maßband
>
> Die Größen von Papier sind genormt. DIN steht für Deutsche Industrie-Norm. Am häufigsten wird Papier von der Größe DIN A4 verwendet. Es ist 21 cm breit und 29,7 cm hoch. Wird dieses Papier in der Mitte zerschnitten, erhältst du Papier der Größe DIN A5 (14,8 x 21 cm). Und wird DIN A5 Papier wieder halbiert, bekommst du DIN A6 (10,5 x 14,8 cm). Wenn du einmal kein Zentimetermaß hast, dann kannst du dir leicht ein Behelfsmaß konstruieren. Die lange Seite eines DIN A4-Blattes ist 29,7 cm, also fast 30 cm lang. Halbierst du diese Seite durch Falten, so weißt du, wo der 15 cm-Punkt liegt, halbierst du 15 cm, erhältst du 7,5 cm usw. Kommt es nicht genau auf den Millimeter an, reicht so ein Papiermaß zum Messen völlig aus.

KARTEIKARTEN UND KARTEIKASTEN

Karteikarten sind nützlich, um Informationen über verschiedene Menschen festzuhalten, zu denen du Kontakt hast, die du beobachtest oder die dir verdächtig vorkommen. Am besten sind wiederum Karteikarten im DIN A6-Format (Postkartengröße).

Nützlich ist auch ein passender Karteikasten. Solche Kästen gibt es im Schreibwarenhandel. Wenn sie aus Kunststoff sind, kosten sie nicht viel. Du kannst sie aber auch selbst machen.

Karteikarten gibt es in vielen Farben. Du kannst dies nutzen. Für deine Kontaktpersonen wählst du zum Beispiel die Farbe Blau, für deine Verdächtigen die Farbe Rot usw. Auf der Karteikarte im Bild rechts siehst du, welche Informationen du festhalten kannst. Die Rückseite eignet sich zum Verfassen von Beobachtungsnotizen und zum Aufkleben eines Fotos.

PINZETTEN

Eine Pinzette ist ein nützliches Instrument, um selbst die kleinsten Spuren aufzunehmen. Es gibt Pinzetten, die sind vorne flach und etwas breiter, du kennst sie vielleicht vom Briefmarkensammeln. Und dann gibt es solche, deren Greifer etwas spitzer und nach unten gebogen sind.

Zur Not kommst du auch ohne Karteikasten aus. Dann reicht ein Gummiband, das du einfach um den Karteikartenstapel legst.

LUPE

Je stärker eine Lupe vergrößert, desto besser. Eine einfache Lupe hat eine vierfache Vergrößerung, die etwas teureren können zehnfach vergrößern, und das ist beispielsweise bei Fingerabdrücken recht hilfreich.

Schalenlupen (links) sind zwar etwas teurer als Handlupen (rechts), dafür ist das Glas in der Fassung beim Transport vor Kratzern geschützt.

Manchmal kann man etwas mit den gebogenen Greifern besser aufnehmen. Da Pinzetten nicht teuer sind, lohnt sich die Anschaffung beider Typen.

Mit einer Pinzette, die vorne flach ist, kannst du beispielsweise eine Briefmarke oder kleine Papierschnipsel aufnehmen, ohne sie zu beschädigen. Mit einer Pinzette, die vorne gebogen ist, kannst du besser etwas greifen, was in der Erde steckt.

BRIEFUMSCHLÄGE
Um Spuren und andere kleinere Materialien sicher zu verpacken und zu transportieren, eignen sich Briefumschläge, normale Größe. Auf die Umschläge schreibst du das Funddatum, die Uhrzeit und den Fundort.

ZENTIMETERMASS
Hier reicht ein gerolltes Bandmaß aus, das es in Bauläden gibt. Billiger sind Zollstöcke, aber sie nehmen mehr Platz weg. Dein Zentimetermaß sollte 2 m lang sein.

TASCHENMESSER
Taschenmesser gibt es in vielen verschiedenen Größen und Ausführungen, meist kombiniert mit allen möglichen anderen Werkzeugen, zu kaufen. Natürlich ist es gut, Werkzeuge immer bereitzuhaben. Hat das Taschenmesser aber zu viele davon, wird es zu schwer und es lässt sich nicht mehr gut in der Hand führen. Die nützlichsten Zusatzwerkzeuge sind eine Schere und ein Schraubendreher. Hat dein Taschenmesser nicht diese beiden Zusatzwerkzeuge, solltest du sie dir noch besorgen.

Profidetektive benutzen eine solche Spiegelreflexkamera. Diese hat den Vorteil, dass du das Objektiv abschrauben und durch ein anderes ersetzen kannst; beispielsweise durch ein starkes Teleobjektiv, das dir gestattet, aus großen Entfernungen zu fotografieren.

TASCHENLAMPE

Eine Taschenlampe ist immer nützlich, nicht nur abends oder nachts, sondern auch wenn es darum geht, dunkle Ecken oder Kammern auszuleuchten. Eine kleine Lampe ist praktischer, sie wiegt nicht so viel und nimmt nicht viel Platz weg.

FOTOAPPARAT

Zum Fotografieren reicht eine einfache Sucherkamera. Wenn du noch keine hast und dir eine kaufen willst (oder schenken lässt), solltest du darauf achten, dass die Kamera einen großen Zoombereich hat. Dann kannst du auch kleine Gegenstände noch fotografieren. Bei der Auswahl des Films solltest du auf dessen Lichtempfindlichkeit achten. Diese wird mit einer Zahl angegeben. Je größer die Zahl,

desto empfindlicher ist der Film. Am besten benutzt du einen mit der Empfindlichkeit 200 oder 400.

FERNGLAS

Ein Fernglas ist nicht unbedingt notwendig, aber es kann sehr nützlich sein. Du kannst damit leichter aus größerer Entfernung beobachten, ohne selbst gesehen zu werden. Entscheidend für dich ist die Vergrößerung. Das ist das Verhältnis zwischen dem durch das Fernglas vergrößerten Bild zu dem mit den bloßen Augen gesehenen Bild. Ein Fernglas mit 8-facher Vergrößerung verachtfacht die Größe des Gegenstandes, d. h. ein Objekt, das sich in einer Entfernung von 800 Metern befindet, wird durch das Fernglas auf einen Abstand von 100 m herangeholt.

???-Tipp
Transport der Ausrüstung

Für unterwegs ist eine gepolsterte Fototasche besonders nützlich. Sie sollte so groß sein, dass du Fotoapparat, Notizbuch und Bleistift, Lupe, Pinzette, Metermaß und dein Taschenmesser mitnehmen kannst. Einige Detektive empfehlen für deine Tasche übrigens zusätzlich etwas Bindfaden, Tesafilm und Pulver für Fingerabdrücke (siehe S.160).

Es gibt billige Ferngläser in Spielzeugläden. Sie vergrößern meist aber nicht ausreichend und haben keine guten Gläser.
Ein besseres Fernglas kostet ab 25 €.

COMPUTER

Ein Computer ist nicht unbedingt notwendig, aber wenn du einen hast, dann kann er sehr nützlich für dich sein, und zwar in zweierlei Hinsicht.

Zum einen kannst du deine Namenskartei auf dem Computer anlegen. Dafür gibt es verschiedene Programme, Adress-Manager oder Datenbankprogramme. Bei Adress-Managern kannst du sofort loslegen und deine Einträge machen. Bei Datenbankprogrammen musst du dir erst deine Karteikarten einrichten.

Falls du solche Programme nicht hast, kannst du sie im Internet bekommen. Es gibt dort Programme, die du umsonst herunterladen und benutzen kannst. Solche Programme nennt man Freeware.

Dazu benötigt dein Computer allerdings einen Internet-Zugang.

Ein gut geeignetes Freeware-Programm für dich hat den Namen „Adressen 2.0“. Es wurde von Roberto Hunger entwickelt. Du kannst es umsonst bekommen und benutzen. Es funktioniert allerdings nur auf Windows-Rechnern. Du erhältst es bei der folgenden Internet-Adresse: **http://www.logitime.de/ Software/software.html**

Nachdem du das Programm vom Netz geladen hast, brauchst du nur auf das Programmsymbol doppelzuklicken. Es installiert sich dann automatisch. Adressen 2.0 hat Felder für Adressen und für deine Bemerkungen; du kannst sogar ein Foto der Person einscannen. Zusätzlich

Das Programm Adressen 2.0 gestattet es dir, nicht nur Adressen zu speichern. Du kannst auch zu jeder Adresse zusätzliche Informationen, Beobachtungen und Hinweise aufnehmen. Deine gesamte Detektivabeit kannst du damit bewältigen.

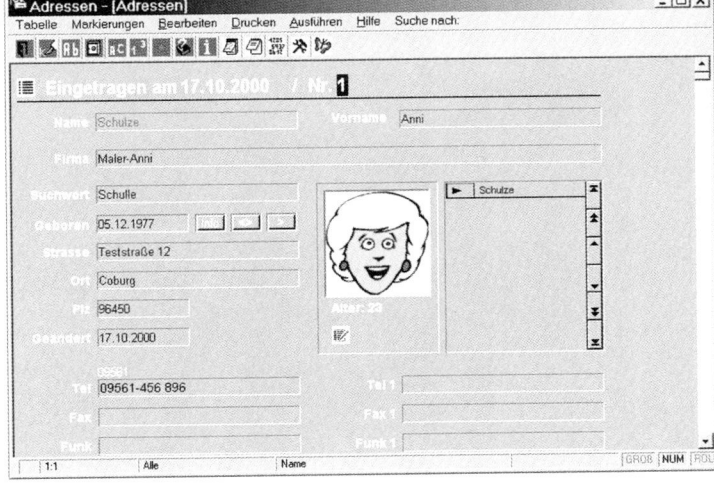

bekommst du einen Kalender und ein Notizbuch. Insgesamt ein sehr nützliches Programm für Detektive.

Hast du einen Internet-Anschluss (z. B. über T-Online, oder AOL), so kannst du deinen Computer darüber hinaus dazu nutzen, Informationen im Internet zu suchen. Es gibt keine Frage, die dir im Internet nicht beantwortet wird. Zwei Suchmaschinen sind besonders empfehlenswert: yahoo und Google. Ihre Adressen lauten http://de.yahoo.com und http://www.google.de

WALKIE-TALKIE

Auch diese Geräte sind nicht unbedingt notwendig. Doch sie können besonders hilfreich sein, wenn du mit anderen Detektiven zusammenarbeitest. Walkie-Talkies sind tragbare Funksprechgeräte, für die man, anders als bei stationären Geräten, keine Lizenz von der Post braucht. Sie haben, je nach Ausstattung, Reichweiten von 200 m bis zu mehreren Kilometern. Sie sind mit einer Antenne ausgestattet, einem Ein-/Ausschalter, einer Lautstärkeregulierung, einem Mikrofon, einem kleinen Lautsprecher und einem Kanalschalter. Sie werden mit Hilfe von Batterien betrieben.

???-Tipp

So redest du im Funksprechverkehr

Bestimmte Wörter regeln das Gespräch über Walkie -Talkie:

kommen	ab jetzt Sprechtaste losgelassen, Gegenstelle kann sprechen
Ende	beendet das Gespräch
hier	erstes Wort der Anrufantwort
Bitte	Beginn jeder Aufforderung
Frage	Beginn jeder Frage
Verstanden	Nachricht zweifelsfrei verstanden
Warten	Gegenstelle soll kurze Zeit (ca. 5 Sekunden) warten
Wiederholen Sie	Bitte, die letzte Nachricht zu wiederholen
ich berichtige	Berichtigung eines Fehlers in letzter Nachricht

Und das hört sich zum Beispiel so an:

A: Detektiv Bernd von Detektiv Anton – kommen
B: Hier Detektiv Bernd – kommen
A: Frage Standort – kommen
B: Standort Platanenstr 43 Laufrichtung Mönchhofdreieck – kommen
A: Verstanden – Ende

Es gibt sehr einfache Geräte im Spielwarenhandel, die um 25 € kosten. Sie haben aber nur eine Reichweite von 200 m. Für Geräte mit einer Reichweite von 600 m zahlst du um die 40 €. Die einfachsten Profigeräte mit einer Reichweite von 3 Kilometern kosten um 100 €.

Der Vorteil von Walkie-Talkies: Jeder kann sich innerhalb der Reichweite frei bewegen, und trotzdem kann man miteinander Kontakt halten. Das ist besonders hilfreich, wenn man jemanden verfolgt oder sucht.

Energiekrise

Als Bob Andrews das Hollywood Star betrat, eine der zahlreichen Tanzbars von LA, konnte er zunächst fast gar nichts sehen. Draußen war es noch gleißend hell von der erbarmungslos heißen kalifornischen Sonne, während drinnen nur einige wenige Lampen die Bar und die wenigen Tische beleuchteten. Die schwere Tür knallte hinter ihm ins Schloss und Bob blieb erst einmal einen Moment stehen, bis sich seine Augen an das Halbdunkel gewöhnt hatten.

Endlich nahm er an einem Tisch vor der Bühne in der ansonsten leeren Bar sechs Gestalten wahr. Er stürzte zu ihnen und begrüßte mit großem Hallo Vanessa Vanella, eine der heißesten Rocksängerinnen Kaliforniens. Bob jobbte in seiner Freizeit noch ab und zu bei der Musikeragentur Rock-Plus und kannte deshalb die Bands und Musiker der Gegend. Vanessa hatte ihn zu ihrem Gig im Hollywood Star eingeladen. Nun wartete Sie zusammen mit den fünf Mitgliedern ihrer Band, den Hollywood - Vandals, auf Carlos, den Besitzer der Bar. Die Band hatte auf der Bühne schon Verstärker, Lautsprecher und Scheinwerfer aufgebaut. Als sie aber die Anlage einschalteten, um zu proben, blitzte nur kurz das Licht auf, dann war alles tot. „Der ganze Laden war stockdunkel. Erst dachten wir, jetzt haben die im E-Werk wieder den Strom abgeschaltet – wegen der Energiekrise", erzählte Vanessa. „Aber dann kam Carlos mit einer Taschenlampe. Der hat dann zwei der Sicherungen wieder reingedrückt, sodass wenigstens ein bisschen Licht brennt. Die anderen waren kaputt. Er ist losgefahren, um neue zu besorgen. Hoffentlich kommt er bald wieder. Man könnte ja vielleicht erst einmal eine der funktionierenden Lichtsicherungen in den Kreis mit der Musikanlage einsetzen, dann könnten wir uns schon ein bisschen einspielen. Wisst ihr, wo der Sicherungskasten ist?", rief sie in Richtung der Bar.

Von dort meldete sich Charlie, der Barmixer: „Na klar wissen wir, wo der Sicherungskasten ist, wir arbeiten ja nicht erst seit heute hier! Aber Carlos kommt ja gleich wieder." Zusammen mit Tom, Lynn und Jim, die heute bedienen sollten, war er dabei, alles für den erwarteten Ansturm vorzubereiten. „Willst du was trinken?", fragte die zierliche Lynn Bob, der sich zur Band gesetzt hatte. „Ja gerne, ich nehme eine Cola. Aber bitte ohne Eis", antwortete Bob und fächelte sich mit einer alten Programmzeitschrift Luft zu.

„Ach, ich bin vor dem Auftritt immer so nervös. Zum Glück gibt sich das aber, sobald ich die ersten Töne raus habe", seufzte Vanessa. Bob beobachtete, wie sie zwei auffällig schöne Ringe von ihren Fingern holte und nervös mit ihnen auf dem Tisch spielte. Die sind nicht nur sehr schön, sondern sicher auch einiges wert, dachte er sich gerade, als erneut das Licht ausging. Es war fast stockdunkel.

„Habt ihr keine Taschenlampen", rief Vanessa Charlie zu. „Ich such ja schon, bin ja nicht blöd!", kam es von ihm ungehalten zurück. Dann konnte man hören, dass jemand sich bewegte, Schritte tappten vorsichtig durch den Raum. Jemand stieß einen Stuhl um, und noch einen. Auch am Tisch war Bewegung. Jemand schien aufzustehen. Dann herrschte Totenstille, gefolgt von erneutem Rumoren und Schritten. Jetzt, nach zwei bis drei Minuten, ging das Licht wieder an.

Kaum hatten alle ihren unterbrochenen Gesprächsfäden wieder aufgenommen, schrie Vanessa auf: „Meine Ringe sind verschwunden, ich hab sie direkt hier auf den Tisch gelegt. Und nun sind sie weg, einfach weg! Jemand muss sie im Dunkeln geklaut haben." – „Na dann durchsuche doch die Taschen deiner Bandmitglieder, dann wirst du deine Ringe schon wieder finden", rief Charlie, der Barmixer, „die waren doch ganz in deiner Nähe." – „Das ist ja eine ungeheure Unverschämtheit", schrie Ringo, der Schlagzeuger. „Wir wissen doch gar nicht, wo der Sicherungskasten ist, nur einer von euch vier kann den Strom aus- und wieder eingeschaltet haben. Eure Taschen sollte man durchsuchen!" – „Einer von uns? Du spinnst ja wohl, wir haben doch hier gearbeitet", donnerte Tom von der Bar zurück. „Ja wieso denn nicht, hast du nicht die Schritte und das Poltern im Dunkeln gehört? Einer von euch hat die Sicherungen ausgeschaltet, ist an den Tisch gekommen, hat die Ringe genommen, ist zurück zur Bar und hat die Sicherungen wieder eingeschaltet", rief Ringo sichtlich aufgeregt.

„Nun mal langsam", warf Bob ein, „es kostet nur einen Anruf, und dann kann ich mit einiger Wahrscheinlichkeit sagen, ob jemand von der Band oder jemand von der Bar die Ringe hat!"

Wen will Bob anrufen? Und wieso kann dies den Streit zwischen den beiden Gruppen aufklären?

Eine Antwort findest du auf Seite 185.

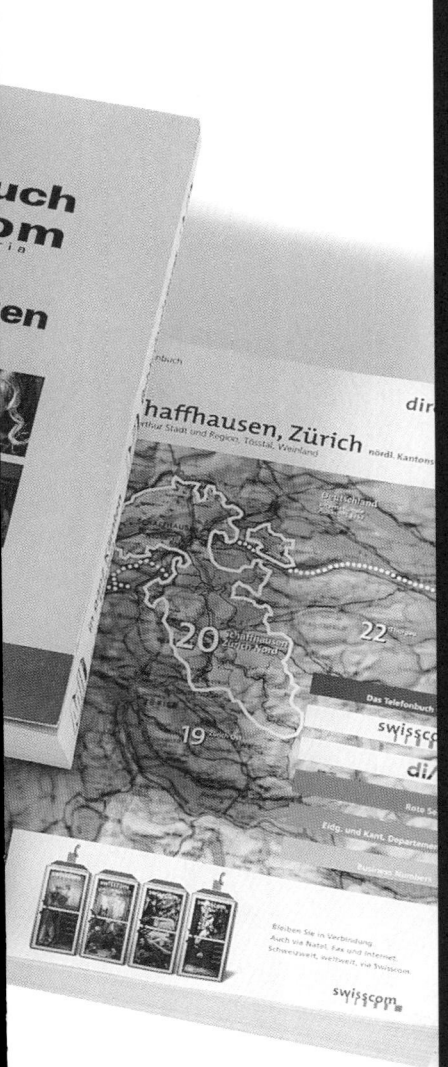

informationen sammeln und verarbeiten

Was für den Fisch das Wasser ist, sind für
den Detektiv Informationen. Ohne sie
kann er seiner Tätigkeit nicht nachgehen.
Deshalb ist jeder Detektiv ein Profi,
wenn es um das Finden, Bearbeiten und
Verstehen von Informationen geht. Und in
den meisten Fällen handelt es sich um
Informationen über Menschen, über Auftraggeber, über Kriminelle, über verschwundene Personen, über Zeugen, über
Polizisten, über Be-schuldigte oder über
Unbeteiligte. Viel kannst du über einen
Menschen erfahren, wenn du ihn siehst,
ihn beobachtest,
dich mit ihm unterhältst oder ihm einfach
nur zuhörst.

KAPITEL 12

Was Menschen über sich verraten

Was für den Fisch das Wasser, sind für den Detektiv Informationen. Ohne sie kann er seiner Tätigkeit nicht nachgehen. Deshalb ist jeder Detektiv ein Profi, wenn es um das Finden, Bearbeiten und Verstehen von Informationen geht. Und in den meisten Fällen handelt es sich um Informationen über Menschen: über Auftraggeber, über Kriminelle, über verschwundene Personen, über Zeugen, über Polizisten, über Beschuldigte oder über Unbeteiligte.

An bestimmte Informationen kommst du relativ leicht. Dazu gehören die Adresse, die Telefonnummer, frühere Adressen, Geburtstag, Geburtsort, bei verheirateten Frauen den Mädchennamen, die Staatsangehörigkeit, seit wann wohnt die Person in einem bestimmten Ort oder in einer bestimmten Straße. Und häufig findest du auch den Beruf heraus. Alle diese Angaben bekommst du, ohne dass du dich mit der betreffenden Person überhaupt treffen oder

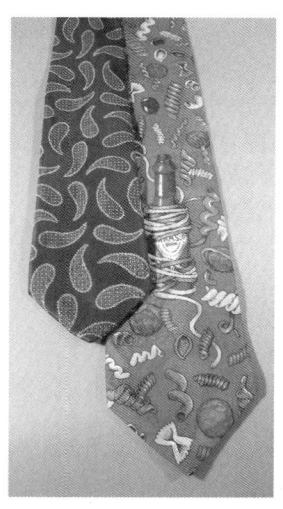

Auch eine Krawatte kann etwas über einen Menschen aussagen. Was unterscheidet wohl die Träger dieser beiden Krawatten?

unterhalten musst. Wie das geht, erfährst du im nächsten Kapitel.

Aber du kannst weit mehr über einen Menschen erfahren, wenn du ihn siehst, ihn beobachtest, dich mit ihm unterhältst oder ihm einfach nur zuhörst. Du kannst Menschen lesen und verstehen, so wie du ein Buch liest und verstehst.

DAS AUSSEHEN

Wenn du dir einen Menschen genau anschaust, werden dir bestimmte Dinge auffallen. Betrachten wir zum Beispiel einfach nur die Haare. Häufig kann die Frisur etwas über den Beruf oder auch über das Hobby eines Menschen aussagen. Manchmal versuchen Menschen aber auch durch ihre Haare eine bestimmte Haltung zum Leben und zu anderen Menschen auszudrücken.

Dir fällt auf, dass die Haare eines Mannes besonders kurz geschoren sind. Das kann verschiedene Gründe haben:

Er ist olympischer Wettschwimmer.

Er arbeitet in einer Organisation, die besonders kurze Haare verlangt (Bundeswehr oder Feuerwehr).

Er ist ein Musikfan, der damit einer Mode folgen will, besonders wenn er seine kurzen Haare auch noch gefärbt hat.

Er nimmt bestimmte Medikamente, die Haarverluste verursachen.

Er ist ein Skinhead.

Er hat aus praktischen Gründen kurze Haare.

Allein sagen die kurzen Haare also wenig, aber zusammen mit anderen Merkmalen kannst du dir wahrscheinlich ein besseres Bild machen.

Bärte können auch etwas über Menschen aussagen. Manche Menschen glauben, dass Männer, die Bärte tragen, etwas zu verbergen hätten. Das ist selten der Fall und meistens Unsinn. Bärte und Schnurrbärte können etwa Folgendes bedeuten:

Der Träger glaubt, er sieht besser mit einem Bart aus.

Der Träger will ein Doppelkinn damit verbergen.

Der Träger versucht, durch einen Bart älter auszuschauen, als er ist.

Die Religion verbietet dem Träger, dass er sich rasiert.

Der Träger folgt einer bestimmten Mode.

Aber schau dir einmal den Bart näher an. Wie gepflegt ist er? Wie viel Zeit wird der Träger wohl täglich mit der Pflege verbringen? Was sagt das über den Bartträger. Ist ihm sein äußeres Erscheinen wichtig oder unwichtig?

Ähnlich kannst du dir die Kleidung von Menschen anschauen. Es ist mittags, du sitzt im Stadtpark auf einer Bank und beobachtest die anderen Menschen um dich herum. Da kommt ein sehr gepflegter Mann, den du auf etwa 40 Jahre alt schätzt. Er geht schnellen Schritts von einem Ende des kleinen Parks zum anderen. Er trägt einen dunkelblauen Anzug, ein weißes Hemd, eine blaurot gestreifte Krawatte mit einer goldenen Krawattennadel, schwarze Schuhe und dunkel-

Skinhead: ein Jugendlicher mit typischen äußeren Erscheinungsmerkmalen (kahl geschorener Kopf, Bomberjacke, schwere Schnürstiefel) und rechtsradikalen politischen Meinungen, häufig gewalttätig.

Warum wohl trägt der surrealistische Künstler Salvador Dalí seinen Bart?

Seriosität: Ernsthaftigkeit, Würde

Was kann ein Auto verraten?

Viele Menschen statten ihr Auto mit der gleichen Sorgfalt aus und pflegen es wie ihre Wohnung. Was du in und an einem Auto siehst, erlaubt dir einige Rückschlüsse darauf, was dem Besitzer viel wert und wichtig ist. Hier sind einige Elemente, auf die du achten kannst:
Alarmanlage,
Aufkleber,
Autotelefon,
besonderes Nummernschild,
besondere Lackierung,
Schoner auf den Sitzen,
zusätzliche Beleuchtung,
Anhänger am Rückspiegel,
Stereoanlage mit großen Lautsprechern,
besondere Gepäckträger für Skier, Räder, Boote,
Anhängerkupplung,
Plüschtiere,
besondere Felgen / Reifen,
besonders aufgeräumt,
gar nicht aufgeräumt.

blaue Socken. Was könnte dieser Mann gerade machen? Wofür sprechen der Anzug und die Krawatte? Welche der folgenden Vermutungen leuchten dir ein und welche nicht?

Ein Bankangestellter nach der Mittagspause auf dem Weg zurück in die Bank.

Ein Kriminalbeamter, der einen Drogenhändler verfolgt.

Der Inhaber des Kinderbuchladens „Pippi Langstrumpf".

Ein Staubsaugervertreter, auf dem Weg zu seinem Auto.

Ein Rechtsanwalt auf dem Weg zu einem Gerichtstermin.

Ein Bauingenieur auf dem Weg zu einer Baustelle.

Auch hier wiederum gilt, gepflegtes Aussehen und Kleidung sagen allein noch nicht sehr viel über einen Menschen. Immerhin kannst du vermuten, der Mann im Stadtpark ist niemand, der auf dem Weg zu einem schmutzigen Arbeitsplatz ist. Und wenn er nicht in Anzüge und Krawatten vernarrt ist, dann geht er sicherlich einer Beschäftigung nach, bei der sein Aussehen eine Rolle spielt. Entweder weil in seiner Firma sehr auf das Aussehen der Mitarbeiter geachtet wird, oder weil er oft mit Kunden Kontakt hat, die

auf das Aussehen Wert legen. In Banken beispielsweise tragen die Mitarbeiter eine Krawatte, weil dadurch der Eindruck der Seriosität vermittelt werden soll.

Die meisten Menschen versuchen, sich durch ihr Äußeres und durch die Kleidung an die jeweilige Situation anzupassen. Und das kannst du dir als Detektiv zunutze machen. Einen Rechtsanwalt, der einen wichtigen Klienten besuchen will, kannst du sicherlich im Anzug erwarten. Eine Kriminalbeamtin, die einen Drogenhändler beobachtet, wird kaum im eleganten schwarzen Kostüm erscheinen. Das wäre erstens unpraktisch und zum anderen würde sie in der Szene, die sie beobachten soll, sofort auffallen.

DIE WOHNUNG EINES MENSCHEN LESEN

Unser Haus oder unsere Wohnung sind das Persönlichste, was wir haben. Bist du in der Wohnung eines Menschen, kannst du sehr viel über diesen Menschen erfahren. In der Regel haben die Menschen das meiste, was in ihrer Wohnung steht, selbst ausgesucht – die Erwachsenen jedenfalls. Deshalb sagen die Einrichtung und die Gegenstände, mit denen die Wohnung verziert ist, sehr viel über diejenigen aus, die darin leben.

Hier sind einige Beispiele, auf die du achten kannst:

Wandkalender: Hängt da ein Kalender mit Drucken von moderner Kunst oder von Gemälden alter Meister? Ein Fotokalender mit Schnappschüssen aus den bayrischen Alpen, Surfbildern aus aller Welt oder Katzenkindern? Kalender bieten auch gute Gelegenheiten, um ins Gespräch zu kommen. Frag einfach nach dem Kalender und die meisten Menschen reden los.

Fotos und Rahmen: Wer ist auf den Fotos zu sehen? Wie viele Fotos kannst du sehen? Wer hat die Fotos gemacht? Amateure, Profis? Sind es schnelle Schnappschüsse oder gestellte Aufnahmen? Erkennst du jemanden auf den Bildern? Warum sind die Fotos ausgestellt?

Bücher: Was jemand liest, kann einiges über ihn oder sie verraten. Du wirst nicht viele Schlüsse daraus ziehen können, wenn du die lokale Zeitung herumliegen siehst, die hat ja fast jeder. Aber interessant wäre es doch, wenn der Mann im dunkelblauen Anzug zu Hause die „natur", eine Zeitschrift für Naturfreunde, liest.

Auch Bücher sind sehr aufschlussreich. Findest du zum Beispiel viele Bücher zu allgemeinen Gesundheitsthemen, so mag das darauf hindeuten, dass sich Familienmitglieder sehr für dieses Thema interessieren. Findest du aber viele Bücher zu einem einzigen Gesundheitsthema, zum Beispiel Asthma, dann deutet dieses eher darauf hin, dass jemand in dieser Familie an Asthma erkrankt ist.

Das Ganze ist wie ein Puzzle. Jedes Element für sich allein, Haare, Kleidung, Wohnungseinrichtung und Bücher, sagt dir wenig. Wenn du dir aber viele solcher Informationen über einen Menschen besorgst, kannst du sie alle wie Teile eines Puzzles zu einem Bild zusammenfügen.

Menschen können nicht nur daran erkannt werden, was sie lesen oder in ihrer Wohnung ausstellen. Wer würde deiner Meinung nach solche CDs hören?

KAPITEL 13

Personen und Adressen finden

Dieses Kapitel ist das große Kapitel für deinen Computer und das Internet. Noch nie war es einfacher und schneller, Adressen und Informationen über gesuchte Personen zu finden als mit Hilfe des Computers und des Internets. Aber natürlich kommst du auch ohne Computer zurecht, nur benötigst du mehr Zeit, um in Bibliotheken und Ämtern nach den Daten zu suchen.

Hier das Klassenfoto aus dem 1. Schuljahr des Autors dieses Buches. Es wurde 1955 an der Kastanienschule in Berlin-Lichterfelde gemacht.

PROJEKT KLASSENFOTO
Warum machst du deinem Vater oder deiner Mutter zum nächsten Geburtstag nicht einmal ein besonderes Geschenk, ein Geschenk, über das sie sich sicherlich sehr freuen würden und bei dem du deine Fähigkeiten als Detektiv einsetzen kannst. Schenk ihr oder ihm eine Liste der jetzigen Namen, Adressen und Berufe der Klassenkameraden aus ihrer Schulzeit. Nehmen wir

an, du willst dies für deine Mutter machen und du wählst ihre Abschlussklasse. Als erstes bittest du sie um ein Klassenfoto ihrer Abschlussklasse. Zunächst ist es sinnvoll, eine Fotokopie von dem Foto zu machen, damit du damit arbeiten kannst, ohne das Original zu beschädigen. Auf der Kopie kannst du jede abgebildete Person mit einer Nummer versehen. Dann legst du für jede Person einen Fragebogen an, auf dem am Anfang nichts anderes steht als die Nummer auf der Fotokopie. Rechts und auf der nächsten Seite siehst du zwei Muster.

Wenn im Fotoalbum oder auf der Rückseite des Fotos keine Namen stehen, musst du deine Mutter nach den Namen fragen. Dabei kannst du zugleich versuchen, weitere Informationen von ihr zu erhalten: Du fragst nach Vorname, Nachname, Spitzname, Adresse während der Schulzeit, was die Person nach der Schule vorhatte, nach der jetzigen Adresse und wann deine Mutter das letzte Mal Kontakt mit der Person hatte.

Wenn deine Mutter die jetzige Adresse weiß, hast du es einfach. Dann musst du nur noch die Telefonnummer herausfinden und den Beruf. Aber wahrscheinlich wird sie

Nummer auf dem Foto		12
Vorname	Peter	
Nachname	Hauser	
Spitzname	Piet	
Adresse/Schulzeit		
Strasse		
Ort	Leeder	
Zukunftspläne	wollte Tierarzt werden und in Hannover studieren	
letzter Kontakt	Abschlußfeier in der Schule	
vermuteter Nachname		
heutiger Nachname		
vermuteter Wohnort		
heutige Adresse		
Strasse		
Ort		
Telefon		
Email		
Beruf		

nicht alle Adressen wissen. Eher werden ihre Informationen so aussehen wie in den beiden Beispielen (oben und nächste Seite).

EINE TELEFONNUMMER FINDEN

Wenn du Peter Hauser aus dem Beispiel oben suchst, bietet es sich als Erstes an, seine alte Adresse im Ort Leeder herauszufinden. Vielleicht

Von Peter Hauser weiß deine Mutter nur noch, dass er in Leeder wohnte, sie weiß aber nicht die genaue Adresse. Vielleicht ist er ja inzwischen Tierarzt.

Nummer auf dem Foto		8
Vorname		Gabi
Nachname		Mairowitsch
Spitzname		Maiglöckchen
Adresse/Schulzeit		
	Strasse	Oberhofer Weg 18
	Ort	Landsberg
Zukunftspläne		wollte Modezeichnerin werden
letzter Kontakt		Zufällig vor 3 Jahren in München in der S-Bahn
vermuteter Nachname		Schiller oder Schöller
heutiger Nachname		
vermuteter Wohnort		
heutige Adresse		
	Strasse	
	Ort	
Telefon		
Email		
Beruf		

Gabi Mairowitsch hat inzwischen geheiratet. Aber den genauen Namen weiß deine Mutter nicht. Wahrscheinlich lebt sie im Raum München.

wohnen dort ja noch seine Eltern, und die könntest du einfach fragen. Wahrscheinlich heißen sie mit Nachnamen auch Hauser. (Das muss übrigens nicht sein, wenn Peter Hauser ein Pflegekind war.)

Es gibt für ganz Deutschland Telefonbücher. Die Nummern sind darin nach den Ortsnetzen gegliedert. In deinem Telefonbuch findest du Informationen darüber, ob sich die Nummern aus dem von dir gesuchten Ort in diesem Telefonbuch befinden oder ob du ein anderes Telefonbuch benötigst.

Häufig haben große Stadtbibliotheken Telefonbücher aus ganz Deutschland. Hast du das richtige Telefonbuch gefunden, musst du darin erst den Ort finden (in unserem Beispiel Leeder, das liegt bei Landsberg in Bayern). Und im Verzeichnis von Leeder musst du nach dem Namen Hauser suchen. Vielleicht findest zwei, drei Einträge, unter denen du anrufen und nach Peter Hauser fragen kannst.

Einfacher geht es im Internet. Auf der Website der Deutschen Telekom http://www.telefonbuch.de gibst du den Namen und den Ort ein, und im positiven Fall erhältst du eine oder mehrere Adressen mit den jeweiligen

???-Tipp

Natürlich würden wir nicht nur die Mutter ausfragen. Wir würden jeden ehemaligen Mitschüler, dessen Adresse wir schon ausfindig gemacht haben, befragen, ob er oder sie Informationen zu den noch fehlenden Namen und Adressen hat.

Telefonnummern. So kannst du über die Eltern oder andere Verwandte die Nummer von Peter finden.

MITHILFE VON BERUFS-VERBÄNDEN SUCHEN

Was aber, wenn die Eltern auch nicht mehr in Leeder leben? Deine Mutter erinnert sich daran, dass Peter Tierarzt werden wollte. Nimm also einfach an, er ist Tierarzt geworden. Natürlich kann er irgendwo in Deutschland wohnen. Aber du kommst vielleicht trotzdem über den Beruf weiter.

Viele Berufe haben Berufsverbände. Darin haben sich alle Lehrer, LKW-Fahrer oder alle Tierärzte zusammengefunden. Du kannst dich an den entsprechenden Berufsverband wenden.

Am besten schreibst du einen Brief und fragst, ob der gesuchte Peter Hauser Mitglied im Verband der Tierärzte ist und ob du seine Adresse haben kannst. Einige Verbandsmitarbeiter werden dir antworten, dass aus Gründen des Datenschutzes diese Auskunft nicht gegeben werden darf. Deshalb solltest du in deinen Brief darum bitten, dass ein zweiter Brief, den du beigelegt hast, vom Verband an Peter Hauser geschickt wird.

Dann kann Peter Hauser entscheiden, ob er sich mit dir in Verbindung setzen will. Zwei Musterbriefe findest du auf der nächsten Seite.

Manchmal geht es wiederum recht einfach im Internet. Wenn du für das Beispiel von Peter Hauser in einer Suchmaschine, z. B. http://www.google.de/ „Tierärzte" eingibst, findest du unter anderem die Website des Bundesverbands Praktischer Tierärzte, und dort kannst du sogar nach den Adressen der Mitglieder suchen.

Übrigens sind Menschen ja nicht nur Mitglied in Berufsverbänden. War einer der Klassenkameraden deiner Mutter früher ein begeisterter Sportler, so ist er vielleicht immer noch in einem Sportverein aktiv. Ein anderer war vielleicht in einem Schachclub, ein dritter in einer politischen Partei oder in einer Kirchengemeinde. Auch darüber kannst du versuchen, Adressen herauszufinden.

Und was, wenn dies dich auch nicht weiter gebracht hat? Deine Mutter sagte, er wollte in Hannover studieren. Vielleicht ist er nach Hannover gegangen, hat etwas anderes studiert und lebt noch dort. Dies könntest du herausfin-

An den Berufsverband der Tierärzte
Abc-Straße 47
12345 Musterstadt

Sehr geehrte Damen und Herren,
ich möchte Sie um Ihre Hilfe bitten. Ich bin im Auftrag
meiner Mutter auf der Suche nach Herrn Peter Hauser.
Herr Hauser ist ein ehemaliger Klassenkamerad meiner
Mutter. Sie organisiert derzeit ein Klassentreffen. Ich vermute, dass Herr Hauser nach seiner Schulzeit Tierarzt
geworden und vielleicht Mitglied in ihrem Verband ist.
Können Sie mir bitte seine Adresse schicken. Meine
Adresse lautet ...
Falls es Ihnen aus rechtlichen Gründen nicht möglich ist,
mir die Adresse von Herrn Hauser zu schicken, bitte ich
Sie, den beigefügten Brief direkt an Herrn Hauser
weiterzuleiten. Einen Umschlag mit Porto habe ich beigefügt.
Ich bedanke mich für Ihre Mühe.
Mit freundlichem Gruß

An Herrn Peter Hauser

Lieber Herr Hauser,
mein Name ist ... Sie sind zusammen mit meiner Mutter
... in die ... Schule in ... gegangen. Für ihren Geburtstag
stelle ich derzeit eine Liste mit allen ehemaligen Klassenkameraden und deren derzeitigen Adressen zusammen.
Ich würde mich freuen, wenn Sie mir Ihre Adresse, Telefonnummer und E-Mailadresse schicken könnten. Als
Dank werde ich Ihnen eine Kopie der fertigen Adressliste
senden.

Ich bedanke mich für Ihre Mühe.
Mit freundlichem Gruß

Wenn du an einen Verband schreibst, solltest du deinem Brief einen an dich adressierten Umschlag beilegen, auf den du schon Porto geklebt hast. Das ist höflicher und viele Menschen sind dann eher bereit, dir zu antworten.

den, indem du in den Telefonbüchern von Hannover und Umgebung nach Peter Hauser suchst.

Und wenn du auf diese Weise nichts findest? Dann suchst du die anderen offenen Adressen und fragst später andere ehemalige Mitschüler deiner Mutter, ob sie den Verbleib von Peter Hauser kennen.

NACHNAMEN KÖNNEN SICH ÄNDERN

Unser zweites Beispiel, Gabi Mairowitsch, sieht zunächst einfacher aus. Deine Mutter erinnert sich noch daran, wo Gabi zur Schulzeit gewohnt hat. Ein Blick ins Telefonbuch und du kannst herausfinden, ob die Eltern von Gabi dort noch wohnen. Nehmen wir an, sie sind weggezogen. Dann kannst du versuchen, Gabi im Raum München zu suchen, denn dort hat deine Mutter sie zuletzt getroffen. Sie erinnert sich sogar noch, dass Gabi jetzt Schiller oder Schöller heißt.

Wenn in Deutschland ein Paar heiratet, so übernimmt die Frau häufig den Namen des Mannes als neuen Familiennamen. Aus Gabi Mairowitsch wird Gabi Schiller. Das muss aber nicht sein. Gabi Mairowitsch kann sich auch für einen Doppelnamen entscheiden, Gabi Mairowitsch-Schiller. Und es gibt auch die Möglichkeit, dass der Ehemann den Namen der Frau übernimmt. Aus Herrn Schiller wird nach der Hochzeit Herr Mairowitsch.

Die letzte Möglichkeit wird nur von sehr wenigen gewählt. Ist sich deine Mutter sicher, dass Gabi den Namen ihres Mannes übernommen hat, so kannst du die Telefonverzeichnisse von München und Umgebung nach Schiller und Schöller durchsuchen.

Aber es gibt eine weitere Schwierigkeit. Du kannst nicht davon ausgehen, dass Gabi, selbst wenn sie jetzt Schiller heißt, auch als Gabi Schiller im Telefonbuch eingetragen ist. Häufig ist die Familie unter dem Vor- und Nachnamen des Ehemannes im Telefonbuch eingetragen. Und wie der heißt, weißt du nicht. Manche Menschen lassen sich aber auch nur mit dem Nachnamen eintragen, und einige wenige untersagen es der Telefongesellschaft, dass sie überhaupt im Telefonbuch eingetragen werden.

Aber vielleicht hast du ja Glück und findest Gabi Schiller oder Schöller über das Telefonbuch. Ansonsten musst du wie bei Peter Hauser wieder versuchen, über andere Wege an die Adresse zu kommen.

???-Tipp

Manchmal kann man mit jemanden in Kontakt treten, ohne seine Adresse oder Telefonummer zu kennen: per E-Mail. Es gibt im Internet die Möglichkeit nach einer E-Mail-Adresse zu suchen, indem einfach nur der Vor- und Nachname eingegeben wird. Die E-Mail-Suchmaschine MESA ist eine der besten im Netz. Die Adresse lautet http://mesa.rrzn.uni-hannover.de

Hast du durch MESA eine oder mehrere E-Mail-Adressen für Peter Hauser gefunden, kannst du den Brief auf S. 78 als E-Mail schicken.

???-Wettbewerb

Es kann auch sein, dass der eine oder andere ausgewandert ist oder für einige Jahre im Ausland (arbeitet und) lebt. Natürlich sind solche Menschen besonders schwierig zu finden. Allerdings ist dies nicht immer der Fall. So ist es beispielsweise in den USA wesentlich einfacher als in Deutschland, im Internet eine Adresse herauszufinden. Probiere es einmal aus. Schau dir auf dem Foto auf Seite 74 den kleinen Jungen an, der vor der ersten Reihe auf dem Boden sitzt, sein Knie gegen den Schulranzen gelehnt. Er lebt inzwischen in Amerika. Er ist ein guter Freund von uns, den wir ab und zu besuchen. Sein Name ist Lothar Beyer und seine Frau heißt mit Vornamen Lynn. Versuch einmal, seine Adresse herauszufinden, und schreibe ihm einen Brief. Wir wetten, dass er dir antworten wird.

KAPITEL 14

Zeichen- und Geheimsprachen

Normalerweise verständigen sich Menschen untereinander mit Sprache. Manchmal aber können oder wollen sie die normale Sprache nicht einsetzen, einige Beispiele:

▸ Zwei Menschen sprechen nicht die gleiche Sprache. Du sprichst Deutsch und vielleicht Englisch, musst aber im Urlaub in der Türkei Brot bei einem Bäcker einkaufen, der Türkisch und etwas Französisch spricht.

▸ Ein Mensch ist stumm, er kann nicht sprechen.

▸ Eine Verständigung ist nicht möglich, weil beide zu weit voneinander entfernt sind oder weil durch Lärm niemand etwas verstehen würde.

▸ Zwei Menschen wollen sich etwas mitteilen, ohne dass ein anderer zuhören kann.

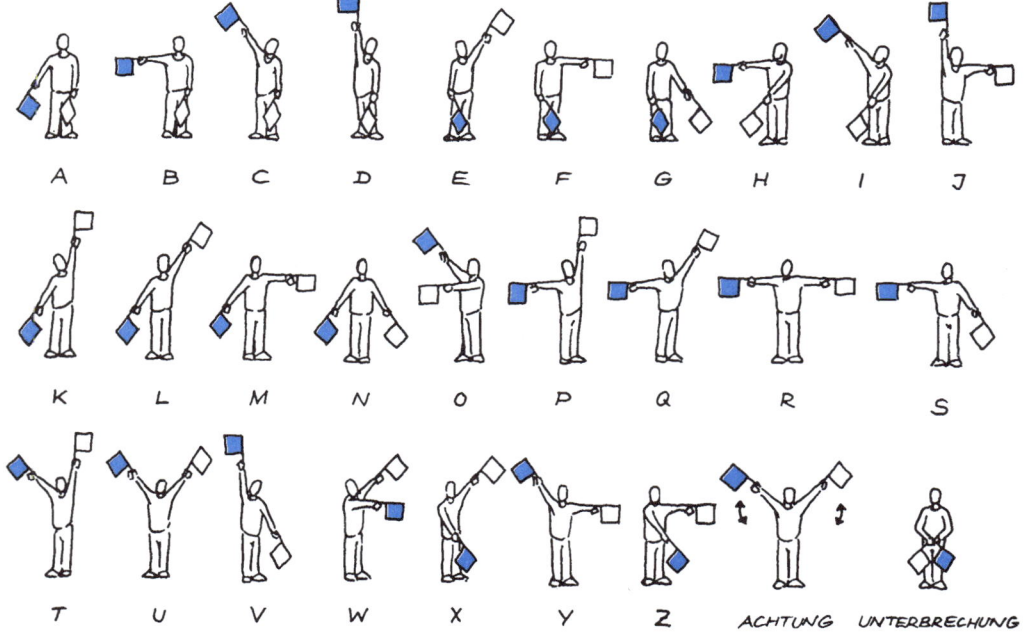

A   B   C   D   E   F   G   H   I   J

K   L   M   N   O   P   Q   R   S

T   U   V   W   X   Y   Z   ACHTUNG UNTERBRECHUNG

Für all solche Fälle haben sich Menschen Zeichen- und Geheimsprachen ausgedacht. Auf den folgenden Seiten findest du einige Beispiele dafür. Probier doch einmal einige der Sprachen mit einem Freund aus.

DAS FLAGGENALPHABET

Das Flaggenalphabet wurde von einem französischen Ingenieur um 1800 entwickelt. Er baute in Frankreich ein Netzwerk von Türmen, und zwar so, dass man von einem Turm immer einen anderen sehen konnte. Auf die Türme setzte er Masten mit zwei schwenkbaren Armen. Auf Griechisch heißen solche Masten Semaphore, weshalb das Flaggenalphabet auch „Semaphore" genannt wird.

Bestimmte Positionen der Arme bedeuten bestimmte Buchstaben. Durch das System der Türme konnte eine Nachricht überaschend schnell durch ganz Frankreich geschickt werden, und das zu einer Zeit, in der es weder Funk noch Telefon gab.

Man glaubt es kaum, aber diese Flaggenalphabet wird noch heute manchmal bei der Marine verwendet. Zwar können sich Schiffe untereinander im Funksprechverkehr problemlos verständigen, aber manchmal muss Funkstille

herrschen, damit der Feind nicht die genaue Position der Schiffe bestimmen kann. Und dann verständigen sich Schiffe, die sich auf Sichtweite einander genährt haben, mit dem uralten Flaggenalphabet.

BLINDENSCHRIFT

Was aber, wenn jemand nicht sehen kann, also blind ist? Auch hier haben zwei Franzosen geholfen. 1821 entwickelte der Offizier Charles Barbier ein Punktschriftsystem, bei dem die Buchstaben als Gruppen von erhabenen Punkten dargestellt wurden, die der Blinde mit seinen Fingern abtasten kann. Das System von Barbier hat ein Grundmuster von 12 Punkten.

Später vereinfachte der Lehrer Louis Braille an einer Pariser Schule dieses System. Er setzte die Buchstaben aus Gruppen von nur sechs Punkten zusammen. Diese Braille-Schrift siehst du rechts.

In den letzten Jahren wurde die Braille-Schrift erneut verändert. Heute basiert sie nicht mehr auf sechs Punkten, sondern auf acht. Blinde Menschen können mit dem neuen System am Computer arbeiten. Statt eines Bildschirms haben sie ein Tastfeld. Es besteht aus einer Reihe von 40 oder 80 Zellen mit Stiften, jeweils acht Stifte sind in einer

A	B	C	D
E	F	G	H
I	J	K	L
M	N	O	P
Q	R	S	T
U	V	W	X
Y	Z		
Ä	Ö	Ü	AU

solchen Zelle angeordnet wie die Punkte im Braille-Alphabet. Mit 8 Punkten lassen sich die 256 Zeichen der Computertastatur eindeutig darstellen. Natürlich kann man nur Texte mit dem Gerät lesen, Grafiken lassen sich mit den wenigen Stiften der Zeile nicht tastbar machen.

FINGERALPHABET

Ein anderes Alphabet wird von den Menschen verwendet, die stumm sind. Normalerweise verständigen sie sich durch die Gebärdensprache. Dabei werden ganze Wörter oder Sätze mit nur einem Handzeichen und mithilfe der Mimik übermittelt. Aber zum Buchstabieren von Namen, Fach- und Fremdwörtern wird von Gehörlosen in der gesamten Welt das Fingeralphabet benutzt.

Für dieses Alphabet braucht man nur eine Hand. Es ist auch für Hörende ganz leicht zu lernen und ermöglicht eine einfache Verständigung mit Gehörlosen. Selbstverständlich kannst du dich natürlich auch mit deinen Freunden auf diese Weise unterhalten, ohne dass ihr gleich die Gebärdensprache dazu lernen müsst.

Als ursprüngliche Erfinder des Fingeralphabets gelten mittelalterliche Mönche, die ein Schweigegelübde abgelegt hatten und sich mittels des Fingeralphabets über das Notwendigste verständigten.

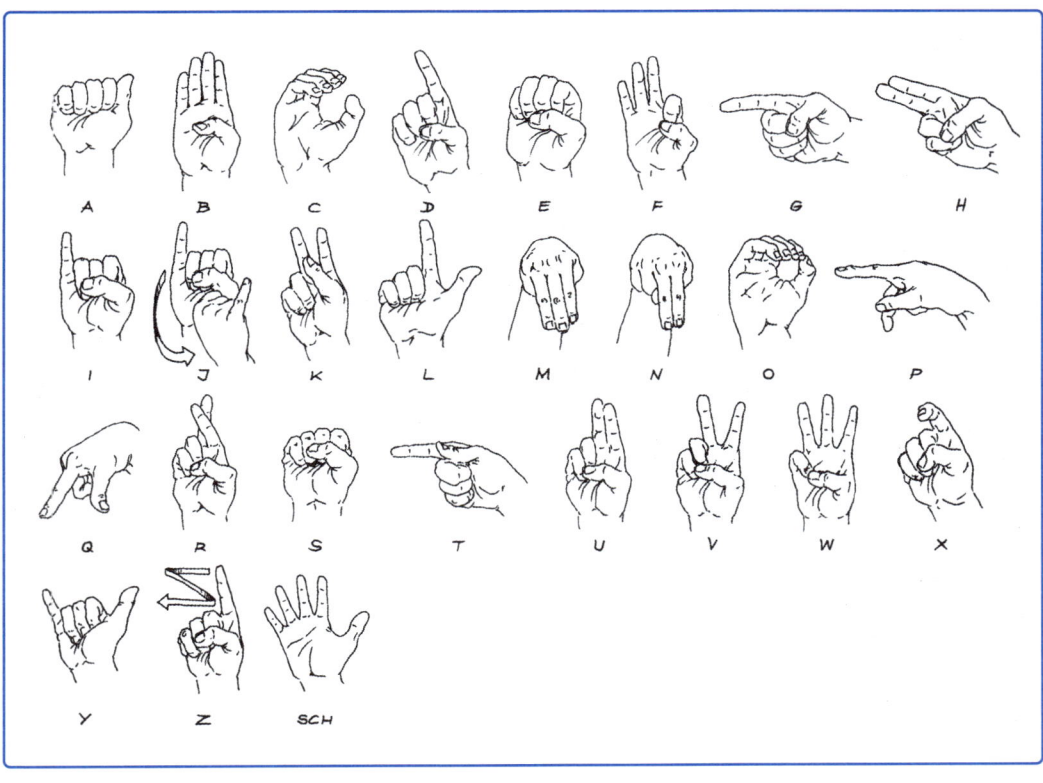

VERSTÄNDIGUNG AM BAU

Besonders wichtig ist eine eindeutige Verständigung in vielen Betrieben oder auf dem Bau, beispielsweise wenn sich ein Mann am Boden mit dem Kranführer hoch oben in seiner Kanzel verständigen will. Auf Baustellen ist es vorgeschrieben, dass sowohl der Anweiser auf dem Boden als auch der Kranführer eine Reihe von Verständigungszeichen beherrschen.

Die Geschwindigkeit beim Geben der Handzeichen zeigt an, wie schnell oder langsam eine Bewegung ausgeführt werden soll.

DIE VERSTÄNDIGUNG ZWISCHEN TAUCHERN

Unter Wasser ist eine Verständigung schwierig, aber manchmal lebensnotwendig. Taucher haben eine internationale Zeichensprache entwickelt, mit deren Hilfe sie sich gegenseitig das Notwendigste mitteilen können. Jeder Taucher muss sie beherrschen, um seinen Partnern angeben zu können, wenn zum Beispiel etwas nicht in Ordnung ist. Gibt ein Taucher einem anderen ein Zeichen, so versteht dieser dies als Anweisung oder als Frage und reagiert ebenfalls durch Zeichen.

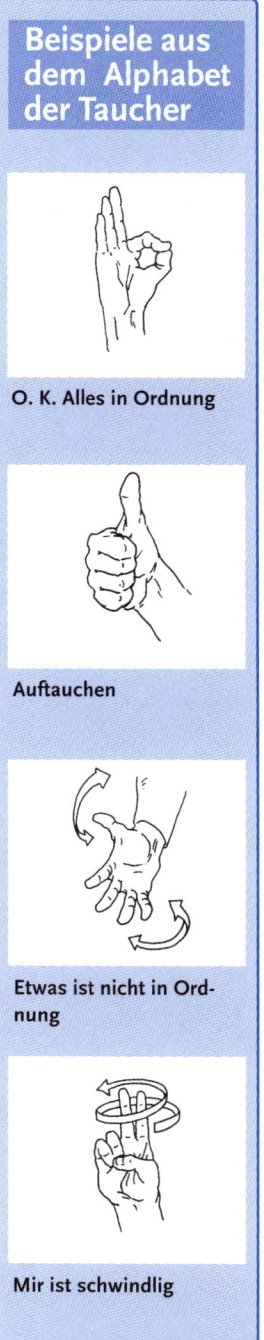

Beispiele aus dem Alphabet der Taucher

O. K. Alles in Ordnung

Auftauchen

Etwas ist nicht in Ordnung

Mir ist schwindlig

Langsam

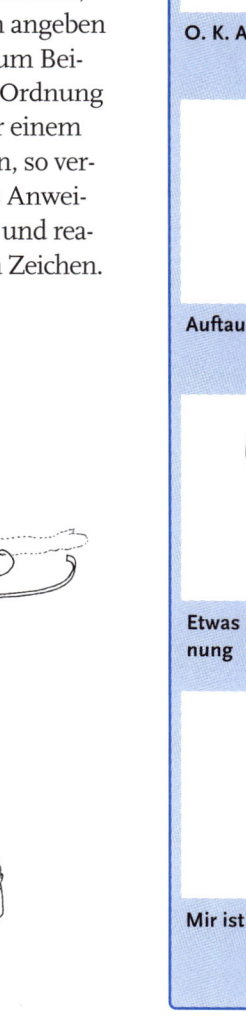

Halt, Gefahr!

Aufwärts

Abwärts

ZEICHENSPRACHEN IM SPORT

Im Sport sind Verständigungszeichen weit verbreitet, besonders unter den Schiedsrichtern. Das hat drei Gründe.

Zum einem ist eine einwandfreie Sprachverständigung in Stadien häufig nicht möglich. Besonders wenn viele Zuschauer lautstark ihren Verein anfeuern.

Zweitens erfahren auch die Zuschauer, sofern sie die Zeichen der Schiedsrichter verstehen, warum gepfiffen wurde.

Und zum dritten müssen Schiedsrichter häufig Spiele auf internationaler Ebene pfeifen. Und da kann es vorkommen, dass jede Mannschaft und zusätzlich die Schiedsrichter aus ganz verschiedenen Ländern kommen. Stell dir ein Spiel bei der Fußballweltmeisterschaft vor, bei dem Brasilien gegen Russland spielt, und der Schiedsrichter kommt aus Schweden.

ROTWELSCH

„Der Deckel fand bei der Schicks ne linke Flebbe und hat sie verschuettet." Ich bin sicher, dass du diesen Satz nicht verstehst. (Die Tabelle rechts wird dir helfen.) Der Satz stammt aus einer Gaunersprache, die Rotwelsch heißt.

Diese Geheimsprache ist im Mittelalter entstanden. Sie

Diese Schiedsrichterzeichen stammen aus dem Volleyball. Der Schiedsrichter setzt neben seinen Handzeichen zusätzlich eine Pfeife ein.

Viermal den Ball gespielt

Ball innerhalb des Feldes

Doppelfehler

Seite mit Aufschlag

Ball außerhalb des Feldes

Auszeit

Aufgabe nicht innerhalb von 8 Sekunden

Verbotener Block

Verbotener Angriff

wurde von vielen Bettlern, Spielleuten, Zirkusleuten, Gaunern und Gauklern gesprochen, von Leuten also, die kein Zuhause hatten, die umherzogen. Die Worte sind teilweise erfunden worden oder sie stammten aus dem Jiddischen, dem Italienischen und dem Französischen.

„Rot" war im Mittelalter die Bezeichnung für Bettler und „Welsch" die Bezeichnung für die romanischen Sprachen. In der Tabelle rechts findest du einige Beispiele aus dem Wortschatz des Rotwelsch. Wenn du sie dir genauer anschaust, wirst du ganz sicher einige Wörter erkennen.

ZINKEN

Vielleicht hast du solche Zeichen ja schon gesehen, an Zäunen, Haustüren oder Wänden. Zinken sind die Geheimzeichen von Bettlern, Hausierern und Gaunern. Das Wort stammt aus dem Rotwelschen und bedeutet „Zeichen". Sie tauchten zum ersten Mal um 1550 in Mitteleuropa auf und sind seitdem nicht wieder verschwunden. Mit den Zinken informieren sich Gauner oder Bettler gegenseitig darüber, was in einem bestimmten Haus zu erwarten ist. Die geheimen Zeichen werden an unauffälligen Stellen

ausschrobbern	ausbrechen
Bajes	Diebesherberge
bekaskert	betrunken
Bingo	Teufel
buckeln	tragen
Buttlack	Hunger
dalfen	betteln
Deckel	Gendarm
Draht	Geld
Esche	Geliebte
flaggern	Feuer legen
Gahtsche	Leute, Bauer,
gampfen	stehlen
Gerlach	Pfarrer
Gollo	Bürgermeister
Gritschimme	Wirtshaus
handeln	stehlen
Jaar	Wald
Kaffer	Mann
Käfig	Gefängniszelle
Käsof	Silbergeld
kess	gescheit, klug
Lein marschieren	den Weg finden
linke Flebbe	falscher Pass
Luppert	Uhr, Pistole
Malain	Wein
Moos	Geld
nassenen	schenken
Penne	Hölle
Prudenz	Gasthaus
Pulle	Flasche
Putz	Polizeibeamter
Scherfenspieler	Hehler
Schicks	Mädchen
schuppen	stehlen
verschuetten	verhaften
Walze	Wanderschaft
Zoskenhändler	Pferdedieb

in Hauseingängen mit Kreide angebracht. Nicht Eingeweihte Personen nehmen die Zinken meist gar nicht wahr. Am häufigsten fanden sich Zinken an den Orten, wo viel Verkehr herrschte; also beispielsweise an Wirtshäusern, an Pfarrhäusern, am Ortseingang oder am Bahnhof.

alleinstehende Person

alte Leute

kein Mann im Haus

mitleidige Frau

Mann im Haus

hier wohnt ein Polizist

Kost nur gegen Arbeit

Diebstahl lohnend

Arbeit zu bekommen

ein Kranker bekommt was

Rechts oder links?

Mike Heindselman rann der Schweiß in Strömen über das Gesicht. Es waren 34 Grad und die Elektrizitätswerke hatten wie jeden Mittag für eine Stunde den Strom abgeschaltet. Gerade wollte er zu einem seiner nicht ganz so jugendfreien Flüche ansetzen, als sich mit einem Krächzen die Klimaanlage ratternd wie ein alter Kühlschrank wieder in Bewegung setzte. Er schmiss seinen PC an und las die E-Mails, die seit dem Vortag eingetroffen waren. Leise stöhnte er auf, als er die Nachricht von seinem Boss aus Chicago las. Nachricht konnte man wohl nicht sagen, das war ein Brief, ein Drohbrief voller Flüche und Vorwürfe an Mikes Adresse.

Mike betrieb die Filiale der Autotal-Direkt-Versicherung, und nun hatte sein Boss festgestellt, dass es in seinem Bezirk zu einer ungewöhnlichen Häufung von Schadensfällen gekommen war: „Ihr schlaft total. Niemand prüft bei euch, ob es die gemeldeten Schäden auch tatsächlich gibt. Merkt ihr nicht, dass einige Leute uns total ausnehmen? Wir machen nur Verluste. Bring endlich deinen dicken Hintern hoch und unternimm etwas, andernfalls kannst du bei uns die totale Mücke machen." Und obwohl die Klimaanlage schon wieder eisig kalte Luft in das Versicherungsbüro hustete, perlten Mike Heindselmann immer noch die Schweißtropfen von der Stirn. „Ich muss Justus anrufen, der kann mir helfen, alle drei, Justus, Bob und Peter, die haben es drauf."

Mike Heindselman und Justus fuhren den Highway 13 in Richtung Norden. Heute Morgen war eine Schadensmeldung eingegangen, und Justus hatte sich bereit erklärt, mit Mike den Wagen zu begutachten. „Der Wagen steht auf einer kleinen Farm, etwa 20 Autominuten nördlich der Stadt, bei Central City", hatte Mike erklärt.

„Das ist doch zu blöd, rote Welle total, jetzt müssen wir sogar hier draußen an der verdammten Ampel warten, dabei ist doch nun überhaupt kein Verkehr mehr", fluchte Mike, als ihn Justus mit einem kleinen Aufschrei unterbrach. „Guck mal die beiden Wagen da drüben auf dem großen Parkplatz!" – „Das ist ein alter schwarzer Buick Park Avenue, wahrscheinlich 93er Modell", meinte Mike. „Ja, und der blaue Jeep ist ihm direkt in die Fahrerseite gefahren. Das machen die doch mit Absicht." „Und hinterher kassieren sie bei mir ab. Wahrscheinlich hatte der Buick sowieso schon einen Blechschaden. Los, da fahren wir hin, die kaufen wir uns." Mike steuerte den Wagen trotz der roten Ampel über die Kreuzung auf den Parkplatz. Doch die Fahrer der beiden Wagen hatten offensichtlich bemerkt, dass sie beobachtet wurden. Der schwarze Buick voran donnerten beide Wagen über die zweite Ausfahrt des Parkplatzes auf die Straße und rasten stadtauswärts.

„Los, hinterher, Mike." – „Mach ich ja, aber die verdammte Kiste hier ist wahrscheinlich nicht schnell genug. Hinten auf der Bank muss ein Fernglas liegen. Schau mal, ob du ein Nummernschild erkennen kannst." Justus beugte sich über seinen Sitz nach hinten und suchte das Fernglas. Schließlich fand er es auf dem Boden unter einen Stoß Zeitungen. „Ne, eine Nummer kann ich bei der Fahrt nicht erkennen, es wackelt zu sehr. Ich sehe aber zwei Leute im Jeep. Wahrscheinlich ein Mann am Steuer und daneben eventuell eine Frau oder ein Mann mit langen Haaren. Ist schwer zu erkennen. Den Wagen davor kann ich nicht mehr sehen."

„Der ist für uns zu schnell, aber den Jeep könnten wir kriegen." Mike gab noch mehr Gas und fuhr jetzt 75 Meilen. Sie rasten in einen Wald. Die Straße zog sich in einer langen Kurve nach rechts. Beide Wagen waren nun nicht mehr zu sehen und obendrein ... Mike trat voll auf die Bremse: Vor ihnen gabelte sich die Straße. „Wohin nun, rechts oder links!?" – „Warte mal, da rechts steht eine Frau am Straßenrand, die können wir fragen, wohin die beiden Wagen gefahren sind", rief Justus und kurbelte bereits seine Scheibe runter.

„Haben Sie eben einen schwarzen Buick und einen blauen Jeep vorbeifahren sehen?", fragte er die Frau. „Ja, junger Mann, habe ich, der schwarze Wagen hatte einen Blechschaden an der Fahrerseite." – „Und sind die rechts oder links abgebogen?", polterte Mike. „Nach rechts sind die gefahren, nach rechts", antwortete die Frau und zeigte in die Richtung, in der die Wagen verschwunden waren. „Danke", brummte Justus, während er wieder die Scheibe hochkurbelte. Einen kurzen Moment knetete er seine Unterlippe. Dann sagte er: „Fahr nach links, Mike."

Warum will Justus nach links fahren, obwohl die Frau doch gesagt hat, die beiden Wagen seien nach rechts gefahren?
Eine Antwort findest du auf Seite 185.

Nachrichten verschlüsseln

Verbrecher, Polizisten, Soldaten und Spione, alle möchten, dass die Nachrichten, die sie sich schicken, von anderen nicht gelesen werden können. Deshalb haben sie seit hunderten von Jahren immer raffiniertere Methoden entwickelt, ihre Nachrichten für den jeweiligen Gegner unlesbar oder unsichtbar zu machen. Damit sind auch schon die beiden möglichen Wege genannt, um aus Nachrichten geheime Nachrichten zu machen.

Der erste Weg besteht darin, die Buchstaben einer Mitteilung nach einem Kode, den nur der Absender und der Empfänger kennen, zu verschlüsseln, wobei ein Text entsteht, der aus sinnlosen Wörten oder aus Zahlen oder Zeichen besteht. Diese Art der Geheimhaltung nennen die Fachleute Kryptologie. Das kommt aus dem Griechischen und bedeutet die Lehre von der Ver- und Entschlüsselung von Daten (kryptos heißt verborgen, geheim).

EINFACHE VERSCHLÜSSELUNGEN

Stell dir vor, Maria und Klaus sind zwei Detektive. Maria ist krank und will an Klaus eine Nachricht senden, die nur er

Cäsars Kode

Maria und Klaus haben eine der einfachsten Verschlüsselungen benutzt, die aber ziemlich effektiv ist. Schon der römische Feldherr Julius Cäsar hat auf diese Weise die Befehle an seine Generale verschlüsseln lassen. Cäsar hat einfach jeden Buchstaben im Alphabet um 24 Positionen nach rechts verschoben: Aus A wird X, aus B wird Y, aus C wird Z, aus D wird A usw. Selbst wenn seine Nachrichten in die Hände des Feindes fielen, konnten sie damit nichts anfangen, denn nur seine Generale kannten den Schlüssel: die Zahl 24.

A	B	C	D	E	F	G	H	I	J	K	L	M	N	O	P	Q	R	S	T	U	V	W	X	Y	Z
X	Y	Z	A	B	C	D	E	F	G	H	I	J	K	L	M	N	O	P	Q	R	S	T	U	V	W

Kannst du mit Hilfe des Schlüssels die Nachricht von Maria lesen? Du kannst dir leicht Varianten dieser Verschlüsselung herstellen, indem du das Alphabet nicht um 24, sondern um eine beliebige andere Anzahl von Buchstaben verschiebst. Du musst nur sicherstellen, dass dein Partner die Verschiebungszahl kennt. Hier ist der Schlüssel für eine Verschiebung um 6 Buchstaben:

A	B	C	D	E	F	G	H	I	J	K	L	M	N	O	P	Q	R	S	T	U	V	W	X	Y	Z
F	G	H	I	J	K	L	M	N	O	P	Q	R	S	T	U	V	W	X	Y	Z	A	B	C	D	E

Die Nachricht von Maria an Klaus lautet bei einer Sechserverschiebung:
YWJKKJS MJZYJ ZR FHMY

verstehen soll. Ihre Freundin Denise erklärt sich bereit, die Nachricht an Klaus zu überbringen. Entgegen ihrem Versprechen liest Denise unterwegs doch die Nachricht. Sie hat folgenden Inhalt:

QOBCCBK EBRQB RJ XZEQ

„Komisch", fragt sich Denise, „was soll denn dieser Quatsch, ist das Chinesisch?" Als Klaus die Nachricht erhält, holt er sein Notizbuch hervor und hat innerhalb von einer Minute die Nachricht gelesen. Wie, erfährst du im Kasten „Cäsars Kode".

Eine weitere, sehr einfache Verschlüsselung ist die Linealverschlüsselung. Dazu benötigen Absender und Empfänger außer Papier und Stift lediglich ein Lineal. Die Nachricht von Maria sieht bei einer einfachen Linealverschlüsselung so aus:

THRYEDFOFAELNMHZEPUQTREKUXMEAECVHWT

Die Auflösung dieser Nachricht findest du im Kasten rechts oben.

SCHWER ZU KNACKEN

Einfache Verschlüsselungen sind auch einfach zu entschlüsseln (dies zeigen wir dir im nächsten Kapitel). Deshalb wurden Kodierungen entwickelt, die erheblich schwerer zu knacken sind.

Eine verblüffend leichte, aber

Die Linealverschlüsselung

Lege das Lineal auf einen Bogen Papier und schreibe deine Nachricht so auf das Papier, dass der erste Buchstabe genau über der Null, der zweite genau über der 1, der dritte genau über der 2 steht usw.

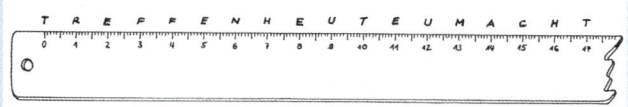

Anschließend legst du das Lineal beiseite und füllst die Zwischenräume mit jeweils einem weiteren Buchstaben aus. Dabei solltest du möglichst verschiedene Buchstaben wählen und nicht nach dem Alphabet gehen. Du setzt beispielsweise die Buchstaben rjcofngxua ... ein, aber nicht abcdefghi ... Die letzte Methode würde sicher dazu führen, dass deine Kodierung zu schnell geknackt wird. Hat dein Empfänger die Nachricht erhalten, muss er nur ein Lineal so darunter halten, dass der erste Buchstabe wieder genau über der Null steht.

kaum zu knackende Verschlüsselung wurde jahrelang von den Geheimdiensten in aller Welt benutzt. Was du brauchst, ist zweimal das gleiche Buch, irgendeines. Es spielt keine Rolle, welches. Wichtig ist nur, das Absender und Empfänger das gleiche Buch haben. Der Text wird verschlüsselt, indem du anstelle der Wörter nur Seitenzahlen, Zeilenzahlen und Wortpositionen verschickst. Die Wörter stammen dann aus dem vor-

Die Vigenere-Verschlüsselung

A	B	C	D	E	F	G	H	I	J	K	L	M	N	O	P	Q	R	S	T	U	V	W	X	Y	Z
B	C	D	E	F	G	H	I	J	K	L	M	N	O	P	Q	R	S	T	U	V	W	X	Y	Z	A
C	D	E	F	G	H	I	J	K	L	M	N	O	P	Q	R	S	T	U	V	W	X	Y	Z	A	B
D	E	F	G	H	I	J	K	L	M	N	O	P	Q	R	S	T	U	V	W	X	Y	Z	A	B	C
E	F	G	H	I	J	K	L	M	N	O	P	Q	R	S	T	U	V	W	X	Y	Z	A	B	C	D
F	G	H	I	J	K	L	M	N	O	P	Q	R	S	T	U	V	W	X	Y	Z	A	B	C	D	E
G	H	I	J	K	L	M	N	O	P	Q	R	S	T	U	V	W	X	Y	Z	A	B	C	D	E	F
H	I	J	K	L	M	N	O	P	Q	R	S	T	U	V	W	X	Y	Z	A	B	C	D	E	F	G
I	J	K	L	M	N	O	P	Q	R	S	T	U	V	W	X	Y	Z	A	B	C	D	E	F	G	H
J	K	L	M	N	O	P	Q	R	S	T	U	V	W	X	Y	Z	A	B	C	D	E	F	G	H	I
K	L	M	N	O	P	Q	R	S	T	U	V	W	X	Y	Z	A	B	C	D	E	F	G	H	I	J
L	M	N	O	P	Q	R	S	T	U	V	W	X	Y	Z	A	B	C	D	E	F	G	H	I	J	K
M	N	O	P	Q	R	S	T	U	V	W	X	Y	Z	A	B	C	D	E	F	G	H	I	J	K	L
N	O	P	Q	R	S	T	U	V	W	X	Y	Z	A	B	C	D	E	F	G	H	I	J	K	L	M
O	P	Q	R	S	T	U	V	W	X	Y	Z	A	B	C	D	E	F	G	H	I	J	K	L	M	N
P	Q	R	S	T	U	V	W	X	Y	Z	A	B	C	D	E	F	G	H	I	J	K	L	M	N	O
Q	R	S	T	U	V	W	X	Y	Z	A	B	C	D	E	F	G	H	I	J	K	L	M	N	O	P
R	S	T	U	V	W	X	Y	Z	A	B	C	D	E	F	G	H	I	J	K	L	M	N	O	P	Q
S	T	U	V	W	X	Y	Z	A	B	C	D	E	F	G	H	I	J	K	L	M	N	O	P	Q	R
T	U	V	W	X	Y	Z	A	B	C	D	E	F	G	H	I	J	K	L	M	N	O	P	Q	R	S
U	V	W	X	Y	Z	A	B	C	D	E	F	G	H	I	J	K	L	M	N	O	P	Q	R	S	T
V	W	X	Y	Z	A	B	C	D	E	F	G	H	I	J	K	L	M	N	O	P	Q	R	S	T	U
W	X	Y	Z	A	B	C	D	E	F	G	H	I	J	K	L	M	N	O	P	Q	R	S	T	U	V
X	Y	Z	A	B	C	D	E	F	G	H	I	J	K	L	M	N	O	P	Q	R	S	T	U	V	W
Y	Z	A	B	C	D	E	F	G	H	I	J	K	L	M	N	O	P	Q	R	S	T	U	V	W	X
Z	A	B	C	D	E	F	G	H	I	J	K	L	M	N	O	P	Q	R	S	T	U	V	W	X	Y

Das Verschlüsselungs-System von Vigenere ist im Prinzip ganz einfach, auch du kannst es anwenden. Es basiert auf der Tafel links. Sie hat 26 Zeilen und 26 Spalten. In den Zeilen sind die Buchstaben des Alphabets eingetragen, in jeder Zeile um eine Position nach rechts verschoben.

Absender und Empfänger der Botschaft brauchen beide diese Vigenere-Tafel und ein Schlüsselwort. Im folgenden Beispiel lautet das Schlüsselwort „Morgenrot". Du schreibst das Schlüsselwort so häufig wie notwendig über die Botschaft, die du senden willst, und zwar genau Buchstabe über Buchstabe, sodass Buchstabenpaare entstehen. Zur Verschlüsselung schaust du nun einfach in die Tafel.

In unserem Beispiel steht als erstes M über T. Du gehst in der Tafel zur Spalte M und anschließend zur Reihe T. Wo sie sich kreuzen, steht der Buchstabe F. Den schreibst du unter M und T in die nächste Zeile. Als nächstes steht O über R. Du gehst wieder erst zur Spalte O und dann zur Reihe R, wo sie sich kreuzen, steht der Buchstabe F. Auf diese Weise kannst du beliebig lange Botschaften verschlüsseln.

Geheimwort	M	O	R	G	E	N	R	O	T	M	O	R	G	E	N	R	O	T
Botschaft	T	R	E	F	F	E	N	H	E	U	T	E	U	M	A	C	H	T
verschlüsselter Text	F	F	V	L	J	R	E	V	X	G	M	V	A	Q	N	T	V	M

Geheimwort	M	O	R	G	E	N	R	O	T	M	O	R	G	E	N	R	O	T
verschlüsselter Text	F	F	V	L	J	R	E	V	X	G	M	V	A	Q	N	T	V	M
Botschaft	T	R	E															

Der Empfänger schreibt das Schlüsselwort so häufig wie notwendig über die Botschaft, die er empfangen hat. Als erstes Buchstabenpaar steht M über F. Er geht in die Spalte M und sucht in dieser Spalte den Buchstaben F. Dann schaut er, in welcher Reihe sich dieser Buchstabe befindet. In unsrem Fall in der Reihe T. Also schreibt er den Buchstaben T auf. Das nächste Paar ist O über F. Er geht in die Spalte O und sucht dort, bis er F gefunden hat, und stellt dann fest, in welcher Reihe er sich befindet, es ist R. Auf diese Weise kann er ohne Probleme die ganze Botschaft entschlüsseln. Die Vorteile dieser Methode kannst du regelrecht sehen: In deiner Botschaft taucht der häufigste Buchstabe in der deutschen Sprache, nämlich das E, viermal auf. In der verschlüsselten Botschaft aber wird das E einmal als V, dann als R, als X und wieder als V verschlüsselt. Und der Buchstabe, der im verschlüsselten Text am häufigsten auftaucht, nämlich das V, taucht im deutschen Text mit am seltensten auf.

her festgelegten Buch. Ohne das Buch ist das Entschlüsseln solcher Botschaften fast nicht möglich.

682207   332303   892607
732810   962805

Die erste zweistellige Zahl jedes Blocks gibt die Seite an, auf der das verwendete Wort zu finden ist. Die zweite zweistellige Zahl steht für die Zeile, die dritte für die Position des Wortes in der Zeile. Jeder Zahlenblock steht also für ein Wort.

Diese Verschlüsselung ist nicht nur relativ sicher, sondern auch ziemlich kurz. Die Grundlage der Verschlüsselung in unserem Beispiel bildet das Buch von Alfred Hitchcock: Die drei ??? Labyrinth der Götter, 1. Auflage, erschienen im Kosmos Verlag Stuttgart, 2000.

Ein Hauptproblem der meisten einfachen Verschlüsselungen ist, dass sie relativ leicht durch die Analyse der Häufigkeit von Buchstaben in der Nachricht zu entschlüsseln sind. (Mehr davon im nächsten Kapitel).

Deshalb wurde immer wieder versucht, eine Verschlüsselungsmethode zu entwickeln, bei der ein Knacken der Nachricht über die Häufigkeit der Buchstaben nicht möglich ist.

Blaise de Vigenere war ein französischer Diplomat, der in Diensten des französischen Königs im Vatikan in Rom arbeitete. Dort stieß er auf das Buch eines Engländers, in dem ein System der Kodierung beschrieben wurde, das unabhängig von der Häufigkeit der Buchstaben funktionieren sollte. Blaise war beeindruckt. Als er aber das System testete, stellte er fest, dass es sehr schwierig war, damit zu arbeiten. Es war langsam und sehr anfällig für Fehler.

Zurück in Paris machte er sich an die Entwicklung eines eigenen Systems. Und als er mit seiner Arbeit fertig war, hatte er die erste große Revolution seit Cäsars Kode vollbracht. Bei Cäsars Kode (siehe Seite 88) wird der gleiche Buchstabe im echten Text immer wieder in den gleichen Buchstaben im kodierten Text umgewandelt. Also aus einem E wird beispielsweise bei der 24er-Verschiebung (Seite 88) immer ein B und aus einem P immer ein M. Bei Vigeneres System konnte dagegen aus dem ersten E ein A und aus dem nächsten ein S werden. Seine Methode galt deshalb viele Jahrhunderte als die absolut sicherste, die es gab. Wie sie funktioniert, siehst du im Kasten auf S. 90.

Bei allen bisher vorgeführ-

Die Hayhanen-Verschlüsselung

Diese Form der Verschlüsselung ist recht kompliziert. Hier findest du eine etwas vereinfachte Form, die du selbst verwenden kannst.

Du brauchst ein Schlüsselwort mit acht Buchstaben, in dem kein Buchstabe zweimal vorkommt. „Schlange" ist ein Beispiel. Zunächst fertigst du dir eine Kodierungstafel nach dem folgenden Beispiel an:

	3	9	6	4	0	8	5	1	7	2
	S	C	H	L	A	N	G	E		
7	B	D	F	I	J	K	M	O	P	Q
2	R	T	U	V	W	X	Y	Z		

In der ersten Zeile sind 10 Ziffern von 0 bis 9 in beliebiger Reihenfolge geschrieben. Diese Reihenfolge und das Kodewort „Schlange" muss sich der Agent merken.

In den beiden Zeilen darunter schreibst du das Alphabet auf, wobei du aber die Buchstaben auslässt, die schon in deinem Kodewort vorkommen. Und schließlich gibst du noch den beiden Zeilen mit dem Alphabet jeweils eine Nummer, und zwar wählst du die letzten beiden Ziffern aus deiner ersten Zahlenreihe, in unserem Beispiel also 7 und 2. Wir wollen die Nachricht verschicken:

Treffen heute um acht

Zur Verschlüsselung suchst du den ersten Buchstaben der Nachricht, das T, in der Tafel. Es steht in der Reihe mit der Zahl 2 und der Spalte mit der Zahl 9. Daraus bildest du die Zahl 29. Der nächste Buchstabe R steht in der Reihe mit der Zahl 2 in der Spalte mit der Zahl 3. Daraus bildest du die Zahl 23. Als nächstes folgt E. Es

steht in der Reihe mit dem Geheimwort, und diese Reihe hat keine Zahl, und in der Spalte mit der Zahl 1.

T	R	E	F	F	E	N	H	E	U	T	E
29	23	1	76	76	1	8	6	1	26	29	1

U	M	A	C	H	T
26	75	0	9	6	29

Du notierst die Zahl 1. Auf diese Weise wird die ganze Nachricht kodiert. Anschließend schreibst du die Zahlen in Siebenerkolonnen auf, wobei du die letzte Zeile mit Nullen auffüllst.

1	2	3	4	5	6	7
2	9	2	3	1	7	6
7	6	1	8	6	1	2
6	2	9	1	2	6	7
5	0	9	6	2	9	0

Zum Abschluss schreibst du die Zahlen aus den Spalten in Reihen auf, wobei du mit der letzten Spalte anfängst:

6270 7169 1622 3816 2199 9620 2765

Beim letzten Schritt ist die Hayhanen-Verschlüsselung etwas vereinfacht. Willst du eine solche Nachricht entschlüsseln, so musst du den ganzen Prozess umkehren.

Hier ist eine Herausforderung für dich: Das Kodewort lautet „Nikolaus" und die Zahlenfolge 3964085172. Kannst du diese Nachricht entschlüsseln?

446 772 339 794 847 571 762

Die Lösung findest du auf Seite 185.

ten Methoden wurden die Buchstaben eines Textes in andere Buchstaben verwandelt. Eine andere Möglichkeit besteht darin, sie in Form von Zahlen zu kodieren. Eine sehr berühmte Methode wurde um 1950 vom damaligen sowjetischen Geheimdienst KGB verwendet, um Nachrichten an seine Agenten in den USA zu senden. Ein sowjetischer Spion in den USA entschied sich überzulaufen und mit den amerikanischen Behörden zusammenzuarbeiten. Sein Name war Reino Hayhanen. Seine Geschichte findest du auf den Seiten 50 bis 52. Er verriet der amerikanischen Spionageabwehr nicht nur die Namen anderer Agenten, sondern auch den Geheimkode, mit dem die Geheimdienstzentrale in Moskau ihre Nachrichten an die Agenten im Ausland schickte.

Dieser Kode ist unter dem Namen Hayhanen-Kode in die Geschichte der Spionage eingegangen. Eine Meldung im Hayhanen-Kode besteht aus langen Zahlenkolonnen. Wie die Verschlüsselung funktioniert, kannst du im Kasten links nachlesen.

Solche Meldungen in Form von Zahlen wurden jahrelang auch in Deutschland vom ostdeutschen Staatssicherheitsdienst in der DDR an seine Spione in Westdeutschland geschickt, und zwar auf einem sehr einfachen Weg. Sie wurden zu bestimmten Zeiten im Radio vorgelesen. Und niemand, außer dem Spion, der wusste, wie die Nachricht verschlüsselt war, konnte mit den Zahlen etwas anfangen.

VERSCHLÜSSELUNG IM COMPUTERZEITALTER

Bei allen bisher vorgestellten Möglichkeiten, eine Nachricht zu verschlüsseln, gibt es eine entscheidende Schwachstelle. Vielleicht ist dir dies schon bei der Geschichte des Spions Hayhanen aufgefallen. Derjenige, der die Nachricht verschickt, und derjenige, der sie lesen soll, müssen den Kode und die Art der Verschlüsselung kennen. Wenn es also einem Gegner gelingt, den Kode herauszufinden oder wenn er ihn durch Verrat erfährt, kann er geheime Nachrichten lesen und seinem Gegner schweren Schaden zufügen, ohne dass dieser ahnt, woher jener seine Informationen bezieht.

Ein klassisches Beispiel hierfür hat sich während des Zweiten Weltkriegs abgespielt. Die deutsche Armee arbeitete mit einer Verschlüsselungsmaschine, die den Namen Enigma trug. Nachrichten und Befehle an U-Boote, die irgendwo in den Ozeanen der Welt versuchten, feindliche Schiffe zu versenken, wurden mit Hilfe von Enigma verschlüsselt und per Funk gesendet. Auf den U-Booten befand sich ebenfalls eine Enigma sowie ein Kodebuch, dass für jeden Tag einen ande-

???-Tipp

Um Nachrichten mit einem Kode zu verschlüsseln, bei dem Buchstabe für Buchstabe umgewandelt wird, solltest du die deutschen Umlaute und das ß so schreiben:

ä = ae

ö = oe

ü = ue

ß = ss

Willst du also die Geheimnachricht „der Löwe brüllt" verschlüsseln, so schreibst und verschlüsselst du „der Loewe bruellt".

Die englische Regierung baute außerhalb von London ein Zentrum für Entschlüsselung auf, in dem die begabtesten Mathematiker, Sprachwissenschaftler und z. B. auch Schachmeister arbeiteten. Ihnen gelang es, das Geheimnis der Enigma-Verschlüsselungsmaschinen zu knacken.

ren Kode vorschrieb, der in die Maschine eingegeben werden musste.

Einem Kommando der britischen Marine gelang es, von einem sinkenden deutschen U-Boot ein Exemplar von Enigma und ein Kodebuch zu bergen. Die deutsche Seite nahm fälschlicherweise an, die Besatzung hätte die Maschine und das Kodebuch vor dem Untergang noch zerstören können. Aus der Analyse der Maschine und des Kodes gelang es einer Gruppe von britischen Wissenschaftlern, das Geheimnis der Maschine und des Kodes zu lösen und die verschlüsselten Funksprüche der deutschen Marine an ihre U-Boote zu entschlüs-

seln. Dies führte dazu, dass ein großer Teil der deutschen U-Boote von der britischen Marine vernichtet werden konnte.

Diese Geschichte zeigt wie viele andere, dass eine Verschlüsselung wahrscheinlich viel sicherer ist, wenn Absender und Empfänger nicht das gleiche Wissen haben müssen, wenn sie beispielsweise mit verschiedenen Kodewörtern arbeiten, die nur sie wissen müssen und sonst niemand.

Im Zeitalter der Computer ist eine solche Verschlüsselungsmethode möglich. Heute werden sehr viele Nachrichten in der Welt nicht mehr per Brief oder Fax, sondern als E-Mail über riesige Firmennetze oder über das Internet geschickt.

Für technisch Bewanderte ist es nicht schwierig, fremde E-Mails mitzulesen. Das ist zwar verboten, aber es wird trotzdem getan, von neugierigen Hackern, von Betrügern, von internationalen Banden, von Geheimdiensten und von Spionen.

Zum Schutz vor neugierigen Blicken wurde deshalb ein System der Verschlüsselung von E-Mails entwickelt, das den Namen PGP trägt. PGP steht für „pretty good privacy", was etwa „ziemlich große Sicherheit" heißt. Bei dieser modernsten Form der Verschlüsselung haben Absender und Empfänger jeweils zwei Kodewörter oder -nummern. Der erste Kode ist ein öffentlicher Kode, den jeder kennen kann. Der zweite Kode ist der private. Der Absender kennt nur seinen und der Empfänger, der einen ganz anderen hat, kennt auch nur seinen.

Wird eine Nachricht vom Absender verschlüsselt, so tut er dies mit Hilfe des öffentlichen Kodes vom Empfänger. Um sie zu lesen, muss der Empfänger seinen privaten Kode eingeben. Und niemand, der diesen privaten Kode des Empfängers nicht kennt, wäre in der Lage, mit der Nachricht etwas anzufangen.

Das System ist so wirksam, dass in einigen Ländern sein Einsatz inzwischen verboten ist, und viele Regierungen denken darüber nach, den Einsatz ebenfalls zu verbieten. Die Regierungen sagen, wenn wir keine Möglichkeiten mehr haben, geheime E-Mail-Nachrichten von Gangsterbanden abzufangen und zu lesen, haben wir im Kampf gegen Verbrecherbanden entscheidende Nachteile. Viele Menschen, die sich um die Rechte von Bürgern sorgen, meinen dagegen, keine Regierung und keine Polizei sollte das Recht und die Möglichkeit haben, die privaten Mitteilungen oder die internen Mitteilungen von Firmen mitzulesen. Sie sind deshalb der Ansicht, dass keine Regierung das Recht haben sollte, die Benutzung von Verschlüsselungssystemen wie PGP zu verbieten.

Was meinst du dazu?

Dies ist die Verpackung eines PGP-Verschlüsselungsprogramms, das in den USA jedermann kaufen kann. Auf der Packung steht allerdings der Hinweis, dass es verboten ist, dieses Programm außerhalb der USA zu verkaufen.

KAPITEL 16

Nachrichten
entschlüsseln

So lange es verschlüsselte Nachrichten gibt, so lange gibt es auch Versuche, solche Nachrichten zu entschlüsseln. Um geheime Nachrichten zu entschlüsseln, musst du wissen, wie Nachrichten verschlüsselt werden. Deshalb solltest du zunächst das Kapitel 15 „Nachrichten verschlüsseln" lesen.

Die Entschlüsselung von Nachrichten wird häufig als Kryptoanalyse bezeichnet, krypto kommt aus dem Griechischen und bedeutet „geheim". Die Entschlüsselung von Nachrichten wird heutzutage an der Universität im Fach Mathematik erforscht und unterrichtet. Dabei geht es nicht darum, Studenten zum ungesetzlichen Lesen von geheimen Nachrichten auszubilden. Zwar gibt es immer wieder Menschen, die versuchen, verschlüsselte Nachrichten, die nicht für sie bestimmt sind, zu knacken, um Menschen anschließend mittels der Informationen zu betrügen oder zu erpressen.

Die Kryptoanalyse ist aber ein wichtiger Zweig des Datenschutzes. Durch den Versuch, geheime Nachrichten zu entschlüsseln, kann man viel über die Sicherheit eines Verschlüsselungssystems lernen und dieses anschließend verbessern.

Wenn du eine geheime Nachricht abfängst, weißt du ja nicht, wie sie verschlüsselt ist. Schau dir einmal die folgende Nachricht genauer an:

UKXX ROEDO XSMRD UYWWOX

Sie besteht aus vier Wörtern. Das scheint für Cäsars Kode (siehe Seite 88) zu sprechen, muss aber nicht. Da du aber Cäsars Kode kennst, kannst du zumindest versuchen, die Nachricht darüber zu entschlüsseln.

Die Schwierigkeit besteht allerdings darin, dass du nicht weißt, mit welcher Verschiebung des Alphabets gearbeitet wurde. Dir bleibt deshalb nichts anderes übrig, als es mit jeder der 26 möglichen Verschiebungen auszuprobieren.

Das ist zeitaufwendig. Wenn aber mit Cäsars Kode gearbeitet wurde, wirst du ganz sicher die Nachricht entschlüsseln können. Probiere es doch einfach aus. Ganz Ungeduldige oder Faule finden die Lösung auf Seite 185.

Natürlich gibt es andere Möglichkeiten, eine geheime Nachricht zu entschlüsseln. Heute ist dies mit Hilfe von Computern wesentlich einfacher als früher. Ein klassischer Weg arbeitet mit der Häufigkeit, mit der ein Buchstabe und Buchstabenpaare in deutschen Texten vorkommen.

Dazu könntest du dir die Zeitung von heute nehmen und zählen, wie häufig in der ganzen Zeitung der Buchstabe A vorkommt, dann wie häufig B erscheint usw., bis du das ganze Alphabet durchgearbeitet hast. Am Ende weißt du, welcher Buchstabe am häufigsten, welcher am zweithäufigsten und welcher am seltensten vorkommt. Das Gleiche kannst du mit all den möglichen Kombinationen von zwei Buchstaben machen also AA, AB, AC, AD usw.

Glücklicherweise kannst du dir diese Arbeit sparen. Sprachwissenschaftler haben dies für dich schon gemacht. Im Kasten rechts kannst du sehen, mit welcher Häufigkeit die einzelnen Buchstaben in deutschsprachigen Texten vorkommen.

Die drei häufigsten Buchstaben sind E, N und R, die drei seltensten sind Y, Q und X. Für andere Sprachen sehen diese Tabellen anders aus. Im Englischen sind die drei häu-

Häufigkeit der Buchstaben

Zählt man irgendeinen deutschen Text aus, der aus 1 Millionen Buchstaben besteht, kommen die Buchstaben mit folgenden Häufigkeiten vor:

E	181.000 Mal
N	104.000 Mal
R	80.000 Mal
I	75.000 Mal
S	64.000 Mal
T	56.000 Mal
A	54.000 Mal
D	52.000 Mal
H	51.000 Mal
U	41.000 Mal
L	35.000 Mal
C	32.000 Mal
G	31.000 Mal
M	25.000 Mal
O	22.000 Mal
B	19.000 Mal
Z	17.000 Mal
W	17.000 Mal
F	16.000 Mal
K	11.000 Mal
V	8.000 Mal
P	6.000 Mal
J	2.000 Mal
Y	200 Mal
Q	170 Mal
X	160 Mal

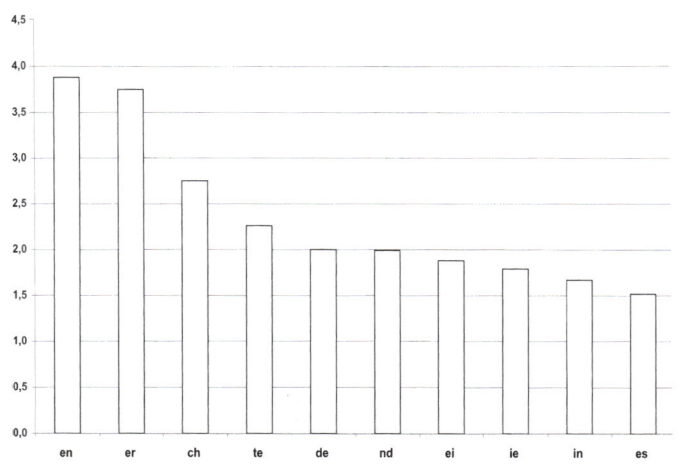

Die häufigsten Kombinationen von Silben im Deutschen

Codes knacken

Tipps für das Entschlüsseln:

▸ Geh davon aus, dass die gleichen Zeichen in der Geheimnachricht die gleichen Buchstaben bedeuten.

▸ Zähle die häufigsten Zeichen und ersetze sie mit den häufigsten Buchstaben, die in deutschen Texten vorkommen.

▸ Konzentriere dich am Anfang auf die kurzen Wörter. Denn davon gibt es nicht sehr viele.

▸ Hast du ein Zeichen herausbekommen, so setze es sofort im Rest des Textes ein.

▸ Benutze einen Duden als Hilfsmittel.

figsten Buchstaben E, T und N und die drei seltensten sind Q, X und Z.

Zwar sind im Deutschen E, N und R Buchstaben, die am häufigsten vorkommen, aber das muss nicht heißen, dass diese Buchstaben in allen Sätzen auch wirklich vorkommen müssen. In der Nachricht **DU MUSST UM ACHT LOS** kommt kein einziger von ihnen vor. Allerdings wird ein Detektiv trotzdem zunächst versuchen, mit der Häufigkeitsverteilung der Buchstaben zu arbeiten.

Schauen wir uns die nächste geheime Nachricht einmal genauer an, sie lautet:

AYLMMLU PU ULBU AHNLU PT CLYZALJR

Der häufigste Buchstabe darin ist das L, es kommt sechsmal vor. Nehmen wir an, das L steht für E:

--E--E- -- -E-- ---E- -- -E---E--

Das sagt uns noch ziemlich

wenig, oder kannst du schon jetzt den Inhalt der Nachricht erraten? Der zweithäufigste Buchstabe in der Geheimnachricht ist das U. Schauen wir in der Häufigkeitstabelle nach, so ist dort das N als zweithäufigster Buchstabe genannt. Versuchen wir unser Glück:

--E--EN -N NE-N ---EN -- -E---E--

Das sieht viel versprechend aus. Besonders interessant ist das zweite und das dritte Wort.

-N NE-N

Wie viele Wörter kennst du, die im Deutschen aus nur zwei Buchstaben bestehen und deren zweiter Buchstabe ein N ist? Es gibt nur zwei, nämlich **IN** und **AN**.

Und **NE-N** kann ja nur **NEIN**, **NEON** oder **NEUN** heißen. Nehmen wir den Fall an, **-N** steht für **IN**, dann muss **NE-N** für **NEUN** oder **NEON** stehen (sonst müsste in der Geheimschrift **ULPU** und nicht **ULBU** stehen). Das hieße **-N NE-N** bedeutet **IN NEUN** oder **IN NEON**.

Wenn **-N** für **IN** steht, dann bedeutet also **P = I** und wir wären wieder ein Stück weiter:

--E--EN IN NE-N ---EN I- -E---E--

Nun gibt es nur zwei Wörter, die aus zwei Buchstaben bestehen und deren erster

Buchstabe ein **I** ist, nämlich **IN** und **IM**. Da wir schon annehmen, das **PU** für **IN** steht kann **PT** nur für **IM** stehen:

--E--EN IN NE-N ---EN IM -E---E--

Nehmen wir einmal an, **IN NE-N** bedeutet **IN NEUN**. Dann kannst du erwarten, dass das nächste Wort **---EN** irgendeine Einheit darstellt, beispielsweise Kilometer, Meter, Stunden, Tage, Minuten. Die einzige Einheit, die wirklich passen würde, wäre **TAGEN. IN NE-N ---EN** könnte also heißen **IN NEUN TAGEN**. Wenn dies stimmt, dann stünde der Buchstabe **A** in der Geheimnachricht für **T**, und sie würde lauten:

T-E--EN IN NEUN TAGEN IM -E--TE--

Kannst du erraten, wie das erste Wort lautet? Eigentlich passen jetzt nur noch **TREFFEN** oder **TRENNEN**. In jedem Fall steht **Y** für das **R**. Daher lautet unsere Nachricht:

TRE--EN IN NEUN TAGEN IM -ER-TE--

Weiter kommen wir mit unserer Analyse nicht. Jetzt müssen wir beim Wort **-ER-TE--** entweder raten oder alle die Buchstaben, die wir noch nicht benutzt haben, ausprobieren, bis ein sinnvolles Wort entsteht. Probier es ein-

???-Herausforderung

Auch dies ist eine verschlüsselte Botschaft. Sherlock Holmes gelingt es in der Geschichte „Die tanzenden Männchen" sie mit Hilfe der Häufigkeitstabelle für die englische Sprache zu entschlüsseln. Er lässt daraufhin dem Verbrecher die untere Nachricht zukommen. Falls du dich an die Lösung machen willst, hier einige Tipps: Die verschiedenen Männchen stehen für Buchstaben. Die häufigsten Buchstaben im Englischen sind E, T, N, A, O, R, I, S. Die Buchstaben, die am wenigsten auftauchen, sind J, K, Q, X und Z. Die Männchen mit den Flaggen trennen Wörter voneinander (Lösung S. 186).

fach mal aus. Und solltest du wirklich nicht weiterkommen, dann findest du die Lösung auf S. 185.

Die Arbeit mit Häufigkeitstabellen ist recht mühsam und führt nicht immer zu einer Lösung. Aber wenn du gar keine andere Möglichkeit hast, ist dies zumindest ein Ansatzpunkt, der dir weiterhelfen kann.

KAPITEL 17

Nachrichten verstecken

Neben der Verschlüsselung von Nachrichten gibt es einen zweiten Weg, aus Nachrichten geheime Nachrichten zu machen. Er besteht darin, die Nachrichten so zu verstecken, dass der jeweilige Gegner sie nicht finden kann. Diese Form der Geheimhaltung ist tausende von Jahren alt und wird Steganographie genannt. Das kommt aus dem Griechischen und bedeutet „geheimes Schreiben" (steganos heißt verdeckt oder geheim. Und graphie heißt schreiben.)

Schickt jemand eine verschlüsselte Nachricht, so macht er sich in den Augen der Polizei oder des Geheimdienstes sofort verdächtig, und es wird viel Energie darauf verwendet, die Nachricht zu entschlüsseln oder Absender, Überbringer oder Empfänger zu verhören und dazu zu bringen, den Kode zu verraten. Ist die Nachricht hingegen versteckt, dann wird erst gar kein Verdacht erregt.

Aus diesem Grund wurden in der Geschichte immer wieder neue Methoden entwickelt, um Nachrichten zu verstecken.

Eine der ältesten überlieferten Methoden stammt aus dem alten Griechenland. Der Grieche Demeratus wollte den Spartanern mitteilen, dass die Xerxer planten, Griechenland zu überfallen. Zu dieser Zeit war es üblich, auf Tafeln aus Holz zu schreiben, die mit einer Wachsschicht überzogen waren. Demeratus hat von einer Wachstafel das Wachs entfernt, seine Nachricht auf das Holz geschrieben und anschließend das Wachs wieder auf das beschriebene Holz aufgebracht. So war die Nachricht unter dem Wachs versteckt und konnte unbemerkt zu den Spartanern geschmuggelt werden.

Eine etwas merkwürdige Art, Nachrichten zu verstecken, wird aus dem alten Persien berichtet. Ein persischer Edelmann mit dem Namen Histiaeus rasierte einem Sklaven, zu dem er besonders viel Vertrauen hatte, den Kopf ganz kahl. Dann wurde ihm eine Nachricht auf die Kopfhaut tätowiert. Als seine Haare wieder lang genug waren, konnte er sich auf den Weg machen und die Nachricht überbringen. Am Ziel wurden seine Haare wieder abrasiert, und die Nachricht konnte gelesen werden.

Ein wesentlich verbreiteteres Verfahren besteht darin, die Nachrichten nicht auf einem großen Bogen Papier zu transportieren, sondern sie so stark zu verkleinern, dass sie auf einen unscheinbaren kleinen Papierschnipsel passen. Dieser Papierschnipsel kann dann in einem winzigen Loch, in einem Schuhabsatz oder wie im Hayhanen-Fall (siehe Seite 50 bis 52) in einer ausgehöhlten Geldmünze versteckt und transportiert werden. Spione benutzen kleine Spezialkameras (siehe rechts unten), um Dokumente zu fotografieren. Der Film in der Kamera ist winzig klein. Eine ganze Schreibmaschinenseite passt auf eine Fläche, die nicht größer als dein Daumennagel ist. Und so ein kleines Foto lässt sich auch recht einfach und unauffällig verstecken. So eine Minikamera wird von Agenten und Spionen eingesetzt. Sie ist nur 10,2 x 2,8 x 1,6 cm groß und wiegt mit Film und Batterie knapp 85 g.

1941, während des Zweiten Weltkriegs, fing das FBI einen vom deutschen Botschafter nach Deutschland geschickten Brief ab. Bei genauer Untersuchung stellte sich heraus, dass ein Punkt auf dem Umschlag in Wahrheit Text war, der richtige Informationen enthielt. Es war dem deutschen Geheimdienst gelungen, eine DIN A4-Seite so zu verkleinern, daß sie nicht größer war als ein Punkt auf einem i. Der damalige FBI-Direktor Edgar Hoover bezeichnete die Methode als „das Meisterstück der feindlichen Spionage". Das Verfahren wurde als so sicher betrachtet, dass sogar darauf verzichtet worden war, den verkleinerten Text zu verschlüsseln.

Und noch im Zweiten Weltkrieg wurde eine der ältesten Methoden verwendet: Nachrichten wurden mit unsichtbarer Tinte geschrieben. Vielleicht hast du selbst schon mit solcher Tinte geschrieben, wenn nicht, erfährst du im Kasten auf Seite 102, wie du es machst. Unsichtbare Tinte

Mit Film und Batterie ist so eine kleine Minox-Kamera nur 85 g schwer. Mit einem Adapter kann sie sogar durch ein starkes Fernglas fotografieren.

Unsichtbare Tinte

Mit unsichtbarer Tinte zu schreiben ist ganz einfach. Du brauchst eine Zitrone, eine saubere Schreibfeder, einen Federhalter und weißes Papier. Als Alternative zur Schreibfeder kannst du auch mit einen Zahnstocher schreiben, der nicht ganz spitz ist.

Presse die Zitrone aus. Der Zitronensaft ist deine Tinte. Schreibe deine Nachricht mit Feder und Zitronensaft auf das weiße Papier. Dabei solltest du häufiger die Feder in den Saft tauchen.

Jetzt musst du einige Minuten warten, bis der Zitronensaft getrocknet und deine Schrift verschwunden ist.

Um eine solche Botschaft zu entziffern, musst du das Papier über einer Kerzenflamme vorsichtig erhitzen. Dabei kommt es darauf an, dass du das Papier so hoch über der Flamme hältst, dass die Hitze gerade ausreicht, um die Schrift zu verfärben, das Papier aber nicht anbrennt.

Zur Vorsicht musst du immer eine Schüssel mit Wasser neben der Kerze stehen haben. Damit du das Papier für den Fall, dass es anbrennt, darin löschen kannst. Wenn du es richtig machst, wird die Schrift langsam wieder sichtbar. Als unsichtbare Tinte eignet

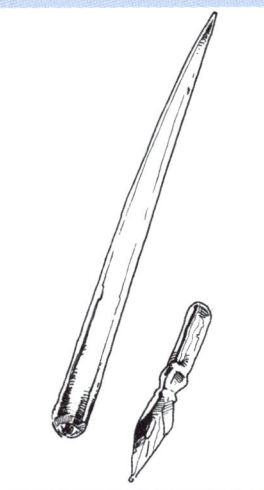

sich nicht nur Zitronensaft. Du kannst Saft von Zwiebeln nehmen, allerdings ist es nicht ganz einfach, Zwiebelsaft ohne Tränen herzustellen. Andere Möglichkeiten sind klarer Essig und Milch.

Kriegsgefangene haben sogar Nachrichten aus dem Gefangenenlager geschmuggelt, die mit Spucke geschrieben waren.

Eine versteckte Botschaft muss eigentlich nicht verschlüsselt werden. Wenn du allerdings glaubst, die Botschaft sollte unter keinen Umständen von nicht Eingeweihten verstanden werden, kannst du deine versteckte Botschaft erst verschlüsseln und anschließend mit unsichtbarer Tinte aufschreiben.

Sicher ist sicher!

wird meistens mit Hitze sichtbar gemacht; manchmal müssen die beschriebenen Seiten aber auch mit Chemikalien behandelt werden, damit die Botschaft erscheint.

Bekannt geworden ist der Fall des deutsche Spions Georg Dasch. Er schrieb im Zweiten Weltkrieg seine Nachrichten mit unsichtbarer Tinte auf ein Taschentuch. Dabei verwendete er eine Kupfersulfatlösung als Tinte. Wurde das Tuch den Dämpfen von Ammoniak ausgesetzt, wurde die Nachricht auf dem Tuch wieder sichtbar.

STEGANOGRAPHIE IM COMPUTERZEITALTER

Auch im Computerzeitalter ist das Verstecken von Nachrichten noch hoch aktuell. Selbst mit einem Textverarbeitungsprogramm wie **Word for Windows 2000** kannst du eine Nachricht in einem harmlos aussehenden Brief verstecken, ohne dass irgendjemand auf die Idee kommt, dass in deinem Brief viel mehr steckt (siehe Kasten rechts).

Und in Textverarbeitungsprogrammen lassen sich Grafiken einfügen und nach Belieben verkleinern, bis sie nicht größer als ein Punkt am Satzende sind. Wird die Graphik so erstellt, dass sie eine geheime Botschaft in einer gerade noch lesbaren Auflösung enthält, fällt ihre Existenz den meisten nicht auf. Computerexperten aber können diesen Trick meist schnell durchschauen.

Es gibt auch Computerprogramme, die Nachrichten und Dokumente in anderen Dokumenten so verstecken, dass sie nicht auffindbar sind. Bilder sind auf dem Computer umfangreiche Dokumente. In diesen Dokumenten können andere Dokumente, beispielsweise ein Text, so versteckt werden, dass der Betrachter des Bildes überhaupt nicht merkt, dass sich im Bild ein weiteres Dokument befindet.

In ähnlicher Weise können Dokumente in Audio-Files versteckt werden, ohne dass dies der Zuhörer bemerkt. Audio-Files sind die Computerdokumente, in denen die Musik und Sprache, die du auf dem Computer hören kannst, gespeichert sind, aber auch die CDs, die du über dein Computer abspielst.

Manche dieser Versteckprogramme sollen inzwischen so weit entwickelt sein, dass die gesamten Konstruktionsunterlagen des geheimen amerikanischen Tarnkappenbombers „Stealth" auf nur einer Musik-CD versteckt werden können.

Einen geheimen Text in einem Word-Dokument verstecken

Um eine geheime Nachricht in einem Brief oder einem anderen Text zu verstecken, der mit dem Programm MSWord 2000 geschrieben wird, entwirfst du zunächst einen harmlosen Brief, den jeder lesen darf. Die Methode funktioniert übrigens auch mit anderen Textverarbeitungsprogrammen. Der Brief lautet in unserem Beispiel:

Lieber Klaus,

vielen Dank für deinen Brief. Ich habe ihn erst gestern erhalten. Offenbar ist er nicht als Luftpostbrief geschickt worden. Mir geht es inzwischen wieder besser, aber mein Husten ist immer noch nicht verschwunden.

Viele Grüße

Deine Maria

Nun suchst du dir irgendeinen Wortzwischenraum, zum Beispiel den zwischen „mein Husten". Diesen Zwischenraum löschst du. Jetzt steht dort „meinHusten". Zwischen n und H schreibst du deine geheime Nachricht. Zum Beispiel:

*mein*Treffen heute Abend um acht*Husten*

Anschließend markierst du den geheimen Text mit der Maus:

*mein*Treffen heute Abend um acht*Husten*

und gehst im Menü *Format* auf *Zeichen*. Dort klickst du die Registerkarte *Zeichenabstand* an. Dort gibst du bei Skalieren statt 100% den Wert 1% ein und klickst OK. Dein geheimer Text erscheint nun nur noch als etwas dickerer Strich:

mein▌*Husten*

Diesen Strich mußt du nun erneut mit der Maus markieren, wenn er nicht noch markiert ist. Gehe erneut im Menü *Format* auf *Zeichen*. Dort klickst du diesmal die Registerkarte *Zeichen* an. Auf diesem Register findest du eine Einstellung für Farbe. Die Zeichenfarbe setzt du auf Weiß:

mein Husten

Dein geheimer Text ist weiß geworden und sieht aus wie jeder andere Wortzwischenraum. Beim letzten Schritt musst du aufpassen, dass auch wirklich nur dein geheimer Text und nicht Buchstaben deines Briefes weiß werden.

Um die Nachricht zu finden, musst du den umgekehrten Weg gehen. Dazu musst du nicht wissen, in welchem Wortzwischenraum sich die Botschaft befindet. Du markierst den ganzen Text mit der Maus und setzt als erstes Schwarz als Textfarbe. Anschließend setzt du für den ganzen Text Skalierung auf 100%. Danach ist dein geheimer Text wieder lesbar.

Ein Tipp zum Schluss: Eine längere Nachricht versteckst du am besten in mehreren Wortzwischenräumen.

Erpressung im Edelweiß

Die meisten Leute in Keystone bewundern ihn. Der 37-jährige Jamal ist fast zwei Meter groß, wiegt 130 Kilo, seine Haut ist dunkelbraun, seine Zähne sind schneeweiß, und wenn du ihm die Hand gibst, bekommst du Angst, dass sie von seiner riesigen Pranke zerdrückt wird. Noch vor einigen Jahren kannte jeder seinen Namen. Er war einer der besten Basketballspieler in der Profiliga, und hätte er nicht Probleme mit seinem Knie bekommen, wäre er wahrscheinlich einer der allerbesten Spieler geworden. Aber so musste er seine Karriere aufgeben und sich einen anderen Beruf suchen; und dabei spielte seine Frau Hildegard eine wichtige Rolle.

Hildegard ist ein Energiebündel. Sie ist schlank und klein und reicht Jamal gerade Mal bis zu Brust. Das hindert sie allerdings nicht daran, durch ihre sanfte, aber bestimmende Art das Familien- und Geschäftsleben der beiden zu steuern. Jamal hatte Hildegard bei einem Skiausflug nach Keystone in Colorado kennen gelernt. Damals war er noch der berühmte Basketballspieler und sein Knie in Ordnung. Hildgard war seine Skilehrerin. Eigentlich kam sie aus Salzburg in Österreich, aber die Rockies hatten es ihr so sehr angetan, dass sie in Keystone hängen geblieben war. Als Jamal sein Basketballspiel aufgab, heirateten sie und machten in Keystone an der Mittelstation der neuen Seilbahn ein Restaurant auf, das Edelweiß.

Mittags ist es im Edelweiß fast unmöglich, einen Platz zu bekommen, denn nicht nur der Apfelstrudel lockt die Skiläufer herbei: Viele hoffen, Jamal zu treffen, seine Geschichten vom Basketball zu hören und vielleicht mit einem Autogramm wieder abzuziehen. Jamals Markenzeichen ist inzwischen ein grauer Tirolerhut, an dem ein echtes Edelweiß aus Österreich drapiert ist. Außerdem hat er gelernt, Deutsch zu sprechen, mit einem österreichischen Akzent. Fast so wie Arnold Schwarzenegger, sagen die Leute, nur das Jamal wirklich schwarz ist.

Der Apfelstrudel ist wirklich eine Berühmtheit. Es gibt Menschen, die nur deshalb nach Keystone zum Skilaufen kommen. Sein Rezept wird deshalb von Jamal und Hildegard wie ein Staatsgeheimnis gehütet. Außer den beiden kennen nur Bernd und Alois das Rezept. Sie müssen es ja kennen, denn sie sind die beiden Bäcker, die von nachts um drei bis vormittags um zehn die Strudel backen. Bernd kommt aus Berlin. Er war ein paar Jahre durch die Welt getrampt, hatte sich mit verschiedenen Jobs durchgeschlagen und ist nun schon seit zehn Jahren erst in Denver und später in Keystone als Bäcker tätig. Alois kommt aus Nürnberg. Gleich nach seiner Ausbildung zum Bäcker, vor acht Monaten, ist er hierher gekommen, um seinen Beruf mit seiner großen Leidenschaft, dem Skilaufen, zu verbinden.

Justus, Peter und Bob kennen Jamal und seine Geschichte, schließlich stammt er aus Rocky Beach. Deshalb sind sie auch nur ein wenig verwundert, als er sich an die drei mit der Bitte um Hilfe wendet. Jamal und Hildegard werden erpresst. Jemand hat ihnen ein E-Mail geschickt, komischerweise auf Deutsch:

„Mir ist es gelungen, das Rezept für euren berühmten Apfelstrudel zu bekommen. Als Beweis, dass ich das Rezept wirklich habe, zähle ich im Folgenden die Gewürze auf: Zimt, Ingwer, Muskat, Curry, Koriander und Erdnussmus. Als Dank dafür, dass ich das Rezept nicht an eure Konkurrenten weitergebe, erwarte ich, dass ihr mir die Summe von 10.000 Dollar in kleinen Scheinen zahlt. Ihr habt drei Tage Zeit, mir mit „ja" zu antworten. Als Zeichen der Zustimmung wird Jamal in drei Tagen eine Baseballmütze tragen. Ihr werdet dann von mir erfahren, wie das Geld übergeben werden muss."

„Einer meiner beiden Bäcker muss der Erpresser sein", meint Jamal ganz aufgeregt und schaut Justus unglücklich an. „Niemand sonst kennt das Rezept. Aber welcher von beiden hat den Erpresserbrief geschrieben? Könnt ihr mir helfen?"

Ehrlicherweise müssen die drei ??? zugeben, dass sie in diesem Fall nicht sehr viel beitragen können. Den Brief können sie nicht lesen, da er auf Deutsch geschrieben ist, und das E-Mail kam von Coolmail.com. Somit ist es unmöglich, den Absender herauszubekommen. Aber sie kennen ja Konrad Grimm, Professor für deutsche Sprache an der Universität von Kalifornien. Dem schicken sie zusammen mit der Geschichte das E-Mail. Der Professor benötigt nicht viel Zeit, um herauszufinden, wer von den beiden Bäckern der Erpresser sein könnte. „Man muss sich nur den Text ganz genau ansehen", sagt er und lehnt sich hinter seinem Schreibtisch zurück.

Kannst du dir denken, was Professor Grimm meint? Wie ist er zu seinem Urteil gekommen?

Eine Antwort findest du auf Seite 186.

KAPITEL 18

Richtig beobachten

Hast du dich schon einmal gefragt, wie gut du in der Lage wärst, eine detaillierte Beschreibung eines Bankräubers zu geben, wenn du durch Zufall Zeuge eines Überfalls geworden wärst? Hast du gelernt, gut zu beobachten und dich an Einzelheiten zu erinnern? Weißt du, worauf du dich bei der Beobachtung konzentrieren solltest?

Hier ist ein kleiner Test. Du brauchst dazu einen Küchenwecker oder jemanden, der für dich die Zeit stoppt. Stelle den Küchenwecker auf 30 Sekunden bzw. bitte deinen Freund, für dich 30 Sekunden zu stoppen. Blätter auf die übernächste Seite (108) und betrachte das Foto genau 30 Sekunden lang. Gehe anschließend zur Seite 110 und versuche, die Fragen im Kasten „10 Fragen zum Foto auf Seite 108" möglichst genau zu beantworten.

Wie du sicher gemerkt hast, ist es nicht so einfach, Beobachtungsfragen zu beantworten, besonders dann nicht, wenn du nicht weißt, was du eigentlich beobachten willst. Dir ergeht es wie Dr. Watson, dem Sherlock Holmes vorwirft: „Sie haben gesehen, Watson, aber Sie haben nicht beobachtet."

Du kannst nur dann ein guter Beobachter sein, wenn du vorher weißt, was du beobachten willst. Dazu solltest du dir eine Frage stellen, zu deren Beantwortung Beobachtung nötig ist. Hier einige Beispiele:
- Auf welchem Weg läuft Klaus normalerweise in die Schule?
- Mit wem redet Petra, während sie im Schwimmbad ist?
- Was kauft die Frau, die mit dir zusammen den Supermarkt betreten hat, alles ein?
- Welche Kleidung und welchen Schmuck trägt deine Deutschlehrerin?
- Welchen Weg geht Patrick über den Rummelplatz? Wofür gibt er Geld aus?
- Wie lange bleibt Jana bei ihrer Musiklehrerin?

Alle diese Frage kannst du durch Beobachten beantworten. Du kannst morgens Klaus unbemerkt vor seinem Haus abpassen und ihm unauffällig auf dem Weg zur Schule folgen. Anschließend schreibst du dir auf, welchen Weg Klaus gegangen ist. Machst du das mehrere Male und geht er immer denselben Weg, hast du die Frage beantwortet.

Oder du kannst dich im Schwimmbad so auf die Liegewiese legen und zur Tarnung ein Buch lesen, dass du beobachten kannst, mit wem Petra redet.

Natürlich gibt es auch Fragen, die du nur schwer oder gar nicht durch Beobachten beantworten kannst. Auch hier einige Beispiele:

Wie lange übt Jana jeden Tag Klavier?

Diese Frage kannst du eigentlich nur dann beantworten, wenn du mit Jana im gleichen Haus wohnst und ihr Klavierspiel durch die Wände hören kannst. Du kannst nur etwas beobachten, wenn du zu der Person oder dem Ereignis auch Zugang hast.

Hat Klaus vorgestern einen Umweg auf dem Weg zur Schule gemacht?

Dies kannst du natürlich nicht beobachten, denn vorgestern ist ja längst vorbei. Du kannst allenfalls Klaus selber fragen oder Zeugen suchen, die Klaus vorgestern auf einer anderen Strecke gesehen haben. Du kannst nur das beobachten, was sich in deinem Beisein abspielt. Allerdings kannst du auch etwas beobachten, was mit einer Videokamera aufgenommen wurde.

Hat die Frau im Supermarkt heute Appetit auf Spinat?

Auch dies wirst du durch Beobachten allein nicht herausbekommen. Selbst wenn sie Spinat kauft, muss das ja nicht heißen, dass die Frau Hunger darauf hat. Und wenn sie keinen kauft, kann sie trotzdem Appetit auf Spinat haben, aber noch genug davon zu Hause im Kühlschrank haben.

Hat Patrick das Geld, das er auf dem Rummelplatz ausgibt, gestohlen?

Zwar kannst du beobachten, dass Patrick Geld ausgibt, aber nicht, woher er das Geld hat. Steht Patrick allerdings unter dem Verdacht, Geld gestohlen zu haben, mag es ein wichtiges Indiz sein, dass und wie viel Geld er ausgibt.

Diese Beispiele haben dir hoffentlich gezeigt: Erst wenn du eine Frage hast, weißt du, was du beobachten musst.

Beobachten kannst du lernen und üben. Im Kasten auf Seite 109 findest du zehn Vorschläge für Beobachtungsaufgaben und Übungen.

Indiz: ein Verdachtsmoment ohne unmittelbare Beweiskraft, das aber auf eine Tatbeteiligung schließen lässt, z. B. das Auffinden eines Tatwerkzeugs beim mutmaßlichen Täter. Das Gegenteil ist die unmittelbare Beobachtung des Täters bei der Tat.

RICHTIG BEOBACHTEN

In der Anfangsphase einer Beobachtung solltest du deinen Verdächtigen sehr genau studieren. Je besser es dir gelingt, ihn (oder sie) kennen zu lernen, desto einfacher wird dir das Beobachten und Verfolgen fallen. Schaue zunächst auf die auffälligen Merkmale wie Größe, Kopfform, Haare; wie dick oder dünn ist die Person, welche Form haben die Schultern, wie lang sind die Beine usw. Genauere Merkmale sollten dich nicht interessieren. Wenn du die Farbe der Augen erkennen kannst, bist du sowieso zu nahe dran.

Interessanter sind für dich stattdessen andere Merkmale wie die folgenden:

Der Gang des Verdächtigen: Viele Menschen haben eine typische Art zu laufen. Manche federn ihren Schritt ab, andere ziehen ein Bein leicht hinterher. Je älter jemand ist, desto eher zeigt er oder sie solche Auffälligkeiten. Viele Menschen kann man sogar an ihrem Schritt erkennen, ohne sie überhaupt zu sehen.

Die Körperhaltung: Die Körperhaltung kann recht typisch für einen Menschen sein. Da geht einer so gerade, als ob er ein Lineal verschluckt hätte, während ein anderer mit krummen Rücken läuft. Je auffälliger die Körperhaltung, desto einfacher für den Beobachter.

Die Bekleidung: Die Kleidung des Beobachteten ist das einfachste Signal, dem ein Detektiv folgen kann. Allerdings solltest du etwas Vorsicht walten lassen, denn wenn sich

9 Beobachtungsvorschläge für Detektive

Beobachten kannst du lernen, so wie du gelernt hast, Fahrrad zu fahren. Du musst es nur immer wieder üben. Hier einige Vorschläge:

1. Auf dem Bahnhof kannst du beobachten, was verschiedene Menschen machen, während sie auf den Zug warten. Gibt es Menschen, die dir besonders auffallen?

2. Beobachte am Eingang eines Kinos, welche Menschen allein ins Kino gehen.

3. Während einer Autofahrt kannst du, ohne aufzufallen, beobachten, was die Insassen in den Autos vor dir machen. Das ist besonders interessant in einem Stau.

4. Stelle dich an eine belebte Straßenecke und beobachte, wie viele Menschen mit schmutzigen Schuhen vorbeilaufen. Kannst du bei ihnen andere Gemeinsamkeiten ausmachen?

5. Zähle an einem sonnigen Tag die Menschen, die mit einer aufgesetzten Sonnenbrille durch ein Warenhaus oder Einkaufscenter gehen.

6. Stell dich unauffällig vor ein Schmuckgeschäft. Wie lange dauert es, bis die Menschen, die in den Laden gehen, wieder heraus kommen. Mach die gleiche Untersuchung vor einem Postamt, oder vor einem Buchladen.

7. Beobachte auf einem Flughafen die Wartenden. Versuch dir vorzustellen, auf wen sie warten. Überprüfe deine Vermutungen, sobald die Erwarteten eintreffen.

8. Beobachte auf einer belebten Straße, welche Fußgänger anderen ausweichen. Kannst du ausmachen, ob diese Personen Gemeinsamkeiten haben.

9. Versuche durch Beobachtung in einem Restaurant herauszufinden, was die Gäste an einem der Nachbartische essen und wie hoch ihre Rechnung sein wird.

---

jemand verfolgt fühlt, wird er versuchen, seine Kleidung zu wechseln (siehe S. 112).

Typische Gesten: Viele Menschen haben bestimmte Gesten, die auffällig sind. Beispielsweise glättet ein nervöser Mann alle paar Minuten seine Krawatte oder rückt seine Brille zurecht. Jemand mit langen Haaren wirft häufig seinen Kopf nach hinten, um die Haare aus dem Gesicht zu bekommen.

Solche Merkmale sind einfacher zu beobachten, als du glaubst. Du kannst wahrscheinlich deine Freunde oder die Mitglieder deiner Familie schon aus sehr weiter Entfernung an einigen der eben beschriebenen Merkmale erkennen. Und wenn du mit echten Fußballfreunden auf den obersten Sitzplätzen im Olympiastadion sitzt, können diese die Spieler ihrer Mannschaft, die für dich nur größere Punkte sind, allein an ihrer Art zu laufen erkennen.

NICHT AUFFFALLEN

Eine der schwierigeren Formen der Beobachtung ist das Verfolgen. Auf Seite 106 sind folgende drei Beispielfragen dafür genannt worden:

Auf welchem Weg läuft

10 Fragen zum Foto auf Seite 108

1. Wie viele Personen sitzen auf einem Stuhl?
2. An welcher Hand trägt der Lehrer einen Ring?
3. Wie viele Kinder haben einen Schulranzen auf dem Rücken?
4. Wie viele Personen tragen eine Brille?
5. Wie viele Kinder sitzen auf dem Boden?
6. Sind auf dem Bild mehr Jungen als Mädchen zu sehen?
7. Wie viele Mädchen tragen eine Halskette?
8. Hast du ein Mädchen gesehen, das Hosen trägt?
9. In welcher Jahreszeit wurde das Foto wohl aufgenommen?
10. Hast du dieses Bild schon einmal gesehen?

Klaus normalerweise in die Schule? Was kauft die Frau, die mit dir zusammen den Supermarkt betreten hat, alles ein? Welchen Weg geht Patrick über den Rummelplatz? Wofür gibt er Geld aus?

Bei solchen Beobachtungsaufgaben ist es notwendig, dass der Detektiv dem zu Beobachtenden unauffällig folgt. Dabei geht er zwei Risiken ein. Einmal kann er sein Beobachtungsobjekt aus den Augen verlieren. Das ist vor allem dort möglich, wo viele Menschen sind oder das Gebiet sehr unübersichtlich ist.

Und das zweite Risiko besteht darin, dass der Beobachtete bemerkt, dass und von wem er beobachtet und verfolgt wird. Im Kasten rechts erfährst du, welche Tipps das FBI den Mitarbeitern gibt, die jemanden verfolgen sollen.

Um nicht unnötig die Aufmerksamkeit zu erregen, wird ein Detektiv versuchen, sich durch Kleidung und Verhalten an seine Umgebung anzupassen. Beobachtet er einen Drogenhändler während dessen Tour durch das Bahnhofsviertel, so trägt er wie die meisten Menschen dort Jeans und eine unauffällige Jacke. Im Anzug und mit Krawatte würde er sicher auffallen.

Soll ein Mann beobachtet werden, der von Berufs wegen einen Anzug trägt und der seine Kontaktpersonen in vornehmen Hotels und Restaurants trifft, so muss sich der Detektiv natürlich auch entsprechend kleiden.

Ungewollte Aufmerksamkeit erregt ein Detektiv aber auch, wenn er zum Beispiel lange Zeit vor einem Bürogebäude steht und den Eingang beobachtet. Oder wenn er in einem Auto sitzt und ein Privathaus beobachtet. In solchen Situationen muss er sich entweder verstecken oder sich eine Geschichte ausdenken, die denjenigen, die ihn sehen, einleuchtend genug erscheint, dass ihnen kein Verdacht kommt.

Wartet er etwa vor einer Bank darauf, dass eine bestimmte Person die Bank verlässt, so kann er ungeduldig auf und ab gehen. Immer wieder schaut er auf seine Uhr und tut so, als ob er auf einen Bus oder ein Taxi wartet.

Der amerikanische Detektiv Thomas Smith erzählt: „Meine beste Geschichte ist die mit meinem Hund. Wenn ich jemanden in einem Wohngebiet beobachten muss, habe ich immer einige Fotos von einem Hund in meiner Brieftasche. Fragt mich ein misstrauischer Nachbar, was ich denn hier mache, erzähle ich folgende Geschichte: Gestern, als ich hier einen Bekannten besucht habe, ist mein Hund aus dem Wagen gesprungen und weggelaufen. Nun bin ich auf der Suche. Und wenn ich dem Fragenden dann das Foto des Hundes zeige, ist dieser immer mit meiner Auskunft zufrieden."

RICHTIG VERFOLGEN

Wenn du allein zu Fuß einer Person folgst, musst du besonders vorsichtig sein, um nicht entdeckt zu werden. Besonders wenn du dem Verdächtigen über längere Strecken auf der gleichen Bürgersteigseite folgst. Gehe am Häuserrand des Gehwegs und verändere immer wieder deinen Abstand zum Beobachteten.

Natürlich wird dein Abstand auch von den jeweiligen Umständen abhängen. Auf einer leeren Straße wird er weiter sein, in einer vollen Einkaufsstraße musst du näher dranbleiben. Wenn der Beobachtete an einer Ecke abbiegt, so läufst du zunächst weiter über die Straße geradeaus und biegst erst auf dem gegenüberliegenden Bürgersteig ab. Wenn du auf dem gegenüberliegenden Bürgersteig bleibst,

9 Tipps des FBI für das Beobachten

1. Du solltest direkten Augenkontakt mit dem Beobachteten vermeiden. Dann wird sich der Beobachtete nicht an dich erinnern, wenn du später mit ihm direkten Kontakt haben musst.

2. Manchmal erregst du Aufmerksamkeit dadurch, dass du von dem Beobachteten wegschaust. Dann ist es besser, ihn anzusehen. Blicke ihm aber nicht in die Augen. Sondern konzentriere dich auf einen Punkt rechts oder links hinter seinem Kopf.

3. Plötzliche Bewegungen erregen Aufmerksamkeit. Versuche so etwas zu vermeiden.

4. Manchmal wird jemand testen, ob er verfolgt wird. Dann kann er plötzlich seine Richtung wechseln, in ein öffentliches Gebäude laufen oder auf einen anfahrenden Bus aufspringen. Du musst in einem solchen Fall schnell reagieren, aber in einer Weise, die natürlich ausschaut. Manchmal allerdings ist es besser, einen Verdächtigen aus den Augen zu verlieren, als in ihm den Verdacht zu erwecken, dass er verfolgt wird.

5. Du solltest genug Geld mit dir führen, um einen Bus oder die U-Bahn bezahlen zu können, um in einem Café etwas bestellen oder von unterwegs telefonieren zu können.

6. Betritt der Beobachtete ein Café, so folgst du ihm etwas zeitversetzt. Setze dich so, dass du den Verdächtigen gut im Auge hast. Bestell etwas, das schnell serviert wird und bezahle gleich. Anderfalls ist dein Verdächtiger schon wieder auf dem Weg, wenn du noch auf deine Bestellung oder auf deine Rechnung warten musst.

7. Musst du mit dem Verdächtigen in einem Lift fahren, so drücke den Knopf für das oberste Stockwerk, dann kannst du nach ihm aussteigen.

8. Betritt er einen Bahnhof und kauft einen Fahrkarte, so versuche so dicht wie möglich an ihm dranzubleiben, um zu hören, wohin er fahren will.

9. Fährt der Verfolgte mit dem Bus oder der Bahn und du weißt nicht, wohin er fährt, solltest du eine Fahrkarte bis zu Endstation lösen.

kannst du entscheiden, ob du hinter dem Verdächtigen gehen willst oder mit ihm auf gleicher Höhe läufst oder sogar ein Stückchen vor ihm.

Sind nicht allzu viele Menschen unterwegs, kannst du den Verdächtigen von der gegenüberliegenden Straßenseite häufig besser beobachten. Allerdings musst du aufpassen, ob er nicht plötzlich in einem Laden oder einem Hauseingang verschwindet.

Wenn Profis einen Verdächtigen unauffällig verfolgen, versuchen sie dies möglichst zu zweit oder zu dritt zu tun. Sind sie zu zweit, setzen sie die AB-Technik ein.

Der Verfolger direkt hinter dem Verdächtigen hat die A-Position, der andere Verfolger die B-Position. Bei der AB-Technik verfolgt A den Verdächtigen und B folgt A. Dabei kann B auf der gleichen Straßenseite wie A sein oder auf der gegenüberliegenden. Ab und an geben sie sich unauffällige Zeichen, die vorher verabredet wurden. Dann übernimmt B die Position von A und A die von B. Sind A und B auf der gleichen Straßenseite und der Verdächtige biegt nach rechts ab, so überquert A erst die Straße und biegt dann nach rechts. B hingegen biegt direkt nach rechts ab und übernimmt die Position von A. Die AB-Technik erfordert großes Geschick und ein gutes Zusammenspiel der Verfolger. Selbst Profis üben immer wieder diese spezielle Technik.

WIE DU EINEN VERFOLGER ABSCHÜTTELST

Wenn du jemanden verfolgst, ist dein Ziel, alle Bewegungen des Verfolgten zu registrieren, ohne dass dieser dich bemerkt. Dies lässt sich aber nicht immer vermeiden. Dann wird der Verfolgte versuchen, dich abzuschütteln. Du hast zwei Möglichkeiten, darauf zu reagieren.

Du gibst die Verfolgung auf und sagst dir, ich kann es morgen oder übermorgen wieder versuchen. Oder du bleibst dran.

Detektive sollten lernen, die Perspektive zu wechseln. Das bedeutet, einen Fall, eine Situation nicht nur aus ihrer Sicht, sondern auch aus der Sicht eines anderen zu sehen (siehe Seite 13). Wenn du überlegst, was du als Verfolgter machen würdest, um einen Beobachter abzuschütteln, kannst du ahnen, womit du als Verfolger rechnen musst.

Hier sind einige Vorschläge, wie sich ein Verfolger abschütteln lässt:

▸ Kannst du dein Aussehen verändern? Beispielsweise indem du eine Mütze aufsetzt oder sie abnimmst, indem du einen Pullover an- oder ausziehst. Hast du eine Brille oder Sonnenbrille auf, so kannst du sie absetzen.

Biegt der Verdächtige (V) nach rechts ab und lief B vorher auf der gegenüberliegenden Strassenseite, dann biegt er direkt an der Einmündung die Straße ab und nimmt die A-Position ein. A überquert erst die Straße, biegt dann nach rechts ab und übernimmt die B-Position.

▸ Biege mehrfach möglichst unerwartet nach rechts oder links ab.

▸ In größeren Orten und Städten solltest du Ansammlungen von Menschen suchen. Dort kannst du gewissermaßen im Schutz der anderen verschwinden. Gute Beispiele sind Fußgängerzonen, Märkte, Rummelplätze oder Sportveranstaltungen.

▸ Suche dir eine Umgebung, die sehr unübersichtlich ist. Ein großes Kaufhaus oder ein Wochenmarkt sind ideal. Du kannst sehr häufig abbiegen oder mit dem Kaufhauslift das Stockwerk wechseln. Kaufhäuser und Märkte haben außerdem den Vorteil, dass sie meist mehrere Ein- und Ausgänge haben.

▸ Wie gut kennst du dich in deiner Stadt oder deinem Dorf eigentlich aus? Welche Gebäude haben einen Hinterausgang? Das Rathaus, die Stadtbibliothek, das Lebensmittelgeschäft, vielleicht der Gasthof oder der große Bauernhof, von dem du immer die Milch holst?

▸ In einer Stadt kannst du unerwartet in einen Bus oder eine Straßenbahn ein- oder wieder aussteigen.

▸ Lebst du in einem Dorf, kennst du häufig viele der Nachbarn und deren Häuser. Hier kannst du plötzlich in ein Haus gehen und eventuell durch einen Hinterausgang ungesehen wieder verschwinden oder dich im Heuschober für einige Zeit verstecken.

▸ Außerhalb von Ortschaften läufst du am besten im Schatten der Bäume oder am Waldrand, damit du schlechter zu erkennen bist.

KAPITEL 19

Menschen verstehen

Hier geht es nicht darum, die Sprache von Menschen zu verstehen, sondern ihr restliches Verhalten. Dabei ist „restliches" Verhalten eine ziemliche Untertreibung. Es wird geschätzt, dass 70 bis 90% unseres Verhaltens nicht-sprachlich ist, nonverbal, wie die Fachleute sagen.

Durch unsere Körperhaltung, unseren Gesichtsausdruck, durch unsere Gesten und durch unsere Stellung zu unserem Gesprächspartner übermitteln wir anderen Botschaften über uns. Das gleiche tun wir durch die Weise, wie wir uns in einem Raum oder auf der Straße bewegen, durch die Tonlage, mit der wir sprechen, oder durch die Art und Weise, wie wir uns kleiden oder frisieren.

Schau dir die Figuren in der Abbildung unten an. Kannst

Was drücken die Figuren durch ihre Körperhaltung aus?
Eine Auflösung findest du auf Seite 186

du sagen, was sie mit ihrer Körperhaltung ausdrücken?

KÖRPERSPRACHE

Die Haltung der Arme, der Beine, der Hände, des Mundes verraten etwas über das, was uns bewegt, über unsere Gedanken, Gefühle und Wünsche. Anders als die Sprache können wir unsere Körpersprache nicht so gut kontrollieren. Deshalb können wir mit der Sprache sagen, wir fühlen uns wohl, während wir mit unserer Körpersprache das Gegenteil ausdrücken.

Ein Beispiel kennst du ganz sicher. Jemand, der lügt, bekommt manchmal einen knallroten Kopf. Allerdings solltest du keine vorschnellen Schlüsse ziehen. Denn nicht nur bei einer Lüge kann man einen roten Kopf bekommen. Unser Körper reagiert dadurch auf ganz verschiedene Situationen.

Beispielsweise wenn du in einer Gruppe bist und plötzlich zum Mittelpunkt des Gesprächs wirst. Oder wenn du in der Klasse nach vorne gerufen wirst und ein Gedicht aufsagen sollst. Plötzliche Angst kann ebenfalls zu Erröten von Gesicht, Ohren und Nacken führen.

Schau dir die Zeichnung oben rechts an. Da hat jemand die Arme vor seinem Oberkör-

per verschränkt. Auch dies kann einiges bedeuten. Zum einen ist es eine sehr verbreitete Form, entspannt zu stehen. Sind die Arme aber sehr eng an den Körper gepresst, stellt es eher eine Abwehrhaltung und ein Zeichen für Angst dar.

Forscher haben immer wieder versucht herauszufinden, ob es Zeichen dafür gibt, dass jemand lügt. Viele Menschen glauben, dass eine Lüge von unbewussten Verhaltensweisen begleitet wird, die Angst, Anspannung oder Scham ausdrücken.

Studien haben tatsächlich gezeigt, dass Lügen durch typische Reaktionen des Körpers begleitet werden. Der Lügner schaut häufig nach unten, fasst sich häufiger an den Mund und bekommt feuchte Hände.

Der Gesichtsausdruck im nächsten Bild (nächste Seite, linke Spalte) ist ein typisches

Bei einer Untersuchung in den USA wurde festgestellt, dass Frauen die Arme eher verschränken, wenn sie mit Männern zusammen sind, die sie nicht mögen. Bei Männern ließ sich dieser Unterschied nicht feststellen.

Zeichen für Angst. Sie kann sich in weit geöffneten Augen, einem verstärkten Blinzeln, in einem verzerrten Mund, Zähneklappern, Weinen, in bleichen oder nassen Händen zeigen.

Forscher meinen, dass sich Angst deutlich in den Augen ablesen lässt. Sie treten hervor, zusätzlich weiten sich die Pupillen und sie werden deutlich runder. Diese Reaktion der Augen können wir nicht steuern oder willentlich hervorrufen.

Diese Haltung kann zweierlei bedeuten: Ich bin bereit, aktiv zu werden. Und: Halte dich besser von mir fern.

Angst kann sich nicht nur in den weit geöffneten Augen zeigen, sondern auch durch feuchte Hände, eine angespannte Stimme und durch häufiges Gähnen.

Manchmal allerdings kann es auch bedeuten, dass die Person gereizt und angriffsbereit ist. Polizisten lernen deshalb in ihrer Ausbildung, auf dieses Zeichen zu achten, weil es einen unmittelbaren Angriff ankündigen kann.

Schau dir einmal die Zeichnung oben rechts an. Die Hände sind auf die Hüften gestützt, die Daumen nach hinten gestellt, die Arme nach außen gebogen. Diese Körperhaltung drückt keine Angst aus, im Gegenteil. Hier wird gezeigt: Ich bin bereit, Schritte zu unternehmen, etwas zu tun, aktiv zu werden. Es kann auch bedeuten: Ich bin bereit, mich zu verteidigen. Denn dadurch, dass die Arme nach außen gestellt sind, wirkt der Oberkörper größer, stärker und mächtiger.

Der amerikanische Polizist Jeff Baile hat eine weitere Auslegung dieser Haltung: „Mich fasziniert diese Haltung immer wieder. Ich beobachte sie häufig, wenn ich auf Streife bin. Ich habe herausgefunden, dass sie in dem entsprechenden Zusammenhang ausdrückt, dass die Person voller negativer Gefühle ist. Und sehe ich jemanden so dastehen, bereite ich mich innerlich immer auf Schwierigkeiten vor."

ZWISCHEN DEN ZEILEN HÖREN

Sicher hast du schon das Sprichwort gehört: Der Ton macht die Musik. Damit soll ausgedrückt werden, dass es beim Sprechen nicht nur darauf ankommt, was du sagst und welche Wörter du benutzt, sondern auch darauf, wie du es sagst.

Fragst du deinen Freund: „Na, wie geht's?", und du bekommst „Nicht schlecht." zur Antwort, so kannst du daraus, wie „Nicht schlecht." gesprochen wird, einiges erkennen. Zum Beispiel, ob es deinem Freund wirklich nicht schlecht geht oder ob es ihm vielleicht heute nicht besonders gut geht oder ob er Kummer oder Ärger hat.

Aus der Sprachmelodie, der Tonlage und der Lautstärke der Antwort kannst du häufig viel mehr Informationen entnehmen als aus dem Inhalt dessen, was jemand sagt. Du kannst gewissermaßen zwischen den Zeilen hören.

Es kommt auch manchmal

Verdächtige Verhaltensweisen

Auch die englische Polizei arbeitet mit der Beobachtung von Körpersprache. Sie empfiehlt ihren Beamten: Körpersprache kann man nicht unabhängig von der jeweiligen Situation beurteilen. Sie sollten auf das Zusammenspiel von Körperhaltung, Gesichtsausdruck und Gesten achten. Achten Sie auf widersprüchliche Zeichen – beispielsweise darauf, dass jemand an einem kalten Tag stark schwitzt. Hier sind einige Verhaltensweisen, die Ihnen verdächtig vorkommen können:

▸ nervöses Umherschauen
▸ unterschreibt nur langsam
▸ die Hand zittert beim Unterschreiben
▸ unnatürliches oder falsches Lächeln
▸ roter Kopf
▸ vermeidet Augenkontakt
▸ spricht zögernd
▸ die Stimmlage verändert sich unnatürlich
▸ zappeln
▸ lange Pausen zwischen Wörtern
▸ übertrieben freundlich oder gesprächig.

darauf an, wie gut du den Sprecher kennst. Stell dir den Mathelehrer Herrn Müseler vor. Ein freundlicher älterer Herr, der durch wenig aus der Ruhe zu bringen ist. Aber gestern, da hat ihn der Klaus so auf die Palme gebracht, dass er regelrecht explodiert ist. Er hat den Klaus angeschrien, dass die ganze Klasse erschrocken inne gehalten hat. Und jeder hat gedacht, wenn der so schreit, dann muss er aber wirklich wütend sein. Den habe ich noch nie so gehört.

Anders Herr Masur, der explodiert und schreit fast in jeder Stunde. Da zucken alle mit den Schultern und sagen sich, ach, der schon wieder.

Sprachmelodie: der Wechsel der Tonhöhe und des Tonfalls beim Sprechen

Beide schreien vielleicht in ganz ähnlicher Weise, aber für dich kann jedes Schreien etwas anderes bedeuten.

KÖRPERSPRACHE VON KRIMINELLEN

Auch Kriminelle haben typische Körpersprachen. Dieses Wissen nutzen Polizei und Detektive dazu, um verdächtige Personen ausfindig zu machen (siehe Kasten Seite 117), aber auch um mögliche Opfer zu warnen und zu schützen. Der amerikanische Detektiv und Experte in Selbstverteidigung Marc MacYoung beschreibt, dass ein Überfall auf einen Menschen aus fünf typischen Phasen besteht:

Absicht, Interview, Positionierung, Angriff, Reaktion.

Während der ersten drei Phasen kann das Opfer den Überfall noch ohne Anwendung von Gewalt verhindern. Vorausgesetzt, es versteht die Verhaltensweisen des Angreifers.

Zunächst muss sich beim Täter die **Absicht** bilden, einen Überfall zu begehen. Dazu stellt sich sein Körper auf Angriff ein. Dies wird den meisten Beobachtern durch seine Körpersprache deutlich. Sie bekommen ein mulmiges Gefühl, allein schon wenn sie ihn sehen.

Positionierung: bedeutet hier, sich an eine bestimmte Stelle oder einen bestimmten Ort begeben.

Es folgt die so genannte **Interviewphase**, während der der Täter für sich entscheidet, ob er den Angriff wagen soll, ob die Risiken nicht zu hoch sind und ob sich der Angriff lohnt. Interview bedeutet nicht unbedingt, dass der Täter mit dem Opfer tatsächlich redet. Das Interview kann sich auch nur im Kopf des Täters abspielen.

Aber häufig wird der Täter tatsächlich auf das Opfer zugehen und ihm eine Frage stellen, beispielsweise: „Wissen Sie, wie spät es ist?" Oder: „Haben Sie mal Feuer?" Das ist natürlich ein Ablenkung. Der Täter kann aber dadurch wesentlich näher an sein Opfer herankommen.

Normalerweise halten wir zu Fremden einen gewissen Mindestabstand von ein bis eineinhalb Metern. Jeder, der diesen Abstand unterschreitet, macht sich in unseren Augen verdächtig. Mit der harmlosen Frage gibt der Täter uns die Begründung dafür, dass er näher an uns herantreten kann.

Er kann beim Gespräch zugleich prüfen, ob das Opfer sich bewusst ist, was gespielt wird, und ob es bereit ist, sich zu verteidigen.

Aus diesem Grund empfiehlt MacYoung, dass das mögliche Opfer bei solchen

Fragen, besonders in dunklen oder abseits gelegenen Gegenden oder Räumen, immer ablehnend reagiert, sich auf kein Gespräch einlässt und schleunigst die Nähe zu anderen Menschen sucht.

In der nächsten Phase positioniert sich der Täter zu seinem Opfer. Das bedeutet, er stellt sich so hin, dass er das Opfer erfolgreich angreifen kann. **Positionierung** passiert eigentlich nur in so genannten Randzonen, also da wo keine anderen Menschen sind oder der Täter so schnell keine andere Menschen erwartet. Beispielsweise in einem Park, in einem Umkleideraum oder in einem Parkhaus.

Die einfachste Form der Positionierung ist, dass der Täter sehr dicht an sein Opfer herangeht oder es gegen ein Auto oder in eine Ecke drängt, sodass es nicht entweichen kann. Dann folgen der **Angriff** des Täters und die **Reaktion** des Opfers.

Wenn man diese Verhaltensweisen von Tätern kennt, kann man sich erheblich besser vor einer Attacke schützen. Marc MacYoung hat ein ganzes Buch zu diesem Thema geschrieben. Im Kasten rechts findest du einige seiner Tipps, wie man sich in gefährlichen Situationen verhalten sollte.

9 Tipps, wie du dich vor Überfällen schützen kannst

1. Versetze dich in die Rolle eines Räubers. Wo würdest du dich hinstellen, um Leute zu beobachten und mögliche Opfer aufzuspüren? Wo würdest du dich hinstellen, sodass du dich ihnen unauffällig nähern könntest?

2. Kriminelle verstecken sich selten. Es ist meist viel zu umständlich für sie, aus einem Versteck hervorzukommen, um einen Überfall zu begehen. Stattdessen halten sie sich an Stellen auf, die nicht unmittelbar einzusehen sind. Beispielsweise gibt es in fast jedem Parkhaus Ecken, in die die Leute, die aus den Aufzügen kommen, nicht schauen, weil sie nach ihrem Wagen suchen. Indem sie sich dort aufstellen, können Räuber mögliche Opfer beobachten, und werden selbst kaum wahrgenommen.

3. Wenn du dich in Randzonen aufhältst (z. B. in einem Park oder in einem Parkhaus), schau dich um. Schau vor allem hinter dich. Allein durch Umschauen wird die Gefahr, dass du Opfer eines Überfalls wirst, schon um 90% verringert. Du kannst die Situation frühzeitig erkennen und darauf reagieren, bevor der mögliche Täter die Interview- oder Positionierungsphase beginnen kann.

4. Vertraue deinen inneren Alarmglocken, selbst wenn kein Anlass besteht. Wenn du die Person nicht magst, die auf dich zukommt, vergiss all deine Freundlichkeit und hau ab und suche Hilfe.

5. Bestehe darauf, dass niemand, dem du misstraust, näher als eineinhalb Meter an dich herankommt, im freien Gelände drei Meter. Kein Fremder hat das Recht, näher zu kommen. Es ist Teil der Interviewphase des Täters zu prüfen, ob es ihm möglich sein wird, sich für den Überfall zu positionieren. Selbst wenn du Streichhölzer oder Kleingeld hast, behaupte das Gegenteil!

6. Sei niemals zu stolz, um eine verdächtige Person einen großen Bogen zu machen.

7. Schau dich um und beobachte, wer dich beobachtet. Schaut dich jemand zu lange an, kann das ein Gefahrensignal sein. Viele, besonders Frauen, schauen weg und tun so, als ob sie nichts bemerkt haben. Dies ist ein Fehler. So kannst du nicht wahrnehmen, wenn sich dir jemand in verdächtiger Weise nähert.

8. Und wenn du angegriffen wirst, versuche nicht, den Angreifer durch Worte abzuhalten. Schreie, wehre dich oder versuche wegzurennen. Dann hast du eine größere Chance, unverletzt zu entkommen.

9. Und wenn du schreist, rufe nicht: „Hilfe, Hilfe." Besser ist: „Feuer, Hilfe, Feuer." Viele Menschen sind weitaus eher bereit zu helfen, wenn sie „Feuer" hören.

Auch Zwillinge können irren

Zwar hatte der Wecker längst geklingelt, doch Peter kam einfach nicht aus den Federn. Die Betten im Grammercy Park Hotel waren verführerisch bequem. Altmodisch, aber bequem. Alles hier war altmodisch. Sicher hatte das Hotel bessere Zeiten gesehen. Seit 50 Jahren war es nicht mehr renoviert worden. Damals wurde es an eine argentinische Familie vererbt, die so zerstritten war, dass sich niemand um das Hotel kümmerte. Die Heizungen gluckerten, die Hähne und Duschen tropften, der Lift schnaufte und ratterte und die großen Zimmerschlüssel beulten jede Hosentasche aus. Es gab noch eine Zentrale, in der eine Telefonistin Verbindungen auf einem Schaltbrett stöpselte. Im Frühstückssaal stand eine riesige Espressomaschine, die täglich so geputzt wurde, dass sie noch genauso blinkte und glänzte wie damals, als sie 1958 zum ersten Mal benutzt wurde.

Das Beste aber waren die Nachmittage im Grammercy. Da spielte in der Hotelbar das Trio Sentimental argentinische Tangomusik. Und dann schlürften nicht nur die Hotelgäste, sondern nach Feierabend auch die Angestellten der Banco Nacional von gegenüber ihren Kaffee oder tranken ihr Bier.

Peter duschte sich, zog sich an und nahm seine Jacke von der Stuhllehne. Gerade wollte er seine Zimmertür öffnen, als sein Blick auf die Morgenzeitung fiel, die durch den Spalt unter der Tür in sein Zimmer geschoben worden war. Die Schlagzeile lautete: „Hoteldiebe treiben ihr Unwesen in New York". Aber er war spät dran, so ließ er die Zeitung liegen und öffnete schwungvoll seine Tür. Im gleichen Moment öffnete sich die gegenüberliegende Tür. Mit weit aufgerissenen Augen starrte ihn ein Mann an. Er war etwa 35 Jahre alt, schlank, groß, trug schwarze Jeans, ein weißes T-Shirt und Westernstiefel. Sein Gesicht war glatt rasiert, seine blonden Haare hatte er nach hinten gekämmt. Peter konnte kaum reagieren, da hatte der Mann schon wieder die Tür geschlossen. Komisch, dachte sich Peter und lief kopfschüttelnd zum Aufzug. Mit diesem ratterte er in den ersten Stock, um schnell noch einen Kaffee im Frühstücksraum zu trinken. Kaum hatte er sich an einen Tisch an der Wand gesetzt, als sein Blick auf den Mann fiel, der auf der anderen Seite des Saals saß. Das konnte doch gar nicht sein. Da saß der gleiche

Mann, den er eben in der Tür gegenüber gesehen hatte, und aß sein Frühstück.

„Was ist denn heute morgen mit dir los?", fragte Evita, die ihm seinen Kaffee brachte. „Der Mann da gegenüber, in der schwarzen Hose und dem weißen T-Shirt, den habe ich vor dreißig Sekunden oben gesehen. Der kann doch nicht zugleich hier unten sein!" – „Ach der", lachte Evita, „das war sicher sein Zwillingsbruder. Die sind gestern hier angekommen. Die sehen sich zum Verwechseln ähnlich. Und obendrein tragen sie auch noch die gleiche Kleidung. Bisschen komisch."

Nachmittags beeilte sich Peter ins Hotel zurückzukommen, um wenigstens noch ein wenig vom Trio Sentimental mitzubekommen. Doch trotz der Tangomusik herrschte in der Hotelbar heute einige Aufregung. „Der Frau, die das Zimmer genau gegenüber von deinem Zimmer hat, sind heute 500 Dollar aus dem Zimmer gestohlen worden. Mit den alten Schlössern und Schlüsseln ist es wirklich ein Kinderspiel die Zimmertüren zu öffnen. Schließt du nicht ab, reicht eine Kreditkarte und die Tür ist auf", berichtete Juan, der Barmixer.

Peter hatte interessiert zugehört. Sein Blick wanderte an das andere Ende der Bar. Dort saßen die beiden Zwillinge und tranken Champagner. „Na, ihr habt wohl etwas zu feiern", sagte er und setzte sich, ohne zu fragen, auf den Barhocker neben den beiden. „Ja, Champagner trinken wir immer nach einem erfolgreichen Tag", antwortete der linke Zwilling. „500 Dollar sind ja auch eine schöne Tageseinnahme", bemerkte Peter ironisch. „Wie meinst du das?", fragte der rechte scharf. „Na, einen von euch habe ich doch heute Morgen in der Zimmertür der Frau gesehen, der 500 Dollar gestohlen wurden. Der andere von euch saß derweil im Frühstückssaal." – „Das war ich im Frühstückssaal", meinte der linke. „Nein, ich", antwortete ihm der rechte. „Siehst du, selbst wenn es einer von uns war, den du gesehen hast, du kannst nicht beweisen, wer von uns wo war. Und damit könnte uns selbst die Polizei nicht festnehmen, denn sie wüsste ja nicht, wen sie festnehmen sollte!", triumphierte der rechte Zwilling. „Irrtum", entgegnete Peter ziemlich trocken und verschränkte die Arme vor der Brust. „Ihr werdet es kaum glauben, aber ein Experte wird beweisen können, wer von euch beiden oben im Zimmer war. Juan, du kannst die Polizei rufen".

Wie kann die Polizei beweisen, welchen der beiden Zwillinge Peter im gegenüberliegenden Zimmer gesehen hatte?

Eine Antwort findest du auf Seite 186.

KAPITEL 20

Menschen richtig befragen

Befragung: an jemanden Fragen richten, um Auskunft bitten; ein Buch, Lexikon befragen, darin nachschlagen.

Interview: Befragung (meist bekannter Persönlichkeiten) durch Presse- oder Rundfunkvertreter; Befragung ausgewählter Personen zu Forschungszwecken.

Verhör: polizeiliche oder richterliche Befragung, Vernehmung; strenge und genaue Befragung; ein Verhör mit jemandem anstellen: jemanden streng, genau befragen.

Wenn ein Detektiv jemanden mit Erfolg befragen will, sollte er oder sie die folgenden Punkte beachten:
- den richtigen Umgang mit dem Befragten,
- eine gute Vorbereitung,
- einen Weg, den Befragten zur Mithilfe zu bringen,
- die richtigen Fragen in der richtigen Art und Weise stellen.

DER RICHTIGE UMGANG

Zum richtigen Umgang mit einem Befragten gehört zunächst einmal das richtige Benehmen. Das mag für dich etwas altmodisch klingen. Aber dein Ziel ist es ja, jemanden zum Sprechen zu bringen, und zwar freiwillig. Der Befragte soll dir einen Gefallen tun. Er muss sich in deiner Gegenwart wohl fühlen. Und deshalb solltest du dich von deiner Schokoladenseite zeigen.

Ein Detektiv berichtet: „Ich musste im Sommer ein junges Paar befragen, das in einem kleinen, völlig heruntergekommenen Haus wohnte. Die beiden hatten ein Baby. Überall lagen dreckige Windeln herum. Das Haus war total unaufgeräumt und es stank fürchterlich. Ich wollte sie lieber draußen befragen, aber aus irgendeinem Grund luden sie mich in das Haus.

Ich akzeptierte schließlich und hielt sogar das Baby, dessen Windel längst hätte gewechselt werden müssen. Dann boten sie mir Kaffee an. Ich hasse Kaffee, aber ich trank ihn trotzdem mit Begeisterung. Während ich das schmutzige Baby hielt, habe ich sie dann befragt. Danach bin ich erst einmal nach Hause gefahren und habe mich geduscht."

Auch dies ist gutes Benehmen, denn dein Ziel ist es, dass der Befragte sich wohl fühlt. Lass ihn spüren, dass er wichtig für dich ist, aber auch, dass du Selbstvertrauen hast. Sei ruhig, eher etwas zurückhaltend. Aber gib deinem Gegenüber das Gefühl, dass du weißt, was du machst.

Verführung zum Sprechen

Der Detektiv Greg Fallis berichtet folgende Geschichte:

Ich musste eine junge Frau befragen, deren Mann in einem Kampf schwer verletzt worden war. Nach meinen Informationen hatte sich der Kampf aufgrund eines geplatzten Drogengeschäftes entwickelt. Ich arbeite für den Mann, der ihren Mann so schwer verletzt hatte. Deshalb war ich skeptisch, ob die Frau mit mir überhaupt sprechen würde.

Ich fuhr trotzdem zu ihrem Haus und klingelte. Sie ließ mich herein. Beim Hereingehen bemerkte ich, dass auf dem Boden eine Menge Spielzeug lag. Auf dem Wohnzimmertisch lag ein Stoß mit Fotos. Es sah so aus, als ob sie sich diese gerade angeschaut hatte, als ich klingelte. Daneben lagen einige Bücher für Eltern.

Offenbar war sie eine junge Mutter, die sich intensiv um ihr erstes Kind kümmerte.

Ich erklärte ihr, wer ich sei und für wen ich arbeitete. (Ein guter Detektiv sagt in einem Kriminalfall immer die Wahrheit, zu viel steht hier auf dem Spiel.) Die Frau legte ihre Stirn in Falten, sie war offensichtlich nicht mehr sehr glücklich, mich hereingebeten zu haben.

Während ich mein Anliegen vorbrachte, war das Kind in das Zimmer gekommen. Es war ein etwa zwei Jahre altes Mädchen, das einen sehr teuren Schlafanzug trug.

Das Mädchen lief schnurstracks auf mich zu und wollte von mir hochgehoben werden. Ich nahm es also hoch und erklärte ihm, was für ein schönes und kluges Mädchen es sei. Für einige Momente ignorierte ich die Mutter völlig und sprach nur mit dem Kind. Ich gab ihr alles aus meinen Taschen, von dem ich glaubte, es könnte es unterhalten.

Sobald das Mädchen glücklich mit meinen Autoschlüsseln spielte,

blickte ich auf und lächelte die Frau an. Sie lächelte zurück. Ich erklärte ihr erneut, warum ich gekommen war und dass ich mit ihr sprechen müsse. Ich erzählte ihr nicht, was sie für eine wunderbare Tochter hätte. Der Schuss hätte nach hinten losgehen können. Sie hätte sicherlich gedacht, ich will ihr Honig ums Maul schmieren. Ich ließ sie einfach sehen, dass ich ihr Kind mochte.

Die Frau setzte sich zu mir und beantwortete mir, ohne zu zögern, alle meine Fragen, während ich ab und zu ihre Tochter kitzelte. Ein- oder zweimal unterbrach ich sie, verzog mein Gesicht und machte komische Geräusche für ihre Tochter. Dann bat ich die Frau zu wiederholen, was sie gerade gesagt hatte, und sie tat es anstandslos.

Jemandem, der so einen Narren an ihrer Tochter gefressen hatte, musste sie doch helfen!

VORBEREITUNG

Bereite die Befragung gut vor. Dazu solltest du dir verdeutlichen, warum du die Befragung machst. Welches Ziel verfolgst du, was willst du am Ende des Gesprächs wissen? Schau dir alle Materialien an, die du zu dem Fall bisher gesammelt hast. Während des Gesprächs solltest du alle Fak

ten parat haben. Sonst wirst du nicht bemerken, wenn dir der Befragte etwas Neues erzählt. „Mir hat einmal bei einer Befragung ein ziemlich misstrauischer Waffenhändler vertraut, nur weil ich einen Mann nicht mit seinem richtigen Namen, sondern mit seinem Spitznamen in das Gespräch einführte.

skeptisch: misstrauisch, ungläubig; zum Zweifel neigend; eine Sache skeptisch betrachten; einem Vorhaben, Vorschlag skeptisch gegenüberstehen;

ignorieren: absichtlich übersehen, unbeachtet lassen, keine Kenntnis nehmen; von lateinisch *ignorare* nicht wissen nicht kennen wollen

Der Detektiv hatte den Spitznamen zuvor in den Akten gelesen.

Schreibe dir die ersten Sätze, mit denen du die Befragung beginnen willst, sowie die wichtigsten Fragen, die du stellen willst, zuvor auf. Du kannst deinen Spickzettel mit den Fragen mitnehmen und benutzen. Aber lerne deine ersten Sätze und Fragen auswendig. Das macht Eindruck.

Und nimm dein Notizbuch mit, in das du in Stichworten die Antworten aufschreiben kannst. In Deutschland ist es übrigens nicht erlaubt, dass du ohne Zustimmung des Befragten ein Gespräch mit einem Kassettenrekorder aufnimmst.

Vor der Befragung solltest du erklären, wer du bist, warum du die Person befragen willst und wie lange das Gespräch dauern wird. Erkläre dem Befragten, dass es nicht länger als fünf bis zehn Minuten dauert. Dann wird er eher einem Gespräch zustimmen, als wenn du sagst, es wird 30 Minuten dauert.

Manchmal kann auch der Ort, wo eine Befragung stattfindet, wichtig sein. Am wohlsten wird sich ein Befragter meist in seiner eigenen Wohnung fühlen. **Allerdings solltest du niemals allein frem-** **de Menschen in ihren Wohnungen befragen, auch wenn sie dir noch so nett erscheinen.** In solchen Fällen sollte dich aus Sicherheitsgründen jemand begleiten. Und du solltest in jedem Fall einen Erwachsenen (deine Eltern) wissen lassen, wo du bist.

Befragungen finden aber auch häufig an öffentlichen Orten statt, in einem Café, auf einer Parkbank, in einer Bibliothek, im Schwimmbad oder auf dem Schulhof.

WIE BRINGST DU DEN BEFRAGTEN ZUR MITHILFE?

Warum in aller Welt sollte jemand einen Detektiv ins Haus lassen? Solange der Detektiv nicht für dich arbeitet, weißt du nicht, was er genau will, was du zu erwarten hast und welche Konsequenzen sich aus einem Gespräch mit ihm ergeben. Sich von jemandem ausfragen zu lassen, vielleicht mit unangenehmen Fragen, scheint verrückt. Warum also sollte irgendjemand mit einem Detektiv sprechen?

Ganz einfach, weil es dir gelingt, in dem Befragten den Wunsch zu wecken, mit dir zu sprechen. Oder weil es dir gelingt, bei ihm das Gefühl zu erzeugen, dass er dir helfen muss. Und wie schaffst du das?

Konsequenz: Folge; seine Konsequenzen aus etwas ziehen; die Konsequenzen von etwas tragen.

Der Schlüssel zum Gespräch

Ich hatte einen Fall übernommen, in dem die Polizei bei einem Mann Drogen gefunden hatte, und zwar im Keller, der zu seiner Wohnung gehörte. Sein Anwalt beauftragte mich herauszufinden, ob auch andere Hausbewohner Zugang zu diesem Keller hatten. Unglücklicherweise war der Mann inzwischen aus seiner Wohnung ausgezogen. Über den neuen Mieter wusste ich nichts.

Ich kannte lediglich die Nachbarschaft und wusste, dass in dieser Gegend viele Überfälle und Drogendelikte begangen wurden. Die Leute waren eher arm und hatten wenig Grund, mit der Polizei oder Detektiven zusammenzuarbeiten.

Als ich an der Tür des neuen Mieters klingelte, hoffte ich, ein Mann würde aufmachen. Es wäre sicher einfacher, einen Mann dazu zu bringen, mir seinen Keller zu zeigen. Stattdessen öffnete eine junge, attraktive Frau die Tür. In der Hand hielt sie eine Fernsehzeitschrift. Und von der Tür konnte ich in die Küche sehen, wo ein kleiner Fernseher lief. Im Hintergrund hörte ich mehrere Kinder spielen.

In den wenigen Augenblicken, seit sie die Tür geöffnet hatte, hatte sich mein Wissensstand erheblich vergrößert. Nichts davon konnte mir direkt weiterhelfen. Aber es konnte sich daraus ein Anknüpfungspunkt entwickeln. Mir erschien es unglücklich, dass der neue Mieter eine Frau war. Frauen sind in solchen Situationen sehr viel vorsichtiger als Männer. Außerdem waren Kinder in der Wohnung, dann sind Frauen meist noch misstrauischer.

Es war die Fernsehzeitschrift und der Fernseher, auf die ich meine Hoffnung legte. Menschen, die in der Küche einen Fernseher haben, schauen in der Regel sehr viel fern. Und viele der Fernsehsendungen sind Krimis, die von der Polizei und von Detektiven handeln. Und ich war schließlich ein Detektiv. War das nicht ein guter Anknüpfungspunkt?

Ich lächelte die Frau an, stellte mich als Detektiv vor und zeigte ihr meinen Detektivausweis. Sobald ihr klar war, dass ich nicht wegen ihr gekommen war, sondern nur deshalb, um mir den Keller anzuschauen, ließ sie mich in die Wohnung.

Der Rest war einfach. Sie fragte interessiert nach meinem Job und ich erzählte ihr ein paar Flunkergeschichten, um das Gespräch interessanter für sie zu machen. Es verging eine knappe halbe Stunde, dann gab sie mir den Kellerschlüssel und sagte, ich solle mir alles in Ruhe ansehen. Die Informationen, die ich im Keller sammeln konnte, führten übrigens dazu, dass der Anwalt den Fall gewann.

Nun, zunächst ist es ein Teil deiner Vorbereitung, dass du alles in Erfahrung bringst, was du über den Befragten in Erfahrung bringen kannst. Bevor du ihn ansprichst, bevor du auf seinen Klingelknopf drückst, kennst du den Befragten schon. Und wenn du ihn kennst, hast du schon Anknüpfungspunkte um das Gespräch zu beginnen.

Und solltest du nur wenig vorher erfahren, genügen manchmal kleine Hinweise, um mehr von einem Menschen zu erfahren, als du glaubst. Achte auf die Kleinigkeiten. Wie ist er oder sie gekleidet? Wie aufgeräumt ist die Wohnung? Bei welcher Beschäftigung hast du ihn

Offene und geschlossene Fragen

Welche der folgenden zehn Fragen sind offene Fragen und welche sind geschlossene?

1. Um wie viel Uhr sind Sie aus dem Theater gekommen?
2. Wie würdest du den Mann beschreiben?
3. Was hast du gestern Nachmittag gemacht?
4. War der Hund groß oder klein?
5. Wie ist der Unfall aus deiner Sicht passiert?
6. Warum ist Ihnen das Verhalten von Klaus sonderbar vorgekommen?
7. Wie viele deiner Freunde waren anwesend?
8. Warum warst du gestern nicht in der Schule?
9. Warst du heute in der Schule?
10. Welche Unterschiede haben Sie im Verhalten der beiden Frauen wahrgenommen?

oder sie gerade unterbrochen? Einen guten Eindruck, was hier gemeint ist, bekommst du, wenn du die Geschichte von Greg Fallis im Kasten auf Seite 125 liest.

Lächle und sei freundlich. Es ist sehr viel schwieriger, einem lächelnden Gesicht eine Bitte abzuschlagen. Bitte denjenigen, den du befragen willst, um seine Mithilfe, und betone dabei, wie überaus wichtig seine Aussagen für dich sein werden: „Ich will Sie nur ganz kurz stören, ich muss Ihnen einige wichtige Fragen stellen, die mir sehr weiterhelfen können." Oder: „Das Gespräch mit Ihnen ist sehr wichtig für mich. Bitte helfen sie mir, indem sie mir einige Minuten schenken. Es dauert höchstens fünf Minuten."

RICHTIGE FRAGEN STELLEN

Am Anfang des Gesprächs ist es meistens sinnvoll, allgemeine Fragen zu stellen. „Was ist passiert?" – „Was haben Sie gesehen." Der Befragte sollte dann mit seinen eigenen Worten und mit der von ihm gewünschten Ausführlichkeit erzählen.

Schreibe die Antworten in Stichpunkten in dein Notizbuch. Sobald der Befragte fertig ist, kannst du mit Nachfragen beginnen.

Es gibt zwei verschiedene Formen von Fragen: offene Fragen und geschlossene Fragen. Geschlossene Fragen sind solche, die mit einem einzigen Wort oder einer ganz genauen, kurzen Information beantwortet werden können.
„Wer war am Tatort?"
„Wie spät war es?"
„Welche Farbe hatte das Auto?"
„Haben Sie eine Waffe gesehen?"

Solche Fragen lassen sich mit Ja oder Nein, mit einer Zahl oder einer Uhrzeit, mit Schwarz oder Weiß beantworten. Sie haben den Vorteil, dass sie schnell und genau beantwortet werden können. Das ist zugleich aber auch ihr Nachteil, denn sie beschränken den Befragten darin, was er sagen will oder kann. Das Gespräch wird sehr einseitig. Du redest in Form von Fragen und der Befragte sagte lediglich „Ja" oder „Nein". Mit geschlossenen Fragen erhältst du deshalb meist nicht die Informationen, die du suchst.

Offene Fragen sind allgemeiner und laden stärker zum Erzählen ein.
„Was hast du gesehen?"
„Woran hat dich das Aussehen des Täters erinnert?"
„Wie war die Frau gekleidet?"

„Wie haben Sie sich dabei gefühlt?"

Sie können dir nützlicher sein, weil sie mehr Informationen bringen. Ihr Nachteil ist, dass ein Befragter vom Thema abweichen und Dinge erzählen kann, die dich absolut nicht interessieren.

Bestimmte Fragen solltest du ganz vermeiden, dazu gehören Suggestivfragen:

„Sie haben Christian gestern gesehen, nicht wahr?"

„Ihnen ist doch aufgefallen, dass der Mann keine Brille trug?"

Mit Fragen dieser Art gibst du die von dir erwarteten Antworten bereits vor. Diese Fragen nützen dir also wenig, um Neues zu erfahren. Und besonders Kinder werden durch solche Suggestivfragen leicht dazu verleitet, etwas zu behaupten, was sie niemals gesehen oder gehört haben.

Vermeide es, zwei Fragen gleichzeitig zu stellen.

„War der Mann betrunken oder hat er etwas Auffälliges getan?"

„Hast du dies deinem Lehrer erzählt und es deinen Eltern verschwiegen?"

„Was stand in dem Brief oder hat Peter dir den Inhalt erzählt?"

Erstens weiß bei solchen Fragen der Befragte nicht so genau, worauf sie oder er eigentlich antworten soll. Und du weißt nicht genau, worauf sich eine Antwort bezieht.

Vermeide solche Fragen, die Informationen voraussetzen, die der Befragte vielleicht gar nicht hat.

„Wie häufig ist Ihr Nachbar in der letzten Woche so spät nach Hause gekommen?"

„Konnte der Autofahrer in seinem Rückspiegel den sich nähernden Motorradfahrer sehen?"

„Trinkt Klaus lieber Milch oder Cola?"

Du hast vielleicht von anderen gehört, dass Klaus lieber Milch als Cola trinkt. Aber solange dein Befragter sich nicht von sich aus dazu äußert, kannst du die Frage so nicht stellen. Er weiß vielleicht gar nicht, dass Klaus Vorlieben bei Getränken hat. Allenfalls kannst du fragen (geschlossen):

„Haben Sie gehört, ob Klaus lieber Milch oder Cola trinkt?"

Oder (offen)

„Welche Getränkevorlieben sind Ihnen von Klaus bekannt?"

Suggestivfrage: Frage, die dem Gefragten die Antwort bereits in den Mund legt.

KAPITEL 21

Die Befragungs-
tricks der Polizei

Weißt du noch, was du vorgestern vor 2 Jahren um 20
Minuten vor vier Uhr nachmittags gemacht hast. Warst
du nicht mit dem Bus auf dem
Weg in die Stadtbibliothek?
Und welche Farbe hatte das
Auto, das den Bus an der vor-
letzten Haltestelle geschnitten
hat? Wie lautete das Autokennzeichen? Wie sah die
Frau aus, die am Steuer saß?

Unmöglich sich daran zu
erinnern? Manchmal kann es
entscheidend für die Lösung
eines Kriminalfalls sein, dass
sich Menschen an Einzelheiten von Ereignissen erinnern,
die lange zurückliegen.

Wir erinnern uns an ver-
schiedene Dinge unterschiedlich gut:

**Eine recht gute Erinnerung
haben wir an**

▸ Personen und ihre Hand-
lungen
▸ Sachen, die bei einem Ereignis eine Rolle spielten
▸ die Anzahl der anwesenden
Personen (genau aber nur
bis sieben Personen).

**Eine mittelmäßige Erinne-
rung haben wir an die**

▸ Reihenfolge der Ereignisse
▸ räumlichen Verhältnisse

**Eine schlechte Erinnerung
haben wir an**

▸ Farben
▸ Größen und Mengen
▸ Geräusche
▸ Zeitdauer

Wenn in einem Kriminal-
fall Zeugen befragt werden,
haben sie häufig Schwierigkeiten, sich an Ereignisse, Personen oder gar Einzelheiten
von Begebenheiten zu erinnern, die länger zurückliegen.
Polizei, Staatsanwälte und
Detektive haben deshalb nach
Methoden gesucht, um diesen
Menschen zu helfen, sich
auch an weit zurückliegendes
gut zu erinnern.

In den USA, aber auch in
Europa haben die Polizei und
die Geheimdienste lange Zeit
mit Hypnose gearbeitet. Und
in manchen Fällen tun sie das
heute noch. Bei der Hypnose
wird der Zeuge in einen
schlafartigen Zustand versetzt.

Dabei sind Anzeichen starker Konzentration, nahezu vollständiger Entspannung und starker Beeinflussbarkeit zu bemerken.

Hypnose ist in der Medizin verbreitet, um Patienten zu helfen, große Ängste zu bewältigen oder sich schlechte Angewohnheiten wie das Rauchen abzugewöhnen. Die Tatsache, dass ein Mensch in Hypnose stark konzentriert ist, versucht man sich zunutze zu machen. Die zu befragende Person wird während der Hypnose nach den Umständen der Tat oder nach lange zurückliegenden Einzelheiten befragt. Ein Beispiel findest du in der Meldung der Deutschen Presse Agentur im Kasten „Hypnose bei den Ermittlungen", rechts oben.

Übrigens darf ein Beschuldigter während eines Verhörs nicht in Hypnose versetzt werden, um ihm eventuell ein Geständnis zu entlocken.

Hypnose ist in der Polizeiarbeit aber auch umstritten. Der hypnotische Zustand ist einerseits durch starke Konzentration, auf der anderen Seite aber auch durch große Beeinflussbarkeit gekennzeichnet. Allzu schnell kann jemand durch eine falsch gestellte Frage (siehe Suggestivfragen, S. 127) dazu ge-

Hypnose bei den Ermittlungen

Im Fall der ermordeten Carla hat eine Fürther Familie die ausgesetzte Belohnung um 2.000 Mark auf 12.000 Mark aufgestockt.

„Die Familie hofft damit, Mitwisser aus dem Umfeld des Täters aus der Reserve zu locken", berichtete ein Sprecher der Polizei in Fürth am Dienstag. Die Familie habe selbst eine elfjährige Tochter und sei von dem Schicksal Carlas sehr berührt worden, sagte der Sprecher.

Carla war am 22. Januar auf dem Weg zur Schule in Wilhermsdorf (Landkreis Fürth) von einem Unbekannten überfallen, gewürgt und dann bewusstlos und halb entkleidet in einen Weiher gestoßen worden. Das Kind starb nach fünftägigem Koma.

Bei der Fahndung will die Sonderkommission der Kriminalpolizei auch ungewöhnliche Wege nutzen. Bei der Suche nach dem Opel, der am Tatort gesehen wurde, wird Hypnose angewendet.

Die Beamten hoffen, dass sich eine Zeugin im Hypnosezustand an die Ziffernkombination des Kennzeichens aus dem Landkreis Neustadt an der Aisch erinnert.

Im Zuge der Ermittlungen werden indessen auch andere Fahrzeuge dieses Typs überprüft, berichtete die Polizei weiter.

bracht werden, sich an etwas zu erinnern, was er oder sie gar nicht erlebt hat. Aus diesem Grund wurden immer wieder Methoden ausprobiert, um Menschen zu helfen, sich zu erinnern.

1984 hat ein Psychologe der Polizei in Los Angeles eine Befragungsmethode entwickelt, die erheblich besser funktioniert als die normale Befragung und mindestens so gut ist wie Hypnose. Diese Befragungstechnik wird „kognitives Interview" genannt. Ein kognitives Interview besteht aus vier typischen Phasen.

kognitiv: kommt von Kognition, lateinisch *cognitio*, das Wahrnehmen, das Erkennen

In der ersten Phase wird der Zeuge oder das Opfer einer Tat oder eines Unfalls gebeten, die Ereignisse aus seiner Sicht von Anfang bis Ende zu erzählen. Dabei soll nicht mit der eigentlichen Tat oder dem Unfall, sondern schon mit den vorhergehenden Ereignissen begonnen werden.

Beispielsweise wird der Zeuge eines Unfalls berichten:

Ich fahre jeden Tag mit dem Bus zur Arbeit. Ich nehme den Bus um 7.15 Uhr. Meistens ist der pünktlich, denn meine Haltestelle ist die zweite auf der Linie. An dem Tag hatte ich den Bus gerade noch erreicht. Ich hatte beim Frühstück getrödelt. Im Bus setzte ich mich auf die Bankreihe hinter dem Fahrer ..."

Immer wieder weist der Befrager den Zeugen darauf hin, dass viele Menschen Einzelheiten nicht erwähnen, da sie glauben, diese seien nicht wichtig. Doch das anscheinend Unwichtige kann unter Umständen sehr wichtig sein. Daher fasst der Befrager immer wieder nach:

Haben Sie eine Monatskarte? Wie ist das Wetter? Was lesen sie während der Busfahrt? Wer sitzt hinter Ihnen?

Vielleicht fällt dir an diesen Fragen auf: Der Fragende benutzt in seinen Fragen die Gegenwartsform. Er will damit dem Zeugen helfen, die Situation und die Ereignisse der Vergangenheit in die Gegenwart zu holen. Dies ist ein Trick, den auch du in deinen Fragen anwenden kannst.

Nachdem der Zeuge die Ereignisse von Anfang bis Ende geschildert hat, wird er gebeten, das Ganze noch einmal zu erzählen. Aber diesmal genau umgekehrt, vom Ende rückwärts zum Anfang. Dabei wird der Befrager helfen, indem er beispielsweise fragt:

Und was genau geschieht, bevor der rote Wagen den Bus schneidet?

Wohin schauen Sie, bevor der Busfahrer dem älteren Herrn das Wechselgeld gibt?

Diese Methode ist übrigens auch ein guter Weg, um Lügen aufzudecken. Wenn wir Lügengeschichten erzählen, legen wir sie uns im Kopf in einer bestimmten zeitlichen und logischen Abfolge zurecht. Sollen wir diese Abfolge umkehren, haben wir erhebliche Schwierigkeiten, unsere Lügengeschichte „richtig" zu erzählen.

Schließlich wird der Zeuge gebeten, die Geschichte erneut zu erzählen, diesmal aber aus der Perspektive eines anderen Beteiligten:

Können Sie sich bitte in die Fahrerin des roten Wagens versetzen, die den Bus geschnitten hat, und das Ganze aus ihrer Perspektive erzählen?

Dadurch, dass der Zeuge sich in eine andere Person versetzt, beschreibt er oder sie häufig zusätzliche Einzelheiten, die in der Schilderung der Ereignisse aus der eigenen Sicht nicht vorkamen. Beispielsweise erinnert sich der Zeuge vielleicht erst in der neuen Perspektive daran, dass der Bus so verschmutzt war, dass die Blinklichter kaum wahrnehmbar waren.

Während des ganzen Gesprächs wird der Befrager bestimmte Techniken einsetzen, um den Zeugen dazu zu bringen, sich an noch mehr Einzelheiten zu erinnern. Hier einige Beispielfragen, die auch du einsetzen kannst:

Aussehen von Menschen
Erinnert Sie der Mann an einen Freund oder Bekannten, den Sie haben? Oder an einen bekannten Filmstar oder Politiker? Versuchen Sie mir zu sagen, warum? Ist am Aussehen des Mannes irgendetwas ungewöhlich? Ist das Gesicht ein angenehmes Gesicht? Was macht es angenehm? Solche Fragen sind erheblich hilfreicher, als einfach nur zu fragen:

Wie sah der Mann aus? Wie sah sein Gesicht aus?

Namen
Beim Erinnern von Namen kann dem Zeugen geholfen werden, indem zunächst nach der Anzahl der Silben im Namen gefragt wird oder danach, wie der Name klingt. Dann kann der Zeuge aufgefordert werden, zum Erinnern des ersten Buchstabens durch das ganze Alphabet zu gehen.

Zahlen
Können Sie Zahlen auf dem Nummernschild sehen? Wie viele Ziffern können Sie sehen? Sind die Ziffern rund oder eckig? War es eine hohe oder eine niedrige Zahl? Ist die Hausnummer größer oder kleiner als 100?

Stimme
Klingt die Stimme angenehm oder unangenehm? Was macht die Stimme unangenehm? Hat der Mann einen Akzent? Erinnert die Stimme an irgendjemanden? Warum erinnert Sie die Stimme an Gerhard Schröder?

Gespräche
Denken Sie daran, was der Mann Ihnen sagt und in welcher Art. Benutzt er ungewöhnliche Wörter oder Redewendungen? Wie reagieren Sie auf das, was er sagt? Welche Wörter benutzt er, die sie denken lassen, er bedroht sie?

Perspektive: Blickwinkel, Sichtweise, z. B. Frosch-, Vogelperspektive

In einer Untersuchung der Universität von Kalifornien in Los Angeles wurde diese Befragungsmethode mit der normalen Polizeibefragung verglichen. Dabei stellte sich heraus, dass sich Zeugen durch die Methode des kognitiven Interviews besser an Ereignisse erinnern. Bei der klassischen Befragung konnten sich Zeugen im Durchschnitt an 30 von 100 Einzelheiten erinnern. Beim kognitiven Interview stieg die Zahl auf 41 von 100 Einzelheiten.

provozieren: etwas heraufbeschwören, hervorrufen; jemanden zu einer unbedachten Handlung veranlassen, jemanden herausfordern.

FRAGEN IM POLIZEIVERHÖR

Besonders schwierig sind natürlich Verhöre durch die Polizei, wenn es darum geht, einen Täter oder vermeintlichen Täter zum Gestehen der Tat zu bewegen. Da muss der vernehmende Polizist schon großes Geschick haben, damit der Täter am Ende gesteht. Zunächst einmal muss der Polizist den Verdächtigen dazu bewegen, überhaupt etwas auszusagen.

Neben den im letzten Kapitel beschriebenen Frageformen verwendet die Polizei einige weitere, sehr geschickte Fragemethoden, um die Wahrheit herauszufinden. Einige kannst auch du anwenden. Hier sind Beispiele:

Suggestivfragen. Im letzten Kapitel wurde dir empfohlen, keine Suggestivfragen zu benutzen (Seite 127). Das gilt im Prinzip auch für die Polizei. Allerdings werden manchmal Ausnahmen gemacht, zum Beispiel wenn es darum geht, bestimmte Reaktionen beim Täter oder Zeugen zu provozieren:

Sie waren doch eine Stunde vor dem Mord mit dem Opfer in der Malibu-Bar, nicht wahr?

Ist Ihnen denn gar nicht aufgefallen, dass der Mann unbewaffnet war?

Manchmal gelingt es durch solche Suggestivfragen, jemanden, der nicht bereit ist zu sprechen, zum Reden zu bewegen.

Lenkungsfragen. Diese Fragen dienen dazu, das Gespräch in eine bestimmte, vom vernehmenden Polizisten gewünschte Richtung zu lenken. Das kann notwendig sein, wenn der Täter oder Zeuge zu sehr vom eigentlichen Thema abweicht oder sehr aufgeregt redet:

Ich verstehe ja Ihre Aufregung, aber lassen Sie mich noch einmal zum Tathergang zurückkehren. Was geschah unmittelbar bevor die Tür aufgestoßen wurde?

Könnte es nicht sein, dass sich der Diebstahl am

Wochenende ganz ähnlich abgespielt hat?

Ich bin nicht sicher, ob die Beschreibung des Tathergangs vollständig war. Können Sie sie bitte noch einmal wiederholen?

Die letzte Frage ist zugleich auch eine geschickte Form der Kontrolle. Denn jetzt muss der Täter oder Zeuge die Tat erneut beschreiben. Und dabei kann geprüft werden, ob er bei seiner Aussage bleibt oder Einzelheiten verändert.

Testfragen. Diese Fragen dienen dazu, den Wahrheitsgehalt einer Aussage zu prüfen, aber auch zur Prüfung, ob beispielsweise einem Zeugen bestimmte Fähigkeiten, wie das Schätzen von Entfernungen oder Geschwindigkeiten, zugetraut werden können. Ebenso werden bestimmte Vorurteile durch Testfragen deutlich.

Hat ein Zeuge Vorurteile gegenüber bestimmten Menschen, dann sind seine Aussagen über sie mit sehr viel mehr Vorsicht zu beurteilen:

Kurz nachdem der Unfall passierte, fing es doch an, leicht zu regnen, nicht wahr? (Der Polizist weiß ganz genau, dass es den ganzen Tag nicht geregnet hatte.)

Schauen Sie bitte einmal aus dem Fenster. Wie groß schätzen Sie die Entfernung von hier bis zum gelben Haus gegenüber?

Was halten Sie von Frauen am Steuer?

Fangfragen. Erwartet der Polizist eine Lüge, so kann er sie durch eine Fangfrage bewusst provozieren, um durch Beweise von Spuren oder Zeugen die Unwahrheit aufzudecken. Das Ziel ist es dabei, den Verdächtigen zu einem Geständnis zu bringen:

Kennen Sie das Uhrengeschäft Höller in der Müllerstraße? Haben Sie sich schon einmal das Schaufenster angeschaut? Oder haben Sie schon einmal den Laden betreten?

Mit einer solchen Frage will der fragende Polizist den Verdächtigen zu der Aussage provozieren, er kenne das Geschäft nicht, er sei noch nie dort gewesen. Später wird ihm der Polizist dann aber beweisen, dass nach dem Einbruch seine Fingerabdrücke an der Schaufensterscheibe des Geschäfts entdeckt wurden.

Die zehnte Symphonie

Selten hatten Justus, Peter und Bob den Professor so aufgeregt erlebt. „Das ist unfassbar, das glaubt mit keiner. Das ist eine Sensation, unfassbar. Hier seht mal, dies ist dem Museum zum Kauf angeboten worden. Das handschriftliche Manuskript von Beethovens zehnter Symphonie. Das muss man sich einmal vorstellen, uns ist es angeboten worden!" Und dabei öffnete der Professor eine große Mappe aus Leder, in der sich einige Blätter, vollgekritzelt mit Noten und Anmerkungen, befanden.

„Bloß nicht anfassen", warnte der Professor, „das ist fast 200 Jahre alt." – „Also ich bin ja eher Experte für zeitgenössische Rockmusik", stoppte Bob den Begeisterungstaumel von Professor Al Ryan. „Aber wenn ich richtig in der Schule aufgepaßt habe, ist Beethoven gestorben, nachdem er seine neunte Symphonie komponiert hatte. Das kann ja nur ein Witz sein, eine plumpe Fälschung." – „Ja, richtige Kunstfälschung", fiel Peter ein, „wahrscheinlich wird der erstbeste Experte die Handschrift sofort als Fälschung entlarven." – „Irrtum", triumphierte der Professor. „Hier, zusammen mit der Handschrift kam ein Gutachten des renommierten Sachverständigen Professor Fred Achmann von der Universität in Wien. Seiner Meinung nach handelt es sich um die Hand- und Notenschrift von Beethoven. Das ist alles echt."

„Schneewittchen, verschwinde", rief der Professor aufgeregt seiner dänischen Dogge zu, die ohne Schwierigkeiten ihren schwarzen Kopf auf den Tisch legte und in Richtung der Mappe mit der Handschrift schob. „Dein Futter steht in der Küche, geh weg hier", versuchte er sie zu verscheuchen. „Wer hat Ihnen denn die Handschrift angeboten?", fragte Justus den Professor. „Ein Vertreter des Auktionshauses Hollerby & Co hier in LA, ein komischer Kauz. Sah selbst so aus wie Beethoven, etwas heruntergekommen. Aber er kannte sich aus. Einer dieser Verrückten, die alles wissen, selbst das kleinste Detail. Er erzählte mir, dass Beethoven diese als einzige seiner Symphonien selbst nie gehört hat, weil er kurz vor der Uraufführung im Spital in Zürich gestorben ist."

„Wollt ihr auch etwas zu trinken", fragte der Professor seine Gäste, während er sich auf den Weg in die Küche machte. Dort erzählte er den dreien: „Natürlich habe ich ihn auch nach einem

Gutachten gefragt. Und er legte mir die Stellungnahme von Professor Achmann vor. Der hat eine Fotokopie der Handschrift untersucht und sie mit den anderen bekannten Handschriften von Beethoven verglichen. Dabei hat er festgestellt, dass es sich bei der zehnten Symphonie tatsächlich um Beethovens Handschrift handelt." – „Und warum will das Auktionshaus die Handschrift nicht meistbietend versteigern", bohrte der immer noch skeptische Bob nach, „dann könnten die doch vielleicht viel Geld damit machen. Was soll die Schrift denn überhaupt kosten?" – „Nur 100.000 Dollar, das ist fast geschenkt. Na ja nur fast, denn eigentlich haben wir das Geld nicht. Und deshalb werde ich zunächst die Schrift kaufen und sie im nächsten Jahr, wenn das Museum wieder Geld hat, zum gleichen Preis dem Museum verkaufen. Und das Auktionshaus will, dass die Schrift hier in LA bleibt. Deshalb verzichten sie auf eine Versteigerung und betrachten den entgangenen Gewinn als Spende an die Stadt."

„Na, das klingt ja ganz edel", meinte Peter, wobei er interessiert auf Schneewittchen schaute, die soeben mit gesenktem Kopf in die Küche gekommen war und auf irgendetwas herumkaute. „Was kaut 'n die?", fragte er den Professor, als dieser schon mit einem lauten Aufschrei „Schneewittchen!" zurück ins Wohnzimmer stürzte. Dort lagen die Reste des wertvollen Manuskripts am Boden. Das meiste hatte Schneewittchen offensichtlich schon verspeist. Und da sie das anstehende Donnerwetter erahnte, blieb sie vorsichtshalber in der Küche. „Scheewittchen", schluchzte der Professor auf, „was hast du getan. Ein Kunstwerk, eine Sensation, die zehnte Symphonie, von einem Hund gefressen, von meinem Hund gefressen! Was für eine Schande. Ich bin ruiniert."

„Immer mit der Ruhe", meldete sich Justus, der dabei war, die noch verbliebenen Teile der Handschrift vom Boden aufzusammeln. Und dabei strich er mit seiner Hand über das Papier und hielt es gegen das Licht. „Sie können sich bei Schneewittchen bedanken, sie hat Sie soeben vor dem Ruin bewahrt. Das Ganze ist höchstwahrscheinlich eine Fälschung."

Der Professor schaute ihn verblüfft an ...

Will Justus nur Schneewittchen vor einem gewaltigem Donnerwetter bewahren? Oder warum ist er der Meinung, dass es sich um eine Fälschung handelt? Was glaubst du?

Eine Antwort findest du auf Seite 186.

KAPITEL 22

Orientierung im Freien

Türme sind ein guter Anhaltspunkt um sich in der Stadt zu orientieren. Hier sieht man die oberschwäbische Stadt Ravensburg, deren Stadtbild von einer ganzen Anzahl auffälliger Türme geprägt ist.

Effeff: etwas aus dem Effeff beherrschen, können, gründlich verstehen, sehr gut, problemlos

Als guter Detektiv musst du dich problemlos in deiner Stadt, deinem Ort, aber auch in der Landschaft orientieren können. Dies ist nicht nur wichtig, wenn du Personen beobachtest, die sich bewegen, sondern auch, wenn du zum Beispiel selbst verfolgt wirst. Wenn du eine Person, ein Tier oder einen Gegenstand suchst. Wenn du dich an einem bestimmten Ort verabredet hast. Oder wenn du dich verlaufen hast. In diesem Kapitel bekommst du einige Hinweise und Tipps, wie du dich mit und ohne Hilfsmittel besser zurechtfinden kannst.

ORIENTIERUNG IN DER STADT

Viele Menschen bringen es fertig, sich in einem Wald zu verlaufen. Das ist gar nicht so schwer, denn in einem Wald sehen sich viele Orte und Wege sehr ähnlich. Aber du wirst kaum glauben, wie viele Menschen es fertig bringen, sich in einer Stadt zu verlaufen. Dabei ist die Orientierung in einer Stadt relativ einfach, besonders wenn du zu Fuß oder mit öffentlichen Verkehrsmitteln unterwegs bist.

Je häufiger du in einer Stadt unterwegs bist, desto besser lernst du sie kennen. Du kannst dabei nach dem Zufallsprinzip vorgehen oder aber systematisch. Immer wenn du wieder einmal etwas Zeit hast, läufst du durch die Stadt nach der Rechts-Links-Methode: Du fängst zu Hause an, läufst erst nach links, an der nächsten Ecke biegst du nach rechts ab, an der nächsten nach links, an der nächsten wieder nach rechts, dann wieder nach links usw. Ein paar Tage später machst du das gleiche, nur dass du diesmal zuerst nach rechts gehst. Später kannst du Touren machen, bei denen du erst eine Station mit dem Bus oder der Bahn fährst und dann die Rechts-Links-Tour läufst. Auf diese Weise lernst du ganz bestimmt deine Stadt aus dem Effeff kennen.

Anders als im Wald gibt es in der Stadt Punkte und Hinweise, an denen du dich gut orientieren kannst. Hier sind einige Beispiele:

Hohe Gebäude. Dazu gehören Kirchen und ihre Türme wie der Dom in Köln oder Ulm. Türme wie der Henningerturm in Frankfurt oder der Fernsehturm in Hamburg, die Burg in Nürnberg, das Rathaus mit der hohen Kuppel in Hannover oder der Hauptbahnhof mit seinen beiden Türmen in Stuttgart. Hochhäuser wie der Messeturm in Frankfurt, das Europacenter in Berlin, das Unihochhaus in Leipzig oder das ARAG-Hochhaus in Düsseldorf.

Wasser. Viele Städte liegen an einem Fluss oder umschließen ein anderes Gewässer. Häufig teilt der Fluss einen Stadtteil deutlich von einem anderen ab. Regensburg und Köln sind dafür Beispiele, ebenso wie Bremen, Dresden, Frankfurt oder Wien. Zürich liegt am Zürichsee und Ratzeburg sogar an drei Seen.

Straßen. In den meisten Städten gibt es große und breite Straßen und Stadtautobahnen, durch die der Verkehr fließt, die aber auch ganze Stadtteile voneinander abgrenzen. Manchmal sind diese Straßen aufgeständert, wie die Stadtautobahn in Berlin, oder

abgesenkt, wie Teile des Mittleren Rings in München, dann sind sie besonders gut sichtbar.

Bahnen. S-Bahnen, U-Bahnen, Straßenbahnen und Eisenbahnen überziehen die Stadt wie ein Netz. Manchmal laufen sie unterirdisch und der Streckenverlauf ist nur an den Bahnhofseingängen zu erkennen. Häufig fahren sie aber oberirdisch oder sogar auf Ständern.

Wichtig ist, dass du die Fahrpläne und Streckennetze im Kopf hast. Kennst du die

Der Rhein trennt diese deutsche Großstadt in zwei Teile. Kannst du erkennen, um welche Stadt es sich handelt?

Die Schwebebahn in Wuppertal ist bestimmt nicht zu übersehen. Sie verläuft auf dem größten Teil der Strecke 12 Meter über der Wupper, zum kleineren Teil 8 Meter über den Straßen von Wuppertal.

schnellste Verbindung, von deiner Station zum Hauptbahnhof? Wie häufig fahren die Züge morgens, mittags oder abends? Wo steigst du am besten von der S-Bahn-Linie 5 in die U-Bahn-Linie 2 um?

Hausnummern. In vielen Städten sind die Häuser in den Straßen nach einem bestimmten System nummeriert. Meist sind auf der einen Seite der Straße die Häuser mit geraden und auf der gegenüberliegenden Seite mit ungeraden Nummern versehen. Dabei wird in der gleichen Richtung gezählt.

In München beispielsweise beginnt die Nummerierung an dem Straßenende, das dem Stadtzentrum am nächsten liegt. Wobei – stadtauswärts gesehen – gerade Hausnummern an der rechten, ungerade Hausnummern an der linken Straßenseite vergeben werden.

In Berlin kann man allerdings nicht immer davon ausgehen, dass gerade und ungerade Hausnummern etwa auf gleicher Straßenhöhe einander gegenüberliegen. 1798 wurde nämlich festgelegt, dass die Häuser, wie z. B. am Kurfürstendamm, vom ehemaligen Stadtschloss aus gesehen rechts hinauf und links her-

markant: auffallend, hervorstechend; scharf ausgeprägt; eine markante Erscheinung, Persönlichkeit; markante Gesichtszüge; er schreibt einen markanten Stil

Topographie: Beschreibung eines Landes oder eines Ortes

unter gezählt werden sollten. Heute führen aber die meisten Nummerierungen vom Alexanderplatz aus wechselseitig nach stadtauswärts. Weißt du, wie die Nummerierung in deiner Stadt geregelt ist?

ORIENTIERUNG IM GELÄNDE

Im Gelände, außerhalb von Orten, kannst du dich wie in der Stadt an markanten Punkten in der Landschaft orientieren. Nimm eine Karte von der Gegend mit. Je genauer sie ist, desto besser. Bei einigen Karten ist es sehr einfach, diese markanten Landschaftspunkte zu erkennen. Rechts findest du einige Tipps.

Die genauesten Karten sind die topographischen Karten der Landesvermessungsämter. Sie gibt es für ganz Deutschland, Österreich und für die Schweiz. Du kannst sie in Buchhandlungen bekommen.

Empfehlenswert sind die Karten im Maßstab 1:25 000. Der Maßstab einer Karte gibt an, um wie viel die echten Entfernungen in der Karte verkleinert wurden. 1:25 000 bedeutet, dass 1 cm auf der Karte 250 m in der Realität entspricht, 1:100 000 bedeutet, dass 1 cm auf der Karte 1.000 m (1 km) entspricht.

Dies ist ein großes Wald-gebiet. Du kannst es an der dunkleren Färbung (im Original grün) und an den Dreiecken erkennen; sie bedeuten „Nadelwald".

Die Zahlen geben die Höhe einer Gegend an, in diesem Fall 670,4 m.

Dies ist der Nordrand der Karte

Dies ist eine Straße mit einer steilen Böschung.

Bei diesem Maßstab der Karte (1:25 000) ist jedes einzelne Haus im Ort und außerhalb des Ortes als schwarzes Rechteck eingezeichnet.

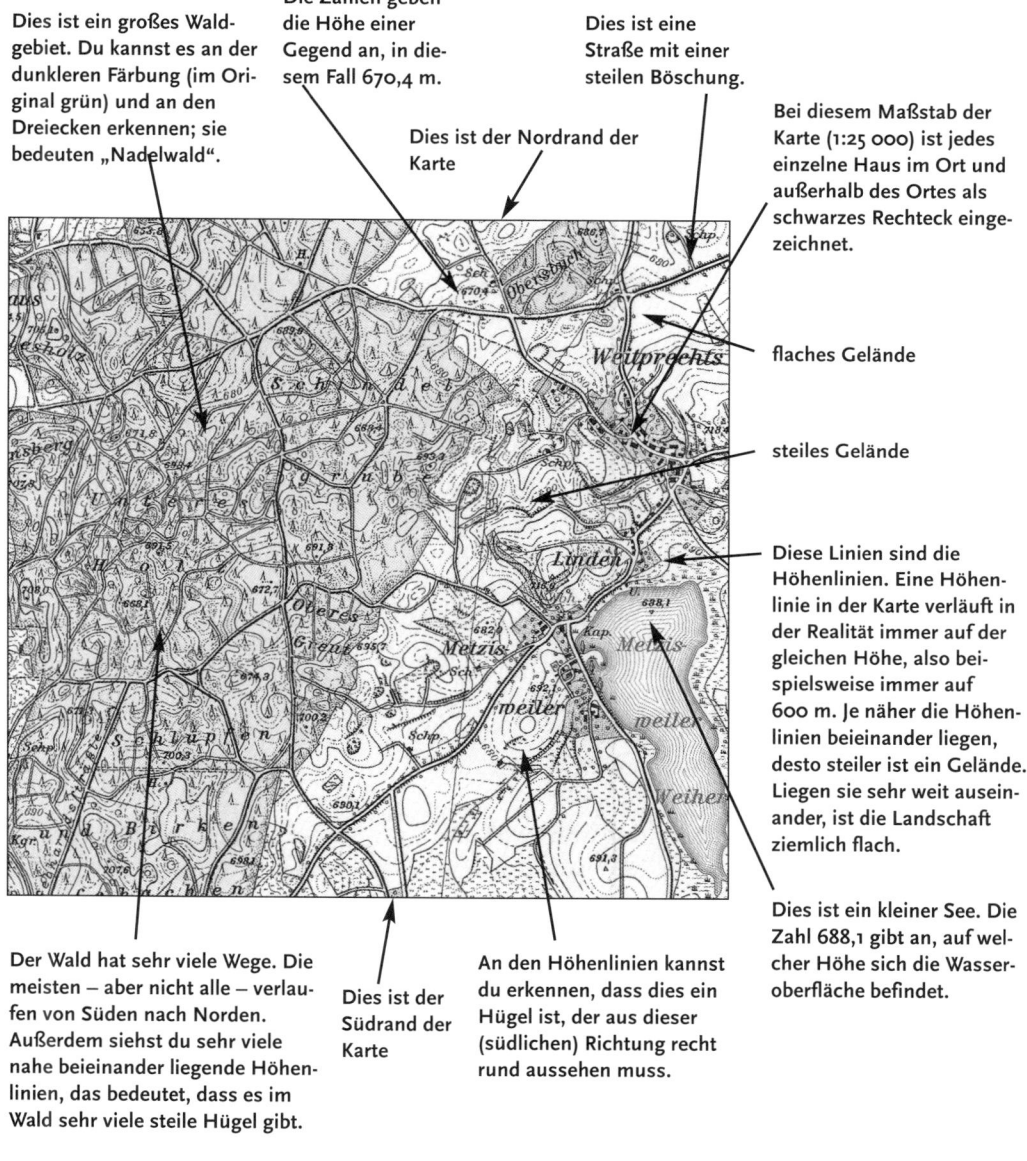

flaches Gelände

steiles Gelände

Diese Linien sind die Höhenlinien. Eine Höhenlinie in der Karte verläuft in der Realität immer auf der gleichen Höhe, also beispielsweise immer auf 600 m. Je näher die Höhenlinien beieinander liegen, desto steiler ist ein Gelände. Liegen sie sehr weit auseinander, ist die Landschaft ziemlich flach.

Dies ist ein kleiner See. Die Zahl 688,1 gibt an, auf welcher Höhe sich die Wasseroberfläche befindet.

Der Wald hat sehr viele Wege. Die meisten – aber nicht alle – verlaufen von Süden nach Norden. Außerdem siehst du sehr viele nahe beieinander liegende Höhenlinien, das bedeutet, dass es im Wald sehr viele steile Hügel gibt.

Dies ist der Südrand der Karte

An den Höhenlinien kannst du erkennen, dass dies ein Hügel ist, der aus dieser (südlichen) Richtung recht rund aussehen muss.

Um mit einer Karte zu arbeiten, musst du sie einnorden. Das bedeutet, du musst sie mit dem oberen Rand in Richtung Norden halten. Bei allen Karten in der Welt ist der obere Rand immer Norden. Aber woher weißt du, wo Norden ist? Am einfachsten findest du dies mit einem Kompass heraus. Eine Kompassnadel zeigt immer nach Norden.

Dies ist ein Ausschnitt aus der topographischen Karte 1:25 000, Nummer 8124 Wolfegg, herausgegeben vom Landesvermessungsamt Baden-Württemberg.

Was aber, wenn du keinen Kompass hast?

Es gibt einige Tricks, um sich ohne Kompass zu orientieren:

Kirchen. In vielen Gegenden sind die alten Dorfkirchen in ostwestlicher Richtung gebaut. Aber hierauf kannst du dich nicht sicher verlassen.

Bäume. An Baumstämmen ist die Seite, die der vorherrschenden Windrichtung zugewandt ist, stärker mit Moos oder Flechten bewachsen. In Mitteleuropa ist dies die nordwestliche Seite der Bäume. In den Bergen und in anderen Regionen mit starken Winden sind die Bäume häufig auch in der Hauptwindrichtung gebeugt.

Sonne. Die Sonne geht im Osten auf, steht mittags im Süden und geht im Westen unter. Dies ermöglicht eine grobe Bestimmung der Himmelsrichtung, wenn du in etwa weißt, wie spät es ist.

Uhr und Sonne. Mit einer Uhr lässt sich bei Sonne die Himmelsrichtung genauer feststellen. Drehe die Uhr so, dass der Stundenzeiger auf die Sonne zeigt. Halbiere nun den Winkel zwischen dem Stundenzeiger und der 12-Uhr-Richtung. Die Winkelhalbierende zeigt nach Süden (siehe Zeichnung).

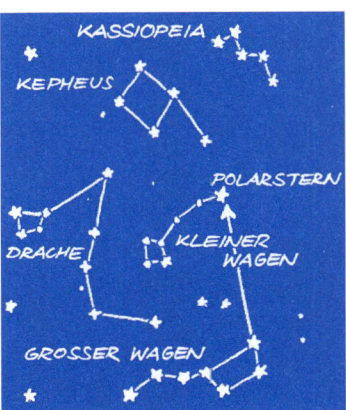

Wenn du den Abstand zwischen den beiden hinteren Sternen des Kastens vom „Großen Wagen" fünfmal nach oben verlängerst, gelangst du zum Polarstern.

Polarstern. Aber auch nachts kannst du ohne Kompass feststellen, wo Norden ist. Es müssen lediglich die Sterne zu sehen sein. Der Polarstern steht ziemlich genau über dem Nordpol. Der Stern ist Teil des Sternzeichens „Kleiner Wagen". Allerdings ist der „Kleine Wagen" ziemlich lichtschwach. Deshalb kannst du den Polarstern auch mit Hilfe des „Großen Wagens" finden (siehe Bild oben).

SUCHEN UND FINDEN

Und was machst du, wenn du dich doch einmal in einem Wald total verirrt hast? Auch dann gibt es verschiedene Möglichkeiten, einen Punkt, einen Weg, eine Straße oder andere Menschen wieder zu

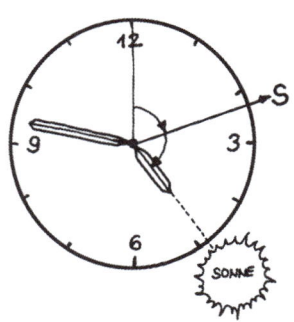

Die Winkelhalbierende zwischen dem Stundenzeiger und der 12-Uhr-Richtung zeigt nach Süden.

finden. Du solltest auf Geräusche achten. Wo Menschen sind, ist in der Regel auch Krach. Tiere benutzen keine Motorsägen und keine Trecker, und Autolärm ist auch im Wald über weite Entfernungen zu hören.

Außerdem solltest du versuchen, dich an markanten Punkten in der Landschaft zu orientieren. Kannst du Berge oder Höhenzüge ausmachen? Wo Berge sind, sind auch Täler, in denen häufig Wege nach weiter unten verlaufen.

Findest du im Wald Holzfällerspuren? Wo Holz gefällt wurde, wurde es auch abtransportiert, es muss also Schleif- und Reifenspuren geben, die zu einem Weg führen.

Hast du überhaupt keine Anhaltspunkte, wo du dich befindest oder in welche Himmelsrichtung du musst, kannst du Wasserläufen und Bächen folgen. Diese führen immer aus einem Wald heraus. Das kann zwar ein langer Weg werden, aber du wirst sicherlich irgendwann auf einen Hof, eine Straße oder Menschen treffen. Im Hochgebirge kann dies allerdings gefährlich sein, denn dort kann ein kleiner Bach plötzlich über eine Felskante 100 Meter in die Tiefe fallen. Hier darfst du nur gehen, wo

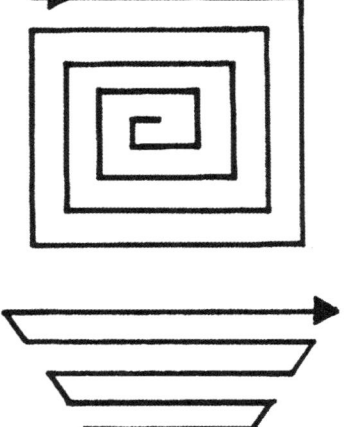

Spiralsuche, du gehst in immer kleiner werdenden Rechtecken, die eine Spirale bilden.

Zeilensuche, du gehst zeilenweise in eine, dann in die entgegengesetzte Richtung, wobei die Zeilen immer länger werden.

du auch gut sehen kannst, und nur im alleräußersten Notfall Wege verlassen.

Wenn du Angeln warst oder Holz gesucht hast und deinen Lagerplatz nicht wieder finden kannst, bieten sich zwei Verfahren an. Du kannst in einer Spirale laufen oder du kannst in Zeilen gehen. Hast du eine ungefähre Ahnung, in welcher Richtung sich der gesuchte Ort oder der vermutete Weg befindet, führen dich beide Methoden ans Ziel (siehe Bild oben).

In der gleichen systematischen Weise, wie du deinen Lagerplatz oder Weg wieder findest, kannst du übrigens auch versuchen, eine Person oder einen Gegenstand zu finden.

Spuren erkennen, sichern und auswerten

Es gibt keinen Täter, so raffiniert er auch
vorgeht, der nicht unfreiwillig irgendwelche Spuren seiner Tat am Tatort hinterlässt. Aber was eigentlich sind Spuren?
Eine Spur kann alles sein: winzig klein,
riesig groß, lebendig oder tot. Eine Spur
ist ein Objekt oder eine Erscheinung,
die durch die Tat entsteht. Fingerabdrücke,
Zigarettenkippen, Haare, Knöpfe, Reifen-
abdrücke, Fliegenmaden, Bluttropfen,
angebissenen Äpfel, Unterschriften, Patro-
nenhülsen, Sägespäne – all dies können
Spuren sein, die einen Täter schließlich
überführen.

KAPITEL 23

Die Arbeit am Tatort

Stell dir vor, abends um 10 Uhr ruft eine Frau aufgeregt bei der Polizei an: „Hören Sie, ich habe vor einigen Minuten aus unserem Nachbarhaus einen lauten Knall gehört. Ich glaube, das war ein Schuss. Und jetzt gerade sehe ich, wie ein unbeleuchtetes Auto davonrast. Ich glaube, sie sollten schnell kommen."

Noch während die Meldung eingeht, schickt der Beamte am Telefon bereits einen oder mehrere Streifenwagen zu der Adresse, die die Anruferin angegeben hat. Zugleich versucht er, die Anruferin zu beruhigen und weitere Informationen von ihr zu erhalten.

Beispielsweise: Konnte sie ein Kennzeichen des davonbrausenden Wagens ausmachen? Welcher Wagentyp war es? Farbe? Konnte sie erkennen, wer im Auto saß? Weiß sie, ob es Verletzte gegeben hat? Usw.

Diese Informationen werden gleich an die Funkstreifen weitergegeben, die sich bereits auf dem Weg zum Tatort befinden. Und nur Minuten nach dem Anruf trifft der erste Streifenwagen am Tatort ein.

Vorsichtig gehen zwei Polizisten auf das Haus zu, aus dem der Schuss gehört wurde. Die Haustür ist nur angelehnt, im Hausflur brennt Licht. Einer von beiden ruft laut: „Hallo. Ist da jemand." Keine Antwort. Auch auf das erneute Rufen rührt sich im Haus nichts. Vorsichtig stößt der Polizist mit seinem Ellenbogen die Tür auf.

Nun kann er in den hell beleuchteten Flur des Hauses sehen und durch eine geöffnete Tür in ein Zimmer, das offensichtlich ein Arbeitszimmer ist. Dort am Boden kann er den Körper eines Mannes ausmachen, der in einer Blutlache liegt. Schnell läuft er auf ihn zu, doch ein kurzer Blick macht leider deutlich, hier kann nicht mehr geholfen werden. Hier liegt ein Toter.

Die beiden Polizeibeamten sind jetzt für einige Zeit die wichtigsten Personen am Tatort. Sie müssen eine Vielzahl von Aufgaben übernehmen.

Zunächst müssen sie prüfen, ob der vermutete Tote wirklich tot ist. Wenn es nur eine kleine Chance gibt, dass der Mann noch nicht tot ist, müssen sie sofort einen Notarzt und einen Rettungswagen bestellen. Da der Mann aber tatsächlich tot ist, alarmiert ein Beamter den Bereitschaftsdienst der Kriminalpolizei und einen Arzt, denn nur der darf amtlich feststellen, dass jemand wirklich tot ist.

Inzwischen prüft der andere Beamte, ob sich im Haus weitere Menschen befinden, eventuell Verletzte oder sogar ein Tatverdächtiger.

Die Polizisten müssen ihre Aufgaben so erledigen, dass sie möglichst wenig oder gar nichts am Tatort anfassen, verändern oder eigene Spuren hinterlassen.

Das ist aber nicht einfach. Denn normalerweise kann man nicht feststellen, ob eine Person noch lebt, ohne den Körper und die unmittelbare Umgebung zu berühren. Und man kann nicht prüfen, ob sich noch weitere Personen oder Opfer im Haus befinden, ohne nicht durch das Haus zu gehen.

Als Nächstes muss der Tatort weiträumig abgesperrt werden. In unserem Fall werden

Polizeinotruf 110

Die meisten Polizeiorganisationen haben im Polizeipräsidium eine Leitstelle. Dort fließen rund um die Uhr alle Informationen zusammen. Sämtliche Streifen sind über Funk mit der Leitstelle verbunden. Sie erhalten von dort ihre Aufträge und werden mit Informationen und Hinweisen versorgt. Alle Notrufe gehen bei der Leitstelle ein. Bei der Düsseldorfer Polizei sind dies beispielsweise pro Tag über 800 Anrufe, das sind mehr als 300.000 Notrufe im Jahr.

An den Telefonen sitzen Einsatzbearbeiter. Sie müssen in Sekundenschnelle Informationen verarbeiten und Entscheidungen treffen. Es ist deshalb wichtig, dass möglichst schnell die richtigen Informationen mitgeteilt werden.

Jedem von uns kann plötzlich etwas zustoßen. Aber jeder von uns kann auch einer Person begegnen, die in einer Notlage ist. Dann gilt es nicht wegzuschauen, sondern schnell zu handeln. Scheue dich nicht bei der Polizei anzurufen! Lieber ein Anruf zu viel, als eine wichtige Mitteilung unterlassen! Um im Notfall schnell Hilfe leisten zu können, sind Polizei (und Feuerwehr, Telefon 112) auf möglichst genaue Angaben angewiesen:

▸ Wer ruft an? Dein Vor- und Familienname.

▸ Wo befindest du dich? Stadtteil (insbesondere wenn über Mobiltelefon angerufen wird, ist diese Angabe wichtig), Straßenname (wenn möglich mit Angabe der nächsten Kreuzung oder Hausnummer). In einer Telefonzelle ist der Standort auf dem Gerät beschrieben.

▸ Wann ist etwas passiert? Ist das Ereignis unmittelbar vor dem Anruf geschehen? Oder liegt es schon etwas länger zurück?

▸ Was ist passiert? Verkehrsunfall, Unglücksfall, Überfall, Einbruch, Schlägerei

▸ Wie viele Personen sind beteiligt und/oder verletzt? Die Anzahl der Verletzten (sind Verletzte eingeklemmt?). Art der Verletzung. Weitere wichtige Angaben:
Bei Verkehrsunfällen:

▸ Ist ein Gefahrguttransport (orange Tafeln am LKW) beteiligt?

▸ Wie lauten die Ziffern auf den orangen Warntafeln?

▸ Wo (auf der Fahrbahn) befindet sich die Unfallstelle?

▸ Ist sie abgesichert, beleuchtet?
Bei Straftaten oder Unfallflucht:

▸ Haben sich Beteiligte entfernt?

▸ Wenn ja, in welche Richtung und wie lange ist dies her?

▸ Kannst du Kennzeichen angeben?

▸ Was wurde gestohlen?

die Polizisten das ganze Grundstück absichern, um zu verhindern, dass irgendetwas verändert wird oder dass jemand Spuren unbeabsichtigt zerstört.

Nach einem Mordfall kommen oftmals ganze Heerscharen von Menschen zusammen. Nachbarn, die etwas gesehen haben wollen, Verwandte, Freunde, aber auch Zeitungs- und Fernsehreporter und weitere Polizeibeamte. Alle müssen vom Tatort ferngehalten werden, damit möglichst nichts verändert wird und die Polizisten von der Spurensicherung ungestört ihrer Arbeit nachgehen können.

Dabei benutzen die Polizisten häufig so genanntes Trassierband. Das ist ein Kunststoffband, um Räume abzusperren oder bestimmte Wege,

auf denen gegangen werden darf, zu kennzeichnen.

Auch die Polizei muss äußerst vorsichtig vorgehen, um nichts am Tatort zu verändern. Niemand darf die Toilette benutzen, Wasser laufen lassen, sich die Hände waschen oder mit einem Handtuch abtrocknen, das Telefon benutzen, aus einer Tasse oder einem Glas trinken oder sonst irgendwelche Möbel oder Einrichtungsgegenstände berühren.

Es gibt in der Kriminalgeschichte einige bekannte Fälle, bei denen Spuren und Beweismittel verschwunden sind oder durch Schaulustige oder Reporter hinzugefügt wurden. 1957 wurde in der amerikanischen Stadt Cleveland Marilyn Sheppard in ihrem Schlafzimmer ermordet. Ihr Mann, Dr. Sam Sheppard, war von Anfang an der Hauptverdächtige. Einer der ersten anwesenden Polizisten bemerkte, dass in der dem Schlafzimmer benachbarten Toilette der Rest einer filterlosen Zigarette schwamm. Sam war Nichtraucher und Marilyn rauchte nur sehr selten, und wenn, dann nur Filterzigaretten. Als ein Kriminalbeamter die Zigarettenkippe als Beweismaterial sichern wollte, stellte sich heraus, dass inzwischen einer der

Häufig tragen die Beamten von der Spurensicherung spezielle Schuhe und Anzüge aus Kunststoff, um zu vermeiden, dass sie durch ihre Kleidung falsche Spuren an den Tatort bringen.

Polizeibeamten die Toilette benutzt und die Kippe weggespült hatte.

Hat die Polizei den Tatort gesichert, werden die Beamten Kontakt mit möglichen Zeugen aufnehmen. Deren Personalien werden erfragt. Und sie werden gebeten, sich für ein Gespräch mit der Kriminalpolizei bereitzuhalten. Diese ist inzwischen mit den Beamten von der Spurensicherung eingetroffen.

DIE SPURENSICHERUNG

Sobald die Kriminalpolizei und die Spurensicherung am Tatort eingetroffen sind, kann

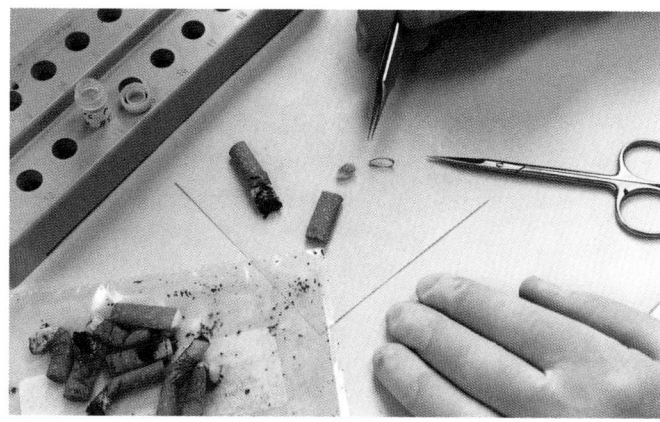

die Arbeit, die zur Lösung des Falles führen soll, beginnen. Dazu wird sich die Kripo ein grobes Bild vom Tatort machen und erste Vermutungen darüber anstellen, was geschehen sein könnte.

Weil ein Polizist am Tatort die Toilette benutzte, wurde eine Zigarettenkippe, die den verdächtigten Dr. Sam Sheppard entlastet hätte, weggespült. Sheppard saß 9 Jahre unschuldig im Zuchthaus.

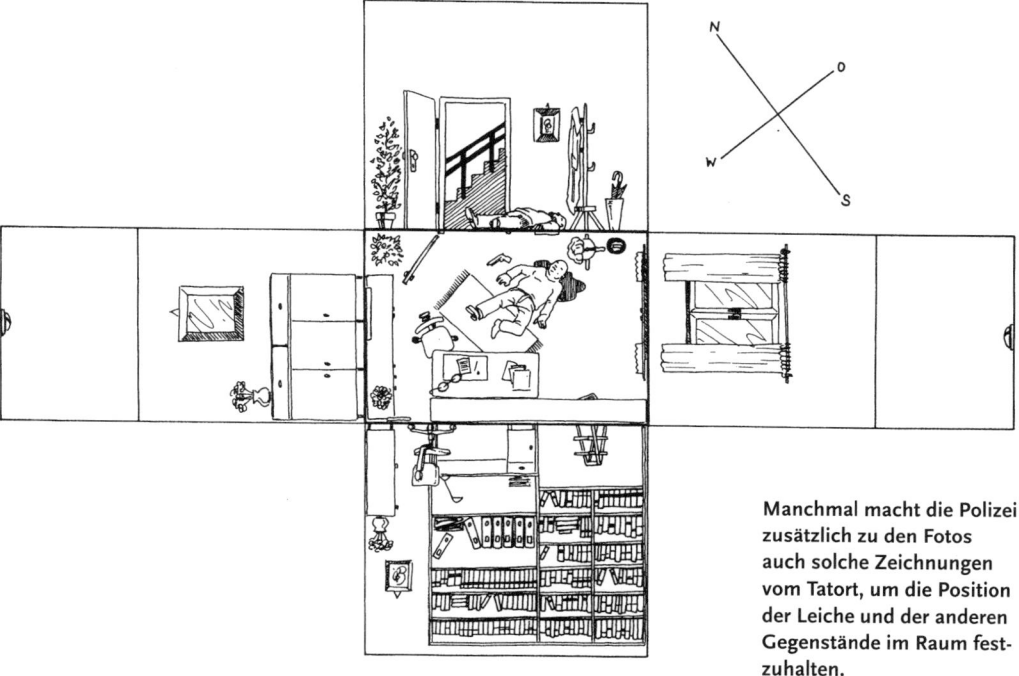

Manchmal macht die Polizei zusätzlich zu den Fotos auch solche Zeichnungen vom Tatort, um die Position der Leiche und der anderen Gegenstände im Raum festzuhalten.

Reifenspur

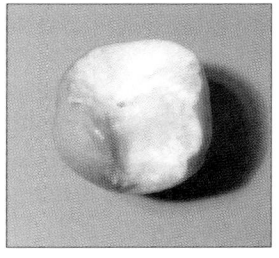

Bissspur

Fingerabdruck

Ein Fotograf macht Fotos oder Videoaufnahmen vom Tatort. Dabei wird die Leiche von allen Seiten aufgenommen, aber auch alle sichtbaren Spuren, eine Waffe, Zerstörungen usw. werden fotografiert.

In unserem Fall werden die Kriminalpolizisten vielleicht Folgendes feststellen: Der Tote liegt auf dem Rücken im Wohnzimmer. Er scheint von einer Kugel getroffen zu sein. Sie scheint in die linke Brustseite eingedrungen zu sein. Der Tote liegt mit den Schultern in einer Lache von geronnenem Blut. Spritzer, die wie Blut aussehen, befinden sich auf dem Schreibtisch und auf dem Boden in der Nähe der Tür. An der Türklinke des Büros scheinen sich ebenfalls Blutspuren zu befinden. Am linken Fuß des Toten liegt ein Revolver.

Der Papierkorb ist umgekippt, ebenso der Schreibtischstuhl. Es sieht so aus, als ob ein Kampf stattgefunden hätte oder als ob jemand in großer Eile den Schreibtisch durchwühlt hätte. Die Schubladen des Schreibtisches sind geöffnet.

Nachdem sich die Kriminalpolizisten ein erstes Bild gemacht haben, besprechen sie sich mit den Spezialisten von der Spurensicherung. Es geht darum, wo und wie nach den Spuren gesucht wird, die nicht so offensichtlich sind, wie die bereits erkannten. Die Spurensicherung wird bei einem Mordfall meist von zwei Polizisten durchgeführt.

Sie gehen dabei sehr systematisch vor. Größere Tatorte werden wie ein Schachbrett in einzelne Felder untergliedert, kleinere werden spiral- oder kreisförmig durchsucht.

Es gibt keinen Täter, so raffiniert er auch vorgeht, der nicht unfreiwillig irgendwelche Spuren seiner Tat hinterlässt. Aber was sind eigentlich Spuren? Eine Spur kann alles sein, winzig klein, riesig groß, lebendig oder tot. Eine Spur ist ein Objekt oder eine Erscheinung, die durch die Tat entsteht. Die Bilder auf dieser Doppelseite zeigen dir einige Beispiele.

Bei ihrer Suche bedienen sich Spurenexperten vieler Hilfsmittel. Sie haben besondere Lampen, die Blutspuren auch dann noch sichtbar machen, wenn sie schon weggewaschen wurden. Sie haben Spurenstaubsauger, mit deren Hilfe sie winzig kleine Teilchen in einen Filter saugen können. Mit Klebefolien können Abdrücke gesichert werden. Metallsuchgeräte finden

Insekten als Spuren

Ein Leiche ist kein schöner Anblick. Und wenn zusätzlich noch Fliegenmaden auf ihr spazieren gehen, ist sie für viele nur noch ein ekliger Anblick. Lange hat man diese Tierchen nicht beachtet. Das hat sich in den letzten Jahren erheblich geändert. Denn Insekten auf oder in Leichen können sehr wichtige Informationen über das Verbrechen liefern.

Schon 15 Minuten nachdem eine Leiche im Freien versteckt wurde, beginnen Fliegen ihre Eier dort abzulegen. Anhand der Entwicklungsstadien der Eier und der geschlüpften Larven können Kriminalbiologen ziemlich genau den Zeitpunkt berechnen, an dem die Leiche abgelegt wurde.

Einer dieser Biologen ist Mark Benecke. Er berichtet von einem Fall:

Am 16. August wurde in einem Wald in Südkarolina eine Leiche gefunden. Um Aufschluss über die Liegezeit der Leiche zu erlangen, bat das Gericht um eine insektenkundliche Analyse der Leiche am Tatort. Der zugezogene Bio-

loge fand auf den Überresten des Toten vorwiegend unverpuppte Larven der Schwarzen Soldatenfliege. Die Tiere wurden eingesammelt und im Labor in einer kleinen Plastikdose aufgezogen. Dort verpuppten sie sich. Und am 17. September, also vier Wochen nach dem Aufsammeln, schlüpften die ersten Fliegen aus.

In der Zwischenzeit hatte eine nahe gelegene Wetterstation errechnet, dass die mittlere Außentemperatur in der fraglichen Zeit 21°C betragen hatte. Eine Soldatenfliege benötigt bei dieser Temperatur recht genau 52 Tage, um sich vom Ei zum schlüpfenden Tier zu entwickeln. Die Eier hatten demnach 52 minus 30 ist gleich 22 Tage auf dem verfallenden Körper verbracht.

Es ist bekannt, dass die Elternfliegen ihre Eier frühestens 20 und spätestens 30 Tage nach Eintritt des Todes auf eine Leiche ablegen. Man errechnete daraus, dass der Tod zwischen 42 und 52 Tage vor dem Fund der Leiche eingetreten war.

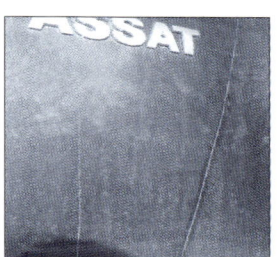
Kratzspuren

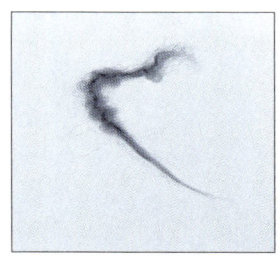
Textilspuren

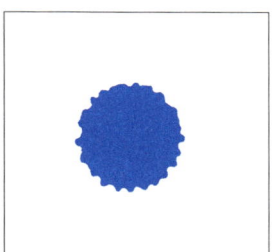
Blutspuren

Geschosshülsen, die im Boden festgetreten wurden. Und im Freien werden auch Hunde eingesetzt, um den Weg eines Täters zum und vom Tatort zu bestimmen.

Die gefundenen Spuren werden in einem „Spurensicherungsbericht" erfasst und fortlaufend nummeriert. Dort

wird auch ihr Fundort beschrieben und in einer Zeichnung skizziert. Zusätzlich wird der Fundort zusammen mit der Nummer fotografiert.

Schließlich werden die Spuren in Folienbeutel verpackt. Die Beutel werden beschriftet und zur Untersuchung in das Kriminallabor geschickt.

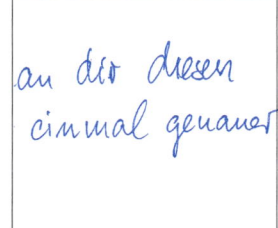
Schriftspuren

KAPITEL 24

Das Verhalten verrät den Täter

Hinter jedem Verbrechen steckt das Verhalten eines Täters. Lange Zeit haben sich Polizei und Detektive darauf konzentriert, die sichtbaren Spuren, die ein Täter am Tatort hinterlässt, für die Aufklärung eines Verbrechens zu nutzen. Erst in den letzten Jahren wurden auch die unsichtbaren Spuren betrachtet, mit denen ein Täter etwas über seine Verhaltensweisen und damit über sich selbst verrät.

Ein Täter hinterlässt gewissermaßen psychologische Spuren seiner Tat, die Kriminalpsychologen lesen, analysieren und auswerten können. In den letzten Jahren haben diese Psychologen beachtenswerte Erfolge bei der Aufklärung von Mordfällen gehabt.

In den USA arbeiten sie meist beim FBI. Dort werden sie häufig „Profiler" genannt, das kommt von „Profil", womit gemeint ist, das Bild eines Täters zu zeichnen. Natürlich zeichnet eine Profiler nicht richtig. Er zeichnet gewissermaßen mit Worten.

Bevor er sich mit einem Fall beschäftigt, muss ein Profiler eine sehr lange Ausbildung machen und sich gründlich vorbereiten. Die beste Voraussetzung ist, wenn er an vielen Fällen als Kriminalpolizist oder Detektiv gearbeitet und Erfahrung bei der klassischen Spurenarbeit gewonnen hat.

Dann hat er sich mit einigen hundert Mordfällen befasst und sie aus psychologischer Sicht analysiert.

Beim deutschen Bundeskriminalamt (BKA) arbeitet der Psychologe Michael Baurmann. Er analysiert seit Jahren besonders schwere Verbrechen und hat seine Ergebnisse mit Hilfe einer Datenbank allen Kriminalpolizisten zur Verfügung gestellt. 1977 hat er für das BKA die Akten von über 8.000 Sexualverbrechen studiert.

Dabei hat er unter anderem festgestellt, dass es einen Zusammenhang zwischen dem Bekanntschaftsgrad von Täter und Opfer und der Schwere der Tat gibt: „Je näher sich Täter und Opfer kannten, desto größer war das Ausmaß der Gewalt bei der Tat."

DER ERSTE PROFILER

Vor über 50 Jahren gab es noch keine Profiler bei der Polizei. Und trotzdem wurde schon damals ein Fall in New York mit den gleichen Methoden aufgeklärt, mit denen heute Kriminalpsychologen arbeiten:

Am 16. November 1940 begann eine der längsten Verbrechensserien in der amerikanischen Geschichte. An diesem Tag wurde auf einem Fensterbrett des Verwaltungshochhauses der „Consolidated Edison" eine Bombe gefunden, die glücklicherweise nicht explodierte. „Consolidated Edison" ist die New Yorker Elektrizitätsgesellschaft.

Auf der Bombe lag ein Zettel mit der Notiz: „Con Edison Verbrecher, dies ist für Euch!" 10 Monate später wurde eine weitere Bombe gefunden, die ebenfalls nicht explodierte.

Drei Monate später befanden sich die USA im Krieg mit Japan und Deutschland. Da erhielt die Polizei einen Brief: „Ich werde keine weiteren Bomben bauen, so lange Krieg herrscht. Danach werde ich die Verbrecher von Con Edison ihrer gerechten Strafe zuführen." Der Brief war mit

sehr sauberer und deutlicher Handschrift geschrieben

Und zwischen 1941 und 1946 tauchten sechzehn ähnliche Briefe auf. Dann, am 29. März 1950, wurde eine dritte Bombe im Bahnhof Grand Central Station gefunden. Auch sie explodierte nicht. Aber die Konstruktion zeigte erhebliche Verbesserungen.

Die nächste Bombe explodierte und zerstörte eine Telefonzelle in der New Yorker Stadtbibliothek. Glücklicherweise wurde niemand verletzt. Zwischen 1951 und 1952 explodierten vier weitere Bomben und 1953 erneut vier. 1954 gab es die ersten ernsthaft Verletzten. 1955 explodierten vier von sechs Bomben.

Die Bekennerbriefe wurden immer länger. In einem hieß es: „Bis jetzt habe ich 54 Bomben gelegt. Und es wird weitere geben, bis Con Edison zur Strecke gebracht ist." Unterzeichnet wurden die Briefe alle mit: „F. P."

Die Menschen in New York hatten Angst. Doch die New Yorker Polizei war ratlos. Sie entschloss sich, einen bekannten Psychologen um Hilfe zu bitten, Dr. James Brussels. Er hatte sich bei der Polizei dadurch einen Namen gemacht, dass er in außergewöhnlicher Weise die Fakten eines Falles analysieren und beurteilen

Der Bombe auf der Spur

Der Kriminalwissenschaftler Lawrence Kobilinsky aus New York erklärt, wie der Tatort eines Bombenanschlags untersucht wird:

Die Bestandteile einer Bombe sind in der Regel halbkugelförmig um den Explosionsort verstreut. Der Explosionskrater enthält meist wertvolle Spuren, denn durch die Explosion werden Teile der Bombe in den Boden geschossen.

Es wird nach allen Teilen der Bombe gesucht, nach Metall, Isolierband, elektrischen Kabeln, Batterien, Teilen einer Uhr, Holz usw. Der Boden oder die Wände werden nach Spuren des Sprengstoffes untersucht und Boden- und Wandproben ins Labor geschickt.

Im Labor wird dann versucht, die Bauweise der Bombe sowie die einzelnen Bestandteile, aus denen sie zusammengesetzt wurde, zu rekonstruieren. Dies kann dazu führen, dass die Kriminalpolizei in Läden überprüft, wer solche Bestandteile in der letzten Zeit gekauft hat.

Paranoia: geistige Störung, die durch Wahnvorstellungen gekennzeichnet ist; typische Ausprägungen sind Verfolgungswahn, Eifersuchtswahn oder Größenwahn.

introvertiert: nach innen gekehrt; introvertierter Mensch, der mit seinem Denken nur auf das eigene Seelenleben gerichtet ist.

konnte. Brussels analysierte die Spuren und alle Briefe des Bombenlegers. Dann überraschte er die Polizei mit einer sehr genauen Beschreibung des Täters:

„Es ist ein Mann. Er leidet an einer Paranoia. Er ist 40 bis 50 Jahre alt und introvertiert. Er ist allein stehend, hat wenig Kontakte, lebt eventuell mit einer weiblichen Verwandten zusammen. An Frauen ist er wenig interessiert. Er ist sehr sauber, ordentlich und rasiert. Er hat eine gute Ausbildung und ist ausländischer Herkunft, wahrscheinlich slawischer Abstammung. Er kann gut mit Werkzeugen umgehen. Er ist krank, wahrscheinlich ein Herzproblem. Wenn Sie ihn verhaften, wird er einen zweireihig geknöpften Anzug tragen."

Brussels schlug vor, seine Theorie in der Zeitung zu veröffentlichen. Er hoffte, dass der Bombenleger darauf nervös reagieren und noch mehr über sich verraten würde.

Als Reaktion auf die Veröffentlichung kamen tatsächlich Briefe vom Bombenleger. In einem stand der Satz: „Ich habe nicht einen einzigen Pfennig für ein Leben voll von Elend und Leiden erhalten." Und in einem zweiten Brief wurde sogar auf einen Vorfall

am 5. September 1931 hingewiesen.

Die Polizei durchsuchte daraufhin die alten Akten von Consolidated Edison und wurde fündig. In Briefen eines ehemaligen Angestellten wurden die gleichen Begriffe wie in den Briefen des Bombenlegers verwendet. Die Briefe stammten von George Metesky, der am 5. September 1931 während der Arbeit durch eine Kesselexplosion zu Boden stürzte. Obwohl er über starke Kopfschmerzen klagte, konnten die Ärzte keine Verletzungen feststellen. Metesky wurde trotzdem krankgeschrieben und danach in den Urlaub geschickt. Doch er beklagte sich weiter bei der Gesellschaft. Diese hatte nach einem Jahr genug. Metesky wurde gefeuert.

Als er einige Monate später vor Gericht zog, um Consolidated Edison auf Schadenersatz zu verklagen, wurde er abgewiesen. Er hatte die Frist versäumt, innerhalb der eine Klage zulässig war. Bitter enttäuscht sann er auf Rache und begann sein Leben als Bombenleger.

Die Polizisten, die Metesky am 21. Januar 1957 verhafteten, entdeckten in seiner Garage eine regelrechte Bombenlegerwerkstatt. Metesky war zwischen 40 und 50 Jahre alt, er war polnischer, also slawischer Abstammung und unverheiratet. Er lebte mit zwei seiner Schwestern zusammen. Und er trug einen zweireihig geknöpften Anzug!

Metesky ließ sich widerstandslos festnehmen und gab die Anschläge unumwunden zu. Er erklärte, dass die Unterschrift F. P. unter den Briefen für „Fair Play" standen. Er wurde 1957 in eine Heilanstalt eingewiesen und 1973 als geheilt entlassen.

Der Psychologe Brussels wurde natürlich gefragt, wie er zu seinen Vermutungen über den Täter gekommen war. Hier seine Antwort:

Eine Paranoia braucht bis zu zehn Jahre, um sich zu entwickeln. Da die ersten Bomben 1940 gelegt wurden, muss die Krankheit des Mannes um 1930 begonnen haben. Und das bedeutet, er musste 1956 zwischen 40 und 50 Jahre alt sein.

Und warum eine Paranoia? Weil Paranoiker die Weltmeister im Nachtragen sind. Sie fühlen sich jedem intellektuell überlegen, sie sind übertrieben ordentlich – deshalb die penible Schrift der Briefe und der zweireihig geknöpfte Anzug.

Die Sprache der Briefe war

Die richtigen Fragen entscheiden

Der Saarbrücker Wissenschaftler Christoph Paulus hat einmal die typischen Fragen zusammengestellt, mit deren Hilfe Täterprofile erstellt werden:

▸ Was ist das wahrscheinliche Alter des Täters?

▸ Was ist das wahrscheinliche Geschlecht des Täters?

▸ Was sind die Hautfarbe und die Nationalität des Täters?

▸ Wo lebt der Täter höchstwahrscheinlich?

▸ Ist der Täter berufstätig? In welcher Sparte arbeitet er?

▸ Wie intelligent ist der Täter?

▸ Ist der Täter verheiratet, wie sind seine Familienverhältnisse?

▸ Wie sieht seine wahrscheinliche Lebensumwelt aus, wie seine Wohnung?

▸ Was war die mögliche psychische Entwicklung des Täters?

▸ Welche Art von Fahrzeug oder Fortbewegungsmittel benutzt er?

▸ Welche Motive treiben den Täter?

▸ Hat er möglicherweise eine kriminelle Vergangenheit, hat er Vorstrafen?

gebildet und sie enthielt keine typischen New Yorker Ausdrücke. Ein New Yorker würde nicht „Con Edison" schreiben wie Metesky, sondern „Con Ed". Der Text las sich so, als ob er aus einer anderen Sprache ins Englische übersetzt worden war.

Warum ein Slawe? Weil nach der historischen Erfahrung Bomben in den slawischen Kulturen eine besondere Rolle gespielt haben.

Nur in einem Punkt hatte sich der Psychologe geirrt. Der Bombenleger litt nicht, wie Brussel angenommen hatte, an einer Herzkrankheit. Er hatte Tuberkulose.

Ein Interview mit John Douglas über Serienmörder

John Douglas ist einer der bekanntesten Profiler in den USA. Lange hat er für das FBI gearbeitet. Er führte eine der ersten großen psychologischen Untersuchungen der Motive von Sexualverbrechern durch. Und er hat 25 Jahre lang mit viel Erfolg versucht, seine Erkenntnisse praktisch umzusetzen. Viele der heute arbeitenden Profiler wurden von ihm ausgebildet.

FRAGE

Wie wird man Profiler?

DOUGLAS

Am Anfang, damals in den siebziger Jahren, kamen Profiler aus allen Ausbildungsbereichen. In meinen Kursen hatte ich Betriebswirte und Philosophen, ja sogar einen Musiker. Heute ist eine der Voraussetzungen ein Studium in Kriminalpsychologie oder sehr lange Praxis als Kriminalpolizist. Aber ganz gleich, welchen Abschluss man hat, eine der Grundvoraussetzungen ist die Erfahrung mit den Tätern. Du musst in die Gefängnisse, mit den Tätern sprechen und verstehen, wie sie denken und fühlen. Je besser du dich in sie hineinversetzen kannst, desto besser bist du anschließend in der Lage, andere Täter und ihre Ver-

brechen zu verstehen und letztendlich aufzudecken.

FRAGE

Profiler helfen der Kriminalpolizei manchmal mit sehr genauen Beschreibungen der in Frage kommenden Täter. Welches Material benutzen Sie, um zu Ihren Täter-Profilen zu kommen?

DOUGLAS

Wenn uns die Kriminalpolizei einer Stadt zu Hilfe holt, dann bitte ich die Kollegen, dass sie mir alle Fotos schicken, die am Tatort und von den Opfern gemacht wurden. Dazu lesen wir sehr genau die Berichte, die die ermittelnden Polizisten am Tatort gemacht haben. Hinzu kommen die Protokolle der Zeugenbefragungen, der Autopsiebericht, Laborergebnisse, Zeichnungen und Karten vom Tatort.

Aber eines wollen wir nicht haben: die Vermutungen der Kollegen darüber, wer der Täter sein könnte. Wir wollen völlig unbeeinflusst unsere Arbeit machen.

FRAGE

Und was machen Sie mit all dem Material?

Wie gehen sie damit um?

DOUGLAS

Wir schauen uns sehr intensiv und sehr lange jedes Stück an. Dann analysieren wir die Bilder vom Tatort, um zu sehen, wie die Opfer umgebracht wurden, um zu sehen, ob sie vielleicht gefoltert wurden, um zu sehen, ob es sich vielleicht um ein persönliches Verbrechen handelt. Ich meine damit, wenn jemand seine Hände benutzt hat, ein Messer oder einen stumpfen Gegenstand, dann ist das eine sehr persönliche Art von Verbrechen. Ein unpersönliches Verbrechen würde mit einer Pistole begangen werden. Betrachte ich das Foto einer Leiche, stelle ich mir die Frage, was mir der Zustand dieser Leiche über den Täter verrät. Nehmen wir an, der Täter hat sein Opfer mit einer Pistole bedroht. Das Opfer hatte keine Chance sich zu wehren. Trotzdem sehe ich an der Leiche Zeichen von Misshandlungen und von Folter. Das sagt mir etwas über den Täter aus. Er ist nicht gekommen, um einen „sauberen" Mord zu begehen, sondern die Misshandlung des Opfers war sein Ziel. Das war es, was ihm die Befriedigung bei der Tat verschaffte.

FRAGE

Welche Hinweise verwenden Sie noch, um sich ein Bild von den Tätern zu machen. Warum nahmen Sie beispielsweise an, dass der Serienmörder in Atlanta ein Schwarzer war?

DOUGLAS

Ich wusste, dass der Mörder ein Schwarzer war, weil ich mir sehr genau seine Vorgehensweise und die Umgebung angeschaut habe, in der die Morde passierten. Einem Weißen wäre es unmöglich gewesen, sich mehrfach in diesem schwarzen Stadtteil von Atlanta zu bewegen, ohne dass er aufgefallen wäre.

FRAGE

Wenn Sie sich so intensiv mit den Motiven und Gedanken eines Mörders oder Serienmörders befassen, können Sie ihn dann manchmal verstehen?

DOUGLAS

Natürlich kann ich ihn verstehen. Es ist ja mein Ziel, anhand der Spuren und des Verhaltens des Täters die Motive für den Mord oder die Mordserie zu begreifen und ihn ausfindig und dingfest zu machen. Ich verstehe, dass häufig eine schwierige Kindheit zu solchen Verbrechen

führt. Da wurde jemand über Jahre von den Eltern oder Verwandten schwer misshandelt, geprügelt oder sexuell missbraucht. Und jetzt versucht er, sich auf grausame Weise zu rächen, indem er Menschen umbringt. Aber verstehen heißt nicht billigen. Die allermeisten, die eine schwierige Kindheit hatten, werden nicht zu Verbrechern. Jeder dieser Mörder entscheidet sich bewusst dazu, den Mord zu begehen. Er hat die Wahl, zu morden oder nicht zu morden, und er entscheidet sich für das Verbrechen. Und mein Mitgefühl, das gilt den Opfern.

FRAGE

Aber sind solche Mörder nicht geisteskranke Menschen?

DOUGLAS

In gewisser Weise ja. Kein Mörder kann geistig gesund sein. Aber ich wiederhole: Die übergroße Mehrheit der Mörder hat sich aus freien Stücken für den Mord entschieden. Sie haben eine normale, meist sogar hohe Intelligenz. Sie wissen um die Folgen der Tat. Sie wissen, was sie machen. Natürlich gibt es wirklich geisteskranke Mörder, die nicht verstehen können, was sie tun, wenn

sie einen Mord begehen. Aber dies ist eine verschwindend kleine Minderheit. Und diese Mörder sind meist sehr schnell gefasst.

FRAGE

Die meisten Serienmörder, von denen man hört, sind Männer. Warum begehen Frauen keine solchen Taten?

DOUGLAS

Es gibt einige Serienmörder, die Frauen sind. Aber es stimmt, ganz überwiegend sind es Männer. Auch Frauen haben natürlich schwierige Kindheiten, auch sie wurden missbraucht oder vernachlässigt. Nach meiner Erfahrung neigen die meisten dieser Frauen dazu, ihre Gefühle nach innen und gegen sich selbst zu richten. Das bedeutet, sie wenden sich dem Alkohol oder Drogen zu oder sie unternehmen Selbstmordversuche. Bei Männern scheint sich die Kindheitserfahrung eher als Gewaltbereitschaft nach außen zu wenden.

[Zusammengestellt aus dem Buch „Obsession" von Douglas/Olshaker, New York 1998 und aus einem Live Chat mit John Douglas auf abcnews.com (22.6.2000)]

KAPITEL 25

Fingerabdrücke sind einmalig

Von welchem Finger stammt dieser Abdruck? Auf Seite 158 findest du die Abdrücke einiger Finger von Paul Rey, des Autors dieses Buches. Kannst du feststellen, von welchem Finger dieser Abdruck stammt?

Identität: völlige Übereinstimmung, Wesenseinheit, nachzuweisende Echtheit einer Person

Jeder Finger hat einen Namen.

Es gibt keine zwei Menschen in der Welt, die die gleichen Fingerabdrücke haben. Sogar eineiige Zwillinge haben verschiedene Fingerabdrücke. Darüber hinaus bleibt der Fingerabdruck von der Geburt bis zum Tod ziemlich unverändert. Und schließlich lassen sich Fingerabdrücke nach einem bestimmten System ordnen. Und dass bedeutet, Spezialisten können sie ohne Schwierigkeiten erkennen und mit anderen Fingerabdrücken vergleichen.

Fingerabdrücke sind deshalb ein ideales Mittel, um die Identität eines Menschen festzustellen. Und dies kann in verschiedenen Situationen eine Rolle spielen:

▸ Bei der Aufklärung von Verbrechen.

▸ Bei der Identifizierung von lebenden Personen. So wird in manchen Ländern bei Wahlen von jedem Wähler ein Fingerabdruck genommen, zum Zeichen dafür, dass er oder sie gewählt hat.

▸ Bei der Identifizierung von unbekannten Toten, etwa nach Flugzeugunglücken oder anderen Katastrophen.

▸ Bei der Kontrolle des Zugangs in bestimmte Räume oder Gebäude.

Sicher hast du schon einen Fingerabdruck gesehen. Meist kannst du sie entdecken, wenn jemand mit sehr fettigen Fingern eine Glasscheibe angefasst hat. Schau dir einmal mit deiner Lupe die Haut auf einem Finger genauer an. Du kannst erkennen, dass die Haut nicht eben ist. Sie besteht aus langen „Bergrücken" und „Tälern". Die „Bergrücken" nennt der Fachmann „Papillarlinien" oder „Hautleisten". In der Abbildung rechts kannst du sehen, wel-

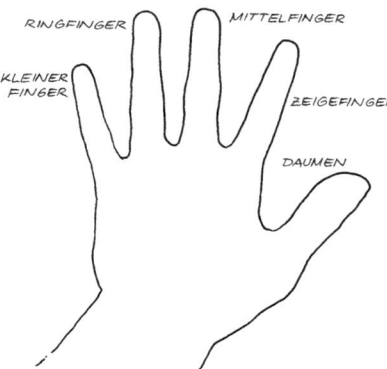

RINGFINGER
MITTELFINGER
KLEINER FINGER
ZEIGEFINGER
DAUMEN

che Formen der Hautleisten von den Spezialisten der Kriminalpolizei unterschieden werden. Welche dieser vielen verschiedenen Linienformen kannst du an deinem Finger erkennen?

Da jeder Mensch so viele Hautleisten hat und da die Hautleisten so viele verschiedene Formen haben können, ist verständlich, dass der Fingerabdruck eines jeden Menschen einzigartig ist.

Selbst wenn du nur einen Quadratmillimeter deines Fingers betrachtest, das ist kleiner als dieses o, würdest du niemand auf der Welt finden, der auf dieser kleinen Fläche das gleiche Muster hat wie du. Du bist also einmalig!

Und genau aus diesem Grund ist eine Identifikation eines Menschen mit Hilfe eines Fingerabdrucks 100%

sicher. Es gibt keinen sichereren Beweis. Selbst die DNA-Analyse (siehe Kasten auf der nächsten Seite), die in den letzten Jahren immer mehr bei der Aufklärung von Verbrechen eingesetzt wird, ist weniger verbindlich. Denn Zwillinge haben eine völlig gleiche DNA, aber verschiedene Fingerabdrücke.

WIE ENTSTEHT EIN FINGERABDRUCK?

Ein Fingerabdruck entsteht, wenn die Fingerkuppe mit einem Gegenstand oder einer Oberfläche in Berührung kommt. Dabei kann ein Abdruck auf verschiedene Weise hinterlassen werden:

▸ Unsere Haut enthält auf der Oberfläche immer etwas Fett. Berührst du eine Glasscheibe mit deinem Finger, bleibt etwas von diesem Hautfett in

Rechte Hand

Linke Hand
Zwei Daumenabdrücke der gleichen Person.

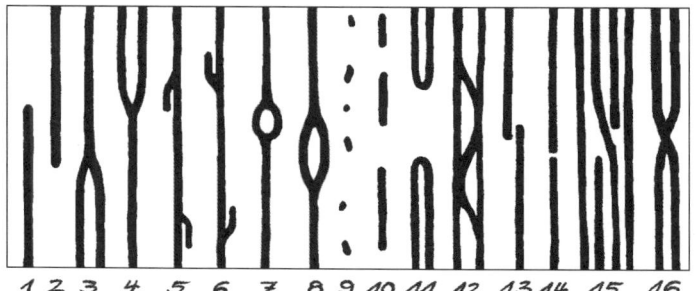

Bezeichnungen der Verläufe der Hautleisten bei der deutschen Kriminalpolizei:
1 beginnende Linie, 2 endende Linie, 3 Gabel nach unten, 4 Gabel nach oben, 5 Haken nach unten, 6 Haken nach oben, 7 Auge, 8 Insel, 9 Punkte, 10 eingelagerte Linie, 11 eingelagerte Schleife, 12 Linienverästelung, 13 ausweichende Endstücke, 14 Linienunterbrechung, 15 Linienübergänge, 16 Linienkreuzung.

Linke Hand, kleiner Finger

Linke Hand, Ringfinger

Linke Hand, Mittelfinger

Linke Hand, Zeigefinger

Linke Hand, Daumen

DNA

Eine Zelle ist die kleinste lebende Einheit. Sie kann wachsen und sich teilen. Sie gibt dabei ihren Nachkommen in Form der DNA dasselbe Erbgut mit, das sie selbst in sich trägt. Dadurch sind ihre Nachkommen ebenfalls in der Lage zu wachsen und sich zu vermehren.

Eine wichtige Rolle bei der Informationsspeicherung und der Informationsweitergabe spielt die DNA. DNA bedeutet „Desoxyribonukleinsäure". Das ist eine komplizierte chemische Verbindung.

Die DNA ist bei jedem Menschen mit Ausnahme eineiiger Zwillinge einmalig. Da sie mit dem Hautleistenmuster eines Fingerabdrucks vergleichbar ist, spricht man vom „Genetischen Fingerabdruck".

Mit der DNA-Analyse können alle biologischen Spuren untersucht werden, die an einem Tatort sichergestellt werden (z.B. Blut, Speichel, Haare).

Form eines Fingerabdrucks auf der Scheibe zurück. Die Kriminalpolizei spricht nicht von „unsichtbaren", sondern von „latenten" Abdrücken.

▶ Die Hautleisten auf dem Finger machen in weichen Oberflächen einen Abdruck. Solche Abdrücke findest du beispielsweise in Ton oder auch in Fensterkitt.

▶ Der Finger ist schmutzig oder blutig. Dann fasst du eine saubere Oberfläche an, etwa einen Türrahmen. Dort hinterlässt der Schmutz oder das Blut einen Abdruck des Fingers.

▶ Die Haut enthält auch etwas Säure. Diese Säure kann mit manchen Metallen reagieren und Abdrücke hinterlassen. Das passiert vor allem, wenn du mit Kupfer umgehst.

▶ Du fasst auf eine schmutzige oder sehr staubige Oberfläche. Dort, wo die Hautleisten sind, wird der Schutz entfernt, in den „Tälern" bleibt er liegen. Dadurch entsteht ein Fingerabdruck.

Ein Fingerabdruck allein nützt wenig. Er muss mit einem zweiten Abdruck verglichen werden. Nimm an, die Polizei hat zwei Abdrücke, den von einer bekannten und den von einer unbekannten Person. Durch den Vergleich der Abdrücke lässt sich feststellen, ob der Abdruck der unbekannten Person mit dem Abdruck von der bekannten Person identisch ist.

Die Polizei versucht aus diesem Grund, möglichst viele Fingerabdrücke zu sammeln. Je mehr sie gesammelt hat, desto höher ist die Wahrscheinlichkeit, dass sie bei den Vergleichen von bekannten und unbekannten Abdrücken fündig wird.

Um die Fingerabdrücke einer Person zu nehmen, wird meistens Tinte und ein Stempelkissen benutzt. Die Person muss den Finger erst auf das Stempelkissen und anschließend auf weißes Papier drücken. Dabei wird der Finger leicht von links nach rechts abgerollt, damit nicht nur die Fingerspitze, sondern möglichst viel Haut auf dem Abdruck zu sehen ist.

Manchmal muss die Polizei solche Abdrücke mit Gewalt nehmen, wenn sich ein Verdächtiger weigert, seine Abdrücke zu geben. Und manchmal muss der Abdruck von einer unbekannten Leiche genommen werden, wenn es darum geht, die Leiche zu identifizieren.

Alle Abdrücke, die die Polizei nimmt, werden in einem zentralen Computer gesammelt. In Deutschland, in Österreich und in der Schweiz wird ein Computersystem verwendet, das den Namen AFIS (Automatisches Fingerabdruck-Identifizierungs-System) trägt. Die lokalen Polizeibehörden sind mit einem Zentralrechner verbunden, in dem alle Abdrücke gespeichert sind. Sie selber geben neue Abdrücke in das System ein,

Diesen Abdruck hat die Polizei Stuttgart genommen. Schon eine einfache Lupe reicht aus, um einen Abdruck grob zu analysieren.

die von den Erkennungsdiensten der zuständigen Polizei an den Tatorten gesichert wurden. Am Computer wird die früher von einem Mitarbeiter durchgeführte Festlegung der Merkmale eines Fingerabdruckes mit „AFIS" vollständig automatisch vorgenommen.

Zum Vergleich mit bereits registrierten Fingerabdruckspuren wird das Bild anschließend an den Zentralrechner übermittelt und das Ergebnis in kurzer Zeit zur lokalen Polizei zurück gemeldet.

genetisch: die Vererbung betreffend, erblich bedingt

So machst du einen Fingerabdruck sichtbar

Du benötigst ein Glas, einen weichen Pinsel (Kamelhaar oder Kunststoff), Fingerabdruckpulver, etwa 2 cm breiten, klaren Tesafilm, weißes Papier.

Als Fingerabdruckpulver sind verschiedene Materialien geeignet. Du kannst das Pulver kaufen oder selber herstellen. Wenn du auf sehr feinem Sandpapier eine Bleistiftmine oder Zeichenkohle abreibst, bekommst du ausgezeichnetes Abdruckpulver. Zeichenkohle erhältst du für wenig Geld in Geschäften für Malerei- und Zeichenbedarf. Auf dunklen Oberflächen kannst du helles Talkumpuder verwenden.

Auch Kakaopulver lässt sich gut als Abdruckpulver einsetzen.

1. Lass jemanden mit etwas fettigen Fingern das Glas anfassen.
2. Tupfe mit dem Pinsel in das Pulver und streue das Pulver mit dem Pinsel über den Abdruck.

3. Streiche leicht mit dem Pinsel über den Abdruck und er wird sichtbar.
4. Schneide etwa 5 bis 6 cm Tesafilm® ab und drücke es leicht mit der klebrigen Seite auf deinen Abdruck. Hebe das Klebeband vorsichtig ab und klebe es auf das Papier.
5. Sicher musst du einige Male üben, bevor du es problemlos kannst.

WIE WERDEN UNSICHTBARE ABDRÜCKE SICHTBAR GEMACHT?

Zum Sichtbarmachen und zum Aufbewahren von Fingerabdrücken werden verschiedene Methoden verwendet. Die bekannteste ist die Pulvermethode und sie wird auch am häufigsten eingesetzt. Dazu wird ein sehr feines Pulver vorsichtig mit einem weichen Pinsel auf eine glatte Oberfläche gestäubt, von der man vermutet, dass sie mit Fingern berührt wurde. Die Farbe des Pulvers richtet sich nach der Farbe des Untergrunds. Auf hellen Oberflächen wird ein schwarzes oder dunkelgraues, auf dunklen Flächen ein helles oder weißes Pulver verwendet.

Die Pulvermethode eignet sich für Glas, glatt lackierte Möbel, Fernsehgeräte oder Metall. Das Pulver haftet am Fett des Fingerabdrucks und macht ihn deutlich sichtbar. Wie du selbst latente Fingerabdrücke nach dieser Methode sichtbar machen kannst, erfährst du im Kasten links.

Befindet sich der Fingerabdruck auf Papier, etwa einem gefälschten Scheck, so wird ein magnetisches Eisenpulver verwendet. Eigentlich ist nicht das Pulver magnetisch, sondern der spezielle Pinsel, mit dem das Pulver aufgetragen wird. Allerdings funktioniert diese Methode nur einige Stunden, nachdem der Abdruck auf das Papier kam. Danach muss ein anderes Mittel verwendet werden: Ninhydrin. Das ist eine chemische Substanz, die mit den Säuren reagiert, die sich auf unserer Haut und damit auch in einem Fingerabdruck befindet. Die Substanz wird einfach auf das Papier mit dem Abdruck gesprüht. Dann dauert es etwa 24 Stunden, bis sich ein blauvioletter Fingerabdruck auf dem Papier zeigt.

Für Fingerspuren auf Plastiktüten mussten sich die Experten etwas ganz anderes einfallen lassen. Die Lösung ist so einfach wie effektiv: Cyan-Acrylat. Das ist der Sekundenkleber, den man in jedem Haushaltswarengeschäft bekommt. Der Kleber reagiert mit den Feuchtigkeitsspuren der Fingerabdrücke und hinterlässt eine weiße Kruste. Die Hautleisten sind so zugleich gegen Verwischen geschützt.

Der Klebstoff wird nicht aufgeträufelt, sondern in speziellen Kammern aufgedampft. (**Vorsicht**! Du darfst unter keinen Umständen mit so einem Kleber experimentieren. Die Dämpfe sind giftig. Und der Kleber ist so wirksam, dass du dich sehr schnell böse verletzen kannst.)

Nachdem ein Fingerabdruck sichtbar gemacht wurde, muss er gesichert werden. In der Regel wird der Abdruck mit einem Klebestreifen oder einer Spezialklebefolie abgenommen und auf Papier geklebt. Eine andere Möglich-

???-Tipp

Fingerabdrücke

1. Es ist wichtig, das Abdruckpulver trocken zu halten. Bevor du es benutzt, solltest du es in der Flasche etwas schütteln. Viele Polizisten haben einige alte Metallkugeln aus einem Kugellager im Pulver. Diese verhindern, dass es zusammenklumpt.

2. Du kannst den Pinsel direkt in das Glas mit dem Puder tupfen. Besser ist es, etwas Pulver auf einen Bogen Papier zu schütten und es von dort mit dem Pinsel aufzunehmen.

3. Wenn du Pulver auf eine Oberfläche gibst, machst du es am besten in kleinen Mengen. Es ist einfacher, Pulver dazuzugeben, als Pulver wieder zu entfernen. Außerdem können Fingerabdrücke mit zu kräftigen Pinselstrichen weggewischt werden.

keit besteht darin, gut sichtbare Abdrücke zu fotografieren.

ABDRUCKMUSTER

Schaust du dir Fingerabdrücke an, wirst du ein deutliches Zentrum des Musters erkennen. Je nachdem wie dieses Zentrum gestaltet ist, werden drei typische Grundmuster unterschieden:

Bogenmuster, Schleifenmuster und Wirbelmuster (siehe Abbildungen rechts). Das häufigste Muster, auf das du triffst, ist das Schleifenmuster. 60 von 100 Menschen haben es. Weitere 35 haben ein Wirbelmuster und nur 5 von 100 haben ein Bogenmuster.

Welches Grundmuster findest du bei den Abdrucken des Autors dieses Buches (siehe Seite 158). Und welches Muster hast du?

Bogenmuster

Schleifenmuster

Wirbelmuster

KAPITEL 26

Andere
Körperabdrücke

FUSSABDRÜCKE

Die Abdrücke nackter Füße findet die Spurensicherung relativ selten. Schließlich tragen wir meistens Schuhe. Aber sind sie einmal gefunden, können sie sich als genauso interessant herausstellen wie Fingerabdrücke. Unten siehst

Der Abdruck eines Fußes ist genauso einmalig wie der Abdruck einer Hand oder eines Fingers. Mit ihm können Menschen eindeutig identifiziert werden.

du den Teilabdruck eines Fußes. Der Fußabdruck ist genauso einmalig wie der Fingerabdruck. Das bedeutet, ein Mensch kann auch über seinen Fußabdruck identifiziert werden. In den USA ist es in vielen Kliniken üblich, neugeborenen Babys einen Fußabdruck abzunehmen. Mit Hilfe solcher Vergleichsabdrücke lässt sich beispielsweise ein Opfer einer Flugzeugkatastrophe identifizieren.

Jemand muss schon mit den nackten Füßen über einen Mamorfußboden oder über Papier gelaufen sein, damit die Polizei einen brauchbaren Fußabdruck finden und sichtbar machen kann. Etwas anderes ist es, wenn jemand barfuß auf einem weichen Boden läuft und dort einen Abdruck hinterlässt. Einen solchen Abdruck kann die Spurensicherung mit Gips ausgießen und dauerhaft erhalten. Aber in einem solchen Abdruck kannst du natürlich keine Hautleisten mehr erkennen.

OHRSPUREN

Abdrücke von Ohren entstehen, wenn ein Täter vor einem geplanten Einbruch an einer glatt lackierten Wohnungstür oder an einem Fenster lauscht, um festzustellen, ob sich jemand in der Wohnung aufhält. Da unsere Ohren etwas vom Kopf abstehen, werden sie beim Lauschen an die Tür oder an das Glas gepresst. Dadurch entsteht ein unsichtbarer (latenter) Abdruck, den Kriminalisten wie einen latenten Fingerabdruck behandeln.

Mit einem Pulver, dessen Farbe sich nach der Farbe des Untergrunds richtet, wird der Abdruck sichtbar gemacht. Anschließend wird er mit einer speziellen Folie abgezogen. Vorher allerdings wird die Ohrspur fotografiert, und zwar so, dass die genaue Lage auf der Tür oder auf dem Fenster deutlich wird.

Zur Auswertung der Ohrspur benötigt man natürlich den Vergleichsabdruck des entsprechenden Ohrs des Verdächtigen. Diesem wird dazu eine Glasplatte auf das Ohr gedrückt. Der so gewonnene Vergleichsabdruck wird dann ebenfalls mit Pulver sichtbar gemacht und mit Folie abgenommen. Anschließend können Spezialisten beide Abdrücke miteinander vergleichen. Da die Ohren verschiedener Menschen sehr unterschiedlich geformt sind, findet man sehr selten zwei Menschen mit identischen Ohrabdrücken. Ein Ohrabdruck wird deshalb neben anderen Bewei-

Auch ein Ohrabdruck kann vor einem Gericht neben anderen Beweisen eingesetzt werden, um einen Täter zu überführen. Allerdings ist der Abdruck nicht in allen Ländern als Beweis zulässig. Am meisten Erfahrung mit Ohrabdrücken gibt es in den Niederlanden. Dort wird jeder Tatort systematisch danach abgesucht.

Aus einer dpa-Meldung:

Aufgrund eines Ohrabdrucks wurde gestern ein Mann wegen Mordes an einer Frau verurteilt. Dies ist in der Geschichte das erste Mal, dass ein Ohrabdruck zu einer Verurteilung führte. Mark Dallagher aus Huddersfield wurde von der Polizei festgenommen, nachdem die Polizei einen Abdruck seines Ohres mit dem Abdruck verglichen hatte, den sie am Fenster des 94-jährigen Opfers Dorothy Wood gefunden hatte. Mrs Wood, die gebrechlich und taub war, wurde mit einem Kissen in ihrem Haus in Fartown bei Huddersfiel am 19. Mai erstickt.

Während der Gerichtsverhandlung hatte der niederländische Experte für Ohrabdrücke, Coernelis Van Der Lugt, ausgesagt, dass der Ohrabdruck am Fenster identisch mit dem Abdruck von Dallagher sei. Die Polizei glaubte, dass der Täter sein Ohr an die Scheibe gelegt hatte, um herauszufinden, ob sich jemand im Haus befand. Der Staatsanwalt, Norman Sarsfield, erklärte, dass das Urteil für die Kriminalpolizei ein großer Schritt vorwärts sei: „Dies war das erste Mal, dass ein Ohrabdruck als Beweismittel vor Gericht zugelassen und zur Verurteilung eines Mörders führte." Dallagher wurde zu lebenslänglicher Haft verurteilt.

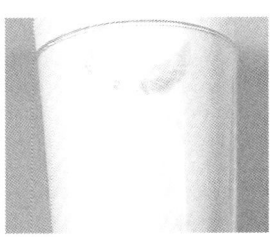

Lippenspuren sind zwar häufig gut sichtbar, aber vor Gericht werden sie nicht ohne weiteres als Beweismittel anerkannt.

sen als ein Indiz betrachtet, um einen Verdächtigen einer Tat zu überführen.

LIPPENSPUREN

Lippenspuren sind in manchen Situationen relativ einfach zu finden. Trinkt eine Frau, die Lippenstift trägt, aus einem Glas oder einer Tasse, hinterlässt sie einen gut sichtbaren, farbigen Abdruck ihrer Lippen. Ebensolche Spuren lassen sich an Zigaretten finden.

Ohne Lippenstift sind die Spuren weniger deutlich oder gar nicht sichtbar, aber immerhin, sie sind vorhanden. In Chicago biss 1993 ein Mörder ein Stück Klebeband mit seinen Zähnen von der Rolle. Dabei hinterließ er auf dem Band einen Abdruck seiner Oberlippe. Mit Hilfe dieses Abdrucks konnte er später überführt werden.

Allerdings ist dieser Fall ein sehr seltener. Lippenabdrücke spielen eine sehr geringe Rolle. Unter anderem deshalb, weil nur wenige Gerichte sie als Beweis der Identität anerkennen. Die Gerichte im amerikanischen Bundesstaat Illinois, in dem Chicago liegt, gehören zu den wenigen in der Welt, die davon ausgehen, dass ein Täter mit Hilfe eines Lippenabdrucks identifiziert

werden kann. Die meisten anderen Gerichte sind sich nicht so sicher, ob ein Lippenabdruck genauso eindeutig ist wie ein Fingerabdruck. Und wenn ein Gericht sich nicht sicher ist, muss es immer für den Angeklagten entscheiden. Was bedeutet, Lippenabdrücke als Beweis werden meist nicht anerkannt.

ZAHNSPUREN

Zähne können in vielerlei Hinsicht bei der Aufklärung von Verbrechen oder auch Katastrophen hilfreich sein.

Manchmal findet die Polizei am Körper des Opfers eines Verbrechens Bissspuren. Häufig tragen Mordopfer oder vergewaltigte Frauen solche Spuren. Es passiert aber auch, dass der Täter von dem sich wehrenden Opfer gebissen wurde. Und Bissspuren finden sich auch an Lebensmitteln, die an einem Tatort gefunden werden.

Ein Zahnarzt, der für die Kriminalpolizei arbeitet, wird die Bissspuren, die bei einem Mordopfer gefunden wurden, zunächst gründlich untersuchen. Eventuell findet er noch Speichelreste des Täters, die im Labor näher untersucht werden können. Dann wird er anhand des Bisses und der Anordnung der Zähne versuchen festzustellen, ob die Spuren wirklich von einem Menschen oder vielleicht von einem Tier oder vom Opfer selbst verursacht wurden. Anschließend werden die Spuren genau vermessen und zusammen mit einem Zentimetermaß aus verschiedenen Winkeln fotografiert.

Schließlich wird ein Abdruck gemacht. Dazu wird eine silikonartige Masse auf die Bissspuren gegeben. Der Abdruck muss schnell gemacht werden, da Bissspuren auf der Haut sehr schnell wieder verschwinden können, im Gesicht schneller als an den Armen, bei Männern eher als bei Frauen.

Ist die plastische Masse ausgehärtet, steht ein Abdruck zur Verfügung, der später mit dem Gebiss eines Verdächtigen verglichen werden kann. Dazu muss vom Gebiss des Verdächtigen ebenfalls ein Abdruck genommen werden. Sind die Abdrücke identisch, ist die Wahrscheinlichkeit sehr hoch, dass der Verdächtige das Opfer gebissen hat.

Leider werden immer wieder Kinder von ihren Eltern oder anderen Pflegepersonen schwer misshandelt. Es kommt dabei häufig vor, dass die Kinder gebissen werden. Kinderärzte und Polizeiärzte

achten deshalb besonders auf Bissspuren bei Kindern. Sie weisen häufig auf Misshandlungen hin.

Nach dem Tod eines Menschen geht der Körper in einen Verwesungsprozeß über, bei dem am Ende nur noch Knochen und Zähne übrig bleiben. Es kommt immer wieder vor, dass die Polizei unbekannte Tote oder sogar nur noch Skelett und Gebiss eines Menschen findet. Sie steht dann vor einem Rätsel, weil sie nicht weiß, wer der oder die unbekannte Tote ist. Manchmal kannst du auch in der Zeitung die Meldung lesen, die Opfer des Unfalls waren „bis zur Unkenntlichkeit verbrannt". Hier wie in den anderen Fällen können die Zähne bei der Suche nach der Identität der Leiche von sehr großer Hilfe sein.

Beim Zahnarzt werden eventuelle Zahnschäden durch Metall- oder Keramikfüllungen ausgebessert,

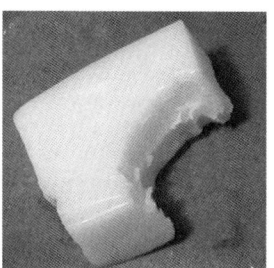

Von den Beißspuren an diesem Käsestück wird ein Abdruck hergestellt, der anschließend mit dem Abdruck vom Gebiss des Verdächtigen verglichen wird.

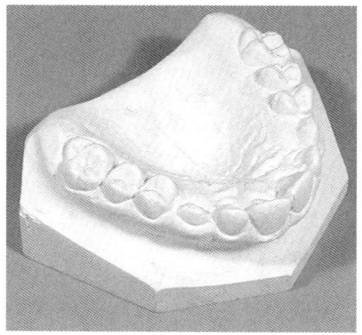

Dies ist das Gipsmodell des Oberkiefers eines 14-jährigen Mädchens.

Das vollständige Gebiss eines Erwachsenen umfasst 8 Schneidezähne, 4 Eckzähne und 16 bis 20 Backenzähne.

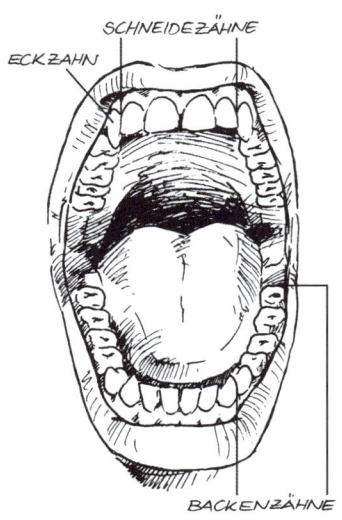

Weisheitszähne werden gezogen oder ein Zahn wird vollständig durch einen Goldzahn ersetzt.

Der Zahnarzt zeichnet bei der Behandlung genau auf, wie dein Gebiss aussieht, welcher Zahn wie behandelt wurde, welcher Zahn vollständig fehlt und welcher Zahn ersetzt wurde. Meist wird vor der Behandlung das Gebiss des Patienten geröntgt. Häufig wird auch ein vollständiges Gipsmodell des Gebisses angefertigt (siehe vorige Seite).

Und das alles bedeutet, wenn es der Polizei gelingt, den Zahnarzt ausfindig zu machen, der das Gebiss der unbekannten Person behandelt hat, kann sie die Identität der Leiche feststellen. Aus diesem Grund werden manchmal in Zeitschriften für Zahnärzte Aufrufe um Mithilfe veröffentlicht. Die Polizei bildet dann das Gebiss des Toten ab und beschreibt Besonderheiten, wie fehlende Zähne, Füllungen oder Goldzähne.

Ein erfahrener Zahnarzt kann aber auch viel über eine Leiche allein dadurch sagen, dass er die Zähne gründlich untersucht. Er kann das Alter des Toten bestimmen. Das ist besonders leicht, wenn es sich um einen sehr jungen Toten handelt. Wie du selber erfahren hast, bekommt ein Mensch als Baby meist im Verlauf der ersten beiden Lebensjahre die Milchzähne. Später verliert es diese wieder und stattdessen wachsen die zweiten Zähne nach. Dieser Prozeß ist meist um das 12. Lebensjahr abgeschlossen. Zwischen dem ersten und 12. Lebensjahr kann ein Zahnarzt relativ genau aus dem Entwicklungszustand des Gebisses auf das Alter schließen. Bei Gebissen älterer Menschen kann er dies nur noch mit einer Ungenauigkeit von 5 bis 10 Jahren.

Das Geschlecht einer Person lässt sich nicht sehr genau an den Zähnen feststellen. Es gibt auch kaum Unterschiede

???-Tipp

Du findest Hilfegesuche der Polizei bei Zahnärzten neuerdings auch im Internet.

Wenn du bei der Suchmaschine www.google.de die Begriffe „Zahnschema Polizei" (ohne Anführungszeichen!) eingibst und die Fundorte durchsuchst, wirst du darauf stoßen.

zwischen Menschenrassen. Bekannt sind allein die so genannten Schaufelzähne bei Chinesen, Mongolen, Eskimos und nordamerikanischen Indianern. Ihre oberen Schneidezähne haben auf der Innenseite zwei Grate, sodass sie wie eine Schaufel aussehen.

Mehr Aussagen kann ein Zahnarzt manchmal zu der Lebensweise eines Menschen machen. Bestimmte Berufe hinterlassen Spuren am Gebiss. Die Schneidezähne eines Zimmermanns, der jahrelang die Nägel, die er einschlagen will, zwischen den Zähnen hält, bekommen mit der Zeit kleine Kerben. Das gleiche kann bei einer Schneiderin passieren, die aus Gewohnheit Stecknadeln zwischen den Zähnen hält.

Menschen, die viel mit ätzenden Flüssigkeiten oder Dämpfen arbeiten, haben auf den Zähnen typische Zersetzungserscheinungen. Und manche Saxophonspieler haben an ihren Schneidezähnen einen Abrieb.

Deutlich kann man auch die Zähne von Rauchern erkennen. Sie sind durch das Teer in der Zigarette gelblich verfärbt. Außerdem schädigt das Nikotin das Zahnfleisch. Zudem werden durch die Stof

fe, die beim Rauchen ins Blut gelangen, die Knochen geschwächt. Der Kieferknochen baut sich bei Rauchern schneller ab als bei Nichtrauchern. Raucher haben deshalb im Schnitt weniger natürliche Zähne als Nichtraucher.

Und schließlich kann ein Zahnarzt anhand des Gebisses auch ein wenig zur sozialen Lage eines Menschen sagen. In Südeuropa kann ein Gebiss voller Goldzähne zeigen, dass ein Mensch sehr viel Geld in die Behandlung von Zahnproblemen gesteckt hat und damit nicht unbedingt zu den Ärmsten gehört.

Ermordet vor acht Jahren, jetzt entdeckt

Vor sieben Jahren verschwand Dieter Mundt (28) aus Hannover-Linden. Jetzt ist sicher: Er wurde ermordet. „Dieter, bitte melde dich." Es ist der 7. Februar 1994, als Eltern und Bruder des Lindener Geschäftsmannes Dieter Mundt im Fernsehen mit Moderator Jörg Wontorra nach dem Vermissten fahnden.

Was zu diesem Zeitpunkt niemand weiß: Dieter Mundt ist schon seit zwei Jahren tot, ermordet durch einen Kopfschuss. Seine Leiche lag in einer Schonung neben einer Landstraße zwischen Rheinsberg und Köpernitz in Brandenburg. Im Dezember 1992 ist Mundt in Han-

nover auf dem Weg von Linden nach Buchholz verschwunden. Nur seinen schwarzen BMW 318 i entdecken Fahnder später in der Tiefgarage am Opernplatz. Weder Verwandte noch Polizei glauben daran, den Fall jemals lösen zu können. Bis vor wenigen Tagen. Die Kripo hat in einer Zeitschrift das Zahnschema eines skelettierten Toten abgebildet. Ein hannoverscher Zahnarzt schreibt der Kripo: „Die Goldkronen sind von mir eingesetzt worden." Jetzt steht fest: Der Tote ist Dieter Mundt. Nur durch Zufall wurde seine Leiche am 14. September im Wald gefunden – von Pilzsammlern.

KAPITEL 27

Die besondere Spur: Blut

Werden an einem Tatort verdächtige Spuren gefunden, die nach Blut aussehen, müssen die Spurensicherung und die Wissenschaftler im Kriminallabor drei Fragen prüfen:

▸ Ist es Blut?
▸ Stammt das Blut von einem Menschen?
▸ Stammt es vom Täter oder vom Opfer?

Flüssiges Blut gerinnt am schnellsten dort, wo es der Luft ausgesetzt ist. Und das ist gut so, denn durch diese Eigenschaft des Blutes wird verhindert, dass wir bei jedem kleinen Schnitt oder Ratscher große Mengen Blut verlieren.

Im Knie des Abflussrohrs unter dem Handwaschbecken findet die Spurensicherung manchmal noch Reste von heruntergespültem Blut.

Blut ist dünnflüssig und hellrot. Geronnenes Blut verändert seine Farbe. Es wird dunkelrot bis rotbraun. Und ein völlig ausgetrockneter Blutfleck kann viele Farben haben, von schwarz über blau, braun, grün und sogar weiß. Die Farbe wird von verschiedenen Faktoren bestimmt: der Menge Blut, die getrocknet ist, den Eigenschaften der Oberfläche, auf die es tropfte, der Temperatur, der Luftfeuchtigkeit oder dem Sonnenlicht.

Viele Verbrecher versuchen nach ihrer Tat, Blutspuren mit allen möglichen Mitteln zu beseitigen. Doch Blut ist ein ganz besonderer Saft, den Experten selbst dann noch nachweisen können, wenn er mit Wasser und Seife wegschrubbt wurde.

Manchmal müssen in einem solchen Fall die Beamten von der Spurensicherung nur etwas Fantasie aufwenden. Der Täter hat vielleicht alle Blutspuren weggewaschen, aber vergessen, dass er mit seinen blutigen Händen

den Wasserhahn aufgedreht oder mit seinen von Blut klebrigen Fingern die Schublade des Schreibtisches geöffnet hatte. Hat sich der Täter die Hände gewaschen, finden sich eventuell noch Blutreste im Knie des Abflussrohrs. Wurde Blut von einem Holzfußboden gewischt, bleibt in den Ritzen, wo die Hölzer aufeinander stoßen, immer noch ein Blutrest übrig. Gab es zwischen dem Täter und dem Opfer einen Kampf, bei dem das Opfer die Haut des Täters blutig gekratzt hat, so lässt sich Blut des Täters unter den Fingernägeln des Opfers finden.

Wird der Tatort verdunkelt und werden die verdächtigen Flächen mit der Chemikalie Luminol besprüht, werden all die Stellen, an denen Blut weggewischt wurde, blau aufleuchten. Das liegt daran, dass Luminol noch mit allerkleinsten Blutresten reagieren kann.

Neben Luminol gibt es eine Reihe anderer Chemikalien, die mit Blut reagieren. Wird eine vorsichtig abgekratzte Probe des Blutes mit der Chemikalie Leukomalachitgrün behandelt, färbt sich dieses grün, wenn es sich tatsächlich um Blut handelt.

Übrigens müssen alle Mitarbeiter der Spurensicherung Handschuhe bei ihrer Arbeit

tragen, aus zwei Gründen: Zum Einen wollen sie nicht den Tatort durch Abdrücke ihrer Finger verändern. Zum anderen wissen sie nicht, ob das Blut, mit dem sie umgehen müssen, infiziert ist, beispielsweise mit dem AIDS-Virus. Du solltest **niemals** ohne das Wissen und ohne die Anleitung eines Erwachsenen mit Blut experimentieren!

Wird durch einen Test Blut nachgewiesen, wird es zur weiteren Untersuchung in ein Labor gebracht. Je nachdem wo sich das Blut befindet, wird es vorsichtig abgekratzt oder zusammen mit dem Stoff, an dem es klebt, transportiert. Es hat auch schon Fälle gegeben, bei denen ganze Möbelstücke oder Türen ins Labor gebracht wurden.

Im Labor wird dann mit raffinierteren Methoden erneut getestet, ob es sich wirklich um Blut handelt. Zusätzlich muss festgestellt werden, ob das Blut von einem Menschen oder einem Tier stammt. Dieser Test ist besonders dann nötig, wenn ein Verdächtiger behauptet, die Blutspuren stammen von einem Hund oder einer Katze.

Unter dem Mikroskop kann man den Unterschied zwischen Menschen- und Tierblut relativ leicht erkennen. Blut besteht aus drei Hauptbe-

Blutgruppen

Das Blut eines Menschen enthält rote und weiße Blutkörperchen. Die roten transportieren aus der Lunge Sauerstoff in alle Teile des Körpers. Sie tragen auch die so genannten Antigene, das sind die Stoffe, die Antikörper bilden. Dringt ein fremder Stoff in den Körper ein, verbinden sich diese Antikörper mit den Teilchen des fremden Stoffes und machen sie unschädlich.

Verschiedene Menschen haben verschiedene Gruppen von Antigenen oder Blutgruppen. Die Gruppen werden mit den Buchstaben A, B, AB, und der Zahl o bezeichnet. In Europa sind die Blutgruppen etwa so verteilt:

o	44%
A	8%
B	45%
AB	3%

Ein Forscher überführt einen Mörder

Am 1. Juli 1901 gingen in Göhren auf Rügen der 8-jährige Hermann Stubbe und sein 6-jähriger Bruder Peter zum Spielen an den Strand. Als die Kinder abends nicht nach Hause kamen, trommelten die Eltern eine Suchmannschaft zusammen, die am nächsten Morgen in einem Wäldchen die Leichen der Brüder fand.

Schon bald wurde der Tischler Ludwig Teßnow aus dem benachbarten Baabe verhaftet. Man hatte ihn mit den Kindern reden sehen, kurz bevor sie verschwanden. Auf Teßnows Anzug und seinem Hut fand die Polizei braune Flecken. Der Tischler erklärte, er habe sich versehentlich mit Holzbeize bespritzt. Das ließ sich nicht widerlegen, da sich um 1900 nur frisches Blut unter dem Mikroskop nachweisen ließ.

Doch der Untersuchungsrichter misstraute Teßnow. Denn der Tischlergeselle war schon einmal vor drei Jahren eines Mordes verdächtigt worden. Zudem wusste der Untersuchungsrichter, dass Teßnow auf einer Wiese gesehen worden war, auf der man dann sieben zerstückelte Ziegen fand. Das konnte kaum noch Zufall sein.

Das Ende der Untersuchungshaft nahte, als ein Mediziner der Universität Greifswald von dem Fall hörte und den Ermittlern zu Hilfe kam. Der 31-jährige Paul Uhlenhuth behauptete nicht nur, er könne getrocknetes Blut von Beizeflecken unterscheiden, sondern auch herausfinden, ob es sich um Menschen- oder Tierblut handelt. Er untersuchte Teßnows Kleidung und fand sowohl Spritzer von Ziegen- als auch von Menschenblut. Teßnow legte daraufhin ein Geständnis ab und wurde zum Tode verurteilt.

Uhlenhuth hatte einige Monate zuvor seine Entdeckung in der „Deutschen Medizinischen Wochenschrift" veröffentlicht. Darin beschreibt er die Methode, mit der in der Kriminalistik völlig neue Indizienbeweise möglich wurden.

Er hatte herausgefunden, dass sich im Blut von Kaninchen, denen Hühnereiweiß gespritzt wurde, Antikörper bilden. Im Reagenzglas bildeten diese Antikörper mit Hühnereiweiß einen flockigen Niederschlag. Nicht nur ein Krankheitserreger, sondern alle körperfremden Eiweißstoffe erzeugten diese Abwehrreaktion. Uhlenhuth konnte nun in jedem Tier Antikörper gegen fremde Eiweißstoffe erzeugen.

Spritzte er einem Tier das eiweißhaltige Blutserum eines Menschen, fand er im Tierblut Antikörper, die mit Menschenblut einen Niederschlag erzeugten. Das klappte sogar, wenn er nicht frisches, sondern getrocknetes Blut nahm, das er in einer Kochsalzlösung auflöste.

Uhlenhuth musste also nur Proben von den Blutspuren an der Kleidung des Mörders nehmen, sie in Kochsalzlösung auflösen und mit menschlichem Serum behandeln.

(nach Berliner Zeitung, 7.2.2001)

standteilen. Dem Serum, das ist die eigentliche Flüssigkeit, und den roten und weißen Blutkörperchen (siehe Kasten „Blutgruppen", Seite 169).

Bei Säugetieren sind die roten Blutkörperchen rund und bei anderen Tieren sind sie oval. Allerdings können diese Unterschiede nur bei frischem, flüssigem Blut gesehen werden. Ist das Blut getrocknet, sind alle Blutkörperchen miteinander verklumpt und man kann ihre Form nicht mehr erkennen.

Im Jahr 1900 hat ein junger deutscher Wissenschaftler

einen Test entwickelt, um Menschen- und Tierblut voneinander zu unterscheiden. Und seitdem wird in allen Kriminallabors mit diesem „Uhlenhuth'schen Test" gearbeitet (siehe Kasten links).

Nehmen wir an, die Prüfung im Kriminallabor hat ergeben, dass es sich tatsächlich um Menschenblut handelt. Dann können die Wissenschaftler noch mehr Eigenschaften des Blutes feststellen, z. B. die Blutgruppe (Seite 169).

Stammt das Blut vom Täter, so reicht die genaue Bestimmung der Blutgruppe zwar noch nicht aus, um ihn zu überführen. Der Vorteil ist aber, dass der Kreis der Verdächtigen erheblich eingeschränkt werden kann, nämlich auf alle diejenigen, die genau die ermittelte Blutgruppe haben. Ein Verdächtiger, der eine andere Blutgruppe hat, scheidet aus den Überlegungen aus.

DIE FORM DER BLUTSPUR

Zusätzlich zur Blutgruppe kann die Form, die Größe und die Verteilung des Blutes am Tatort viel über die Tat verraten. Blutspritzer an Wänden und am Boden können zeigen, wo die Tat geschah, aus welcher Richtung der unmit-

telbare Angriff geschah und mit welcher Wucht die Schläge erfolgten. Aus diesen Spuren kann der Ermittler schließen, wo Täter und Opfer standen, mit welcher Hand der Mörder zuschlug oder ob das Opfer sich wehrte.

Und befindet sich der Gegenstand, von dem das Blut tropft, in Bewegung, sind die Blutstropfen oval geformt und haben am oberen Ende eine kleine Schwanzspitze. Fällt ein Tropfen auf den Boden oder gegen eine Wand, so ergibt sich ein typisches Bild, bei dem die Schwanzspitze in die Richtung zeigt, in der sich das Blut zuvor bewegte.

  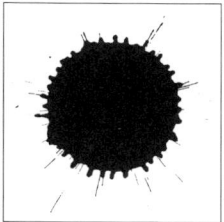

Fällt der Tropfen aus einer geringen Höhe, so entsteht ein runder Fleck. Je größer die Fallhöhe des Tropfens, desto gezackter sind die Ränder des Flecks.

Bei bewegten fallende Tropfen erreicht die Schwanzspitze als letzte den Boden. Deshalb zeigt sie in die Richtung, in der sich der Tropfen bewegte.

KAPITEL 28

Schuh- und Reifenspuren

Jeder Täter hinterlässt am Tatort Fußspuren. Genauer muss man natürlich sagen: Schuhspuren. Im Prinzip kannst du zwei verschiedene Formen von Spuren finden. Einen flachen Abdruck der Sohle auf hartem Boden und einen plastischen Eindruck eines Schuhs in weichem Boden. Die Abdruckspur entsteht dadurch, dass der Staub und der Schmutz, der an der Sohle des Schuhs haftet, sich auf den Boden überträgt.

Dabei werden nur die erhabenen Teile der Sohle abgedrückt. Auf einem glatten Boden kann der Experte nicht nur das Profil der Sohle erkennen, er sieht auch bestimmte Merkmale, die auf den Täter weisen.

So mag die Außenseite des Profils stärker abgewetzt sein als die Innenseite, was auf O-Beine hinweist. Ist es umgekehrt, hat der Täter wahrscheinlich eher X-Beine. Die Größe eines Schuhs lässt zumindest grobe Rückschlüsse auf die Körpergröße zu.

Du kannst dir selbst eine Tabelle zusammenstellen. Frage all deine Freunde, Bekannten und Verwandten nach ihren Schuh- und Körpergrößen. Je mehr Menschen du befragst, desto besser. Trage alles in eine Tabelle ein, in der links die Schuhgröße in cm und rechts die Körpergröße in cm steht. Aus der Tabelle links kannst du entnehmen, welche Schuhgröße wie viele cm hat.

Findest du später einen Schuhabdruck, so kannst du

Fuß-länge in cm	Schuh-größe
23,5	37
24,3	38
24,9	39
25,6	40
26,3	41
27,0	42
27,6	43
28,3	44
29,0	45

mit Hilfe deiner Tabelle die Körpergröße schätzen.

Schuhabdrücke können, wie alle unsichtbaren Abdrücke, mit Pulver sichtbar gemacht und mit einer breiten Spezialfolie abgezogen werden. Zuvor werden sie allerdings immer fotografiert. Handelt es sich nicht um einen Abdruck, sondern um den Eindruck eines Schuhs in den Boden, so wird in der Regel ein Gipsabdruck von der Spur hergestellt. Als Gips wird Alabaster-Gips verwendet. Dieser ist besonders hart. Natürlich werden solche Abdrücke nicht nur von Schuh-, sondern auch von

Eine besondere Herausforderung für die Spurensicherung sind Spuren im Schnee. Am einfachsten ist es, die Spur zu fotografieren. Manchmal wird die Spur zuvor mit Leuchtfarbe besprüht, um sie besser sichtbar zu machen.

Spuren im Schnee verrieten Täter

Ganze Arbeit haben Polizisten in Eschwege geleistet, die nur gut sechs Stunden nach einem Banküberfall am Dienstag den Täter gefasst haben. Es handelt sich um einen 24-jährigen. Der junge Mann legte ein Geständnis ab und sollte noch im Laufe des gestrigen Tages dem Haftrichter vorgeführt werden. Unter anderem waren es Spuren im Schnee, die den Bankräuber, der zunächst mit einem Mountainbike hatte flüchten können, verrieten. Unmittelbar nach der Tat, am Dienstag gegen 15.40 Uhr, hatte die Polizei eine Fahndung eingeleitet und schon kurz darauf in Harmuthsachsen einen dort geparkten, verdächtigen PKW der Marke Alfa Romeo ausfindig gemacht. Weil sich auf schneebedecktem Boden in unmittelbarer Nähe des Fahrzeugs auch Reifenspuren eines Fahrrades befanden, observierten die Beamten den Sportwagen und brauchten nur noch zuzugreifen, als der 24-Jährige gegen 22.00 Uhr auftauchte, wahrscheinlich um mit dem Auto zu entkommen. Zwar versuchte der junge Mann, nochmals zu fliehen, doch klickten die Handschellen, nachdem drei Beamte insgesamt neun Warnschüsse abgegeben hatten. Der Täter hatte nachmittags die Bank durch den Haupteingang betreten, sich zunächst im Vorraum aufgehalten und hatte dann in der Schalterhalle mit einem Revolver die Herausgabe von Geld erzwungen. Dann war er mit dem Mountain-Bike geflohen. Bei der Festnahme wurde auch die gesamte Beute – 22.000 DM – sichergestellt.

Werra Rundschau, 23.12.1999

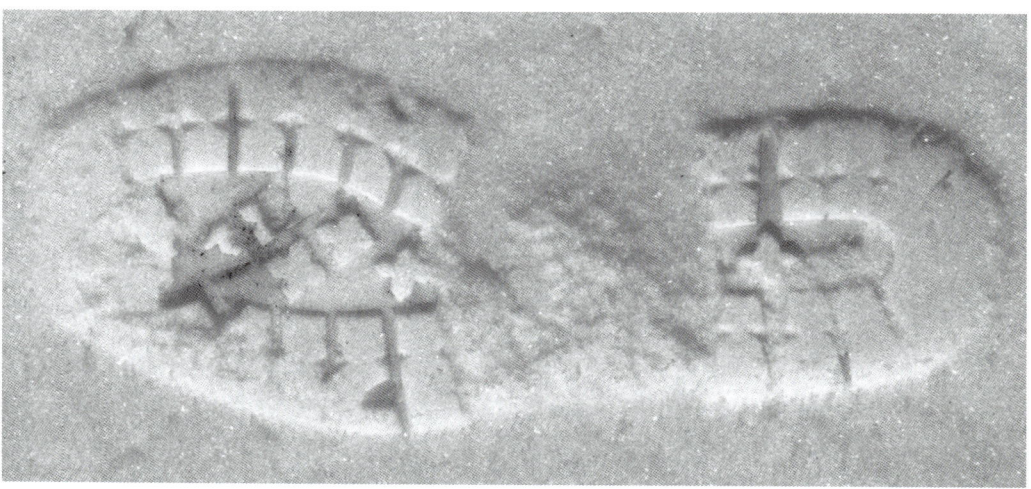

Sichern einer Abdruckspur

Du benötigst
2 Pappstreifen, 40 cm lang und
5 bis 10 cm hoch
1 Pinzette
1 Hefter mit Klammern
4 dünne Holzstäbchen
Alabaster-Gips
Schale zum Anrühren
Wasser
(Haarspray)

1. Hefte die beiden Pappstreifen mit dem Klammerhefter so zusammen, dass sie einen Ring bilden. Diesen Pappring legst du so um die Spur, dass diese sich in der Mitte des Rings befindet.

2. Mit der Pinzette sammelst du alle Fremdkörper aus der Spur wie Blätter, loses Gras oder Steine. Dabei musst du sehr vorsichtig sein, damit die Spur nicht beschädigt wird. Um eine Spur zu befesti-

gen, kannst du sie mit Haarspray einsprühen.

3. Rühre den Gips jetzt mit Wasser an. Dabei gibst du auf den Gips das Wasser, immer in kleinen Mengen. Mit einem der Holzstäbchen kannst du rühren. Der Gips darf nicht zu flüssig aber auch nicht zu fest werden. Ist die Masse etwas flüssiger als Kartoffelbrei, kannst du mit dem Ausgießen beginnen.

4. Gieße den Gips nun vorsichtig in die Spur. Zur Stabilisierung drückst du anschließend die Holzstäbchen in die Gipsmasse. Jetzt musst du warten, bis der Gips abgebunden ist. Das wird etwa eine Stunde dauern. Je länger du wartest, desto besser. Anschließend kannst du den Abdruck vorsichtig unter fließendem Wasser säubern.

Reifenspuren angefertigt. Wie du einen Gipsabdruck machen kannst, ist oben beschrieben. Bevor der Abdruck gemacht wird, muss die Spur vermessen und im Original-

zustand zusammen mit einem Zentimermaß fotografiert werden.

FÄHRTEN

Fuß- und Schuhspuren werden normalerweise von Fährten abgegrenzt. Mit „Fährte" ist die Spur gemeint, die beim Laufen entsteht. Eine Fährte besteht aus vielen Abdrücken oder Eindrücken. Hinzu kommen umgeknicktes Gras, mit den Schuhen weiter getragener Boden oder Sand oder gebrochene Zweige.

Die Verfolgung von Fährten ist in den USA besonders weit verbreitet. Es gibt dort sogar professionelle Fährtensucher, die ihre Dienste den Polizeibehörden anbieten.

Bei der Fährtensuche wird versucht, den Spuren eines Verdächtigen oder eines Vermissten möglichst lange zu folgen. Alle Erfahrung besagt, dass ein Mensch beim Laufen mit ziemlich regelmäßigen Abständen einen Fuß vor den anderen setzt. Dies kann man sich zunutze machen.

Als Hilfsmittel wird dabei ein Fährtenstab verwendet. Mit dem Stab kann der Verfolger bestimmen, in welchem Abstand von einem Fußabdruck er den nächsten Abdruck suchen muss. Dazu werden auf dem Stab die Länge der Fußspur und die Schrittlänge markiert. Um die Schrittlänge zu markieren, sind mindestens zwei sichtbare Fußspuren notwendig. Der Stab wird eingesetzt, wenn nach der letzten sichtbaren Fußspur die nächste nicht gefunden werden kann. Er hilft dann, den Bereich festzulegen, wo man suchen muss.

Häufig sind Hunde besser als Menschen in der Lage, Fährten zu verfolgen. Dabei gibt es zwei verschiedene Methoden. In Europa werden Hunde vor allem als Fährtenspürhunde eingesetzt. Sie sind besonders erfolgreich, wenn die Fährte auf natürlichem Boden verläuft.

Mit jedem Tritt hinterlässt der Gesuchte eine bestimmte Bodenveränderung oder Verletzung der Pflanzen und Pflanzenreste auf dem Boden. Dabei werden Geruchsstoffe frei, auf die solche Hunde trainiert sind. Sie können sogar kreuzende Fremdfährten von der Fährte unterscheiden, die sie im Moment verfolgen. Beim Verfolgen laufen die Hunde exakt der Spur nach,

ihre Nase ist immer kurz über dem Boden.

Eine andere Methode wird in den USA eingesetzt. Dort werden meist Bloodhounds dazu ausgebildet, den Geruch eines Menschen zu verfolgen. Dieser Geruch stammt von Fettsäuren auf der Haut, die ununterbrochen von uns abgesondert werden.

Bewegen wir uns, hinterlassen wir eine Duftspur. Die Hunde haben ihre Nase deshalb auch nicht am Boden. Die Duftspur ist übrigens für jeden von uns so einzigartig wie ein Fingerabdruck.

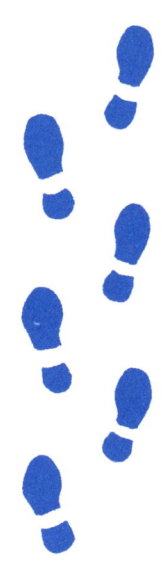

Als Fährtenstab kann ein ausgedienter Skistock (Teller entfernen) oder ein Wanderstock dienen. Fuß- und Schrittlänge werden mit Gummibändern markiert.

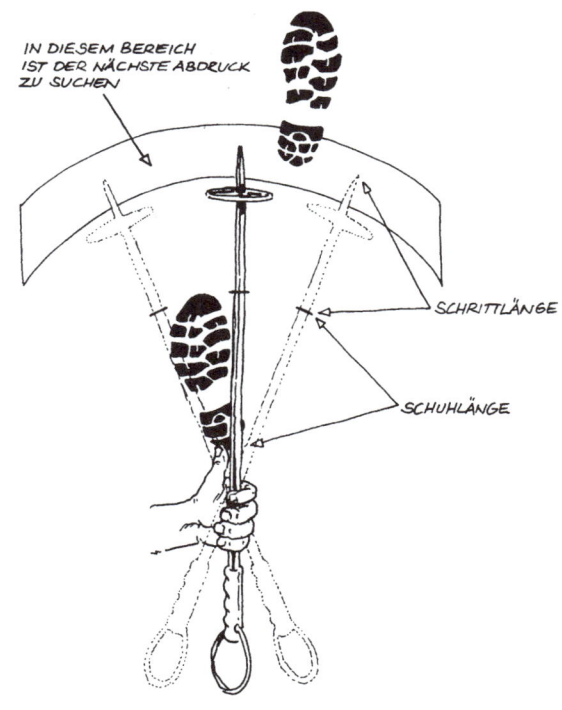

IN DIESEM BEREICH IST DER NÄCHSTE ABDRUCK ZU SUCHEN

SCHRITTLÄNGE

SCHUHLÄNGE

Der Bloodhound ist ein kräftiger Jagdhund, der ursprünglich von den französischen Mönchen des Heiligen Hubertus (Patron der Jagd) gezüchtet wurde. Die schönsten Exemplare schenkten die Mönche den Königen. Vom französischen Hof gelangten die Hunde im 11. Jahrhundert nach England und von dort mit den Pilgern nach Amerika. Die Engländer tauften ihn um und nannten ihn „Bloodhound". Der Grund ist nicht genau bekannt, aber man nimmt an, dass der Name von „reinen Blutes" oder „Vollblut" (analog zu den Pferden) kommt.

Weltmeister im Riechen

▶ Das Riechorgan ist die Riechschleimhaut im Naseninneren, die bei einem ausgewachsenen Gebrauchshund 30 Mal so groß ist wie bei einem Menschen.

▶ Die Schleimhaut ist beim Hund ca. 0,1 mm, beim Menschen nur 0,006 mm dick.

▶ In der Riechschleimhaut des Hundes befinden sich etwa 220 Millionen Riechzellen, beim Menschen nur etwa 5 Millionen.

▶ Wissenschaftler haben herausgefunden, dass ein Hund Buttersäure

eine Million Mal besser wahrnehmen kann als der Mensch.

▶ Der Hund besitzt die Fähigkeit, bei intensivem Gebrauch seiner Nase bis zu 300 Mal pro Minute atmen zu können.

▶ Ein Hund kann ein Duftgemisch selektiv wahrnehmen, d. h. die Teile aufnehmen, die verschiedenen Duftinformationen im Hirn speichern und später sicher wiedererkennen. Mit diesen Fähigkeiten stellt der Hund Menschen und Technik weit in den Schatten.

Allerdings werden die sehr kleinen Duftpartikel von der eigentlichen Trittspur durch Wind und Wetter meist etwas verweht. Das kann dazu führen, dass sich die Hunde von der Trittspur entfernen. Sie sind trainiert, immer der frischesten Spur zu folgen.

Bloodhounds können eine Spur auch ohne Probleme in der Stadt verfolgen, ja, sie können sogar eine Person in einer Menschenmenge ausfindig machen.

REIFENSPUREN

Beim Weg zum und vom Tatort benutzen viele Täter heutzutage ein Auto, manchmal ein Fahrrad (siehe Kasten „Spuren im Schnee verrieten

Täter", S. 173). Darüber hinaus sind Reifenspuren bei der Aufklärung von Verkehrsunfällen von großer Bedeutung. Bei Reifenspuren können genauso wie bei Schuhspuren Abdruck- (auf festem, glatten Untergrund) und Eindruckspuren (auf weichem Untergrund) unterschieden werden. Sie werden mit den gleichen Methoden gesichert.

Zusätzlich gibt es Brems- und Schleuderspuren, die hauptsächlich bei der Ermittlung von Verkehrsunfällen eine Rolle spielen. Aus einer Bremsspur kann die Polizei ablesen, mit welcher Geschwindigkeit ein Auto gefahren ist. Aus der Tabelle rechts kannst du entnehmen, wie lange ein Auto bei trockener und bei nasser Straße braucht, um aus verschiedenen Geschwindigkeiten ganz abzubremsen.

Die Abdruckspur eines Auto- oder Fahrrads zeigt einen positiven Abdruck vom Profil des Reifens. Rechts findest du einige Beispiele für die Abdrücke, die ein Fahrradreifen hinterlassen kann.

Ein Reifenabdruck nützt nur dann, wenn die Polizei herausfinden kann, wo der Reifen mit dem gefundenen Profil produziert wurde. Für diesen Zweck gibt es Handbücher und ein Computerprogramm. Es heißt „Tread Assistant". Darin sind alle seit 1990 hergestellten Reifen mit ihren Abdrücken verzeichnet. Das sind über 14.000 Stück.

Stößt du auf einen Abdruck

Länge der Brems- spur	Geschwindkeit bei	
	nasser Straße	trockener Straße
10	39	44
20	56	62
30	68	76
40	79	88
50	88	99
60	96	108
70	104	116
80	111	125
90	118	132
100	125	139
110	133	147
120	138	152
130	145	158

von einem Fahrradreifen, kannst du versuchen, auf einer der Websites der Reifenhersteller den dazugehörigen Reifen zu finden (einige Links findest du auf Seite 189). Außerdem kannst du eine Sammlung von Abdrücken von Fahrradreifen zusammen mit deinen Freunden anlegen.

Schwalbe: Marathon Comfort

Schwalbe: Black Shark SX

Schwalbe: Marathon

Reifenspuren werden wie alle Spuren vermessen und auch zusammen mit einem Zentimetermaß fotografiert.

Tragfähig-keits-Ziffer	Tragfähig-keit in kg
55	218
56	224
57	230
58	236
59	243
60	250
61	257
62	265
63	272
64	260
65	290
66	300
67	307
68	315
69	325
70	335
71	345
72	355
73	365
74	375
75	387
76	400
77	412
78	425
79	437
80	450
81	462
82	475
83	487
84	500
85	515
86	530
87	545
88	560
89	580
90	600
92	630
94	670
96	710
98	750
100	800
102	850
104	900
106	950
108	1000
110	1060

Reifen und Zahlen

AUTOREIFEN

Reifen bestehen aus einer Mischung aus Kautschuk, Ruß und anderen geheim gehaltenen Mitteln, die auf einen Stahlgürtel aufgetragen werden. Der Stahlgürtel ist ein Geflecht aus Stahldrähten. Die Gummimischung kann verschiedene Eigenschaften haben, was die Laufeigenschaften des Reifens beeinflusst.

Ein Hochgeschwindigkeitsreifen ist besonders hart. Er kann hohe Temperaturen bedingt durch Dauervollgas auf der Autobahn und auch Asphalttemperaturen von über 40 Grad gut aushalten. Auf Eis und Schnee ist er gänzlich ungeeignet. Dann braucht man Winterreifen, die besonders weich gemischt werden. Sie bleiben auch noch bei sehr tiefen Temperaturen elastisch und flexibel. Dadurch können sie auf Eis und Schnee gut greifen.

An der Seite eines Reifens findest du

Kenn-zeichnung	Höchst-geschwindigkeit km/h
L	120
M	130
N	140
P	150
Q	160
R	170
S	180
T	190
U	200
H	210
V	über 210

neben der Bezeichnung des Herstellers verschiedene Zahlen und Buchstaben.

Die Bezeichnung 165/70 R 13 82 T bedeutet zum Beispiel:

165   gibt die Reifenbreite in mm an

70   ist die Prozentangabe von Reifenhöhe zu Reifenbreite In unserem Beispiel ist die Reifenhöhe 70% von 165 mm, das sind 115 mm.

R   steht für „Radialbauweise" Das bedeutet Folgendes: Innerhalb der Gummischicht liegen gummierte Fäden in einer oder mehreren Lagen radial, also im rechten Winkel zur Laufrichtung. Früher waren Diagonalreifen üblich.

13   steht für den Durchmesser der Reifenfelge Hier wird noch in Zoll gerechnet. Ein Zoll sind etwa 26 mm.

82   ist die Tragfähigkeits-Kennziffer Damit wird angegeben, wie viel Gewicht ein Reifen tragen kann. Die Kennzahl 82 bedeutet, dieser Reifen kann 475 kg tragen (siehe links außen).

T   gibt an, bis zu welcher Geschwindigkeit ein Reifen zugelassen ist T bedeutet, dieser Reifen ist bis zu 190 km/h zugelassen.

FAHRRADREIFEN

Bei Fahrradreifen herrscht hinsichtlich der Größenbezeichnungen ein ziemliches Durcheinander. Es gibt über 40 verschiedene Raddurchmesser für Drahtreifenfelgen, davon einige mit bis zu 8 Breiten.

Leider gibt es zugleich vier verschiedene Systeme, die Räder zu bezeichnen: Ein Zoll-System in England und in den USA, ein Zoll-System in Deutschland. Frankreich hat ein weiteres System. Und schließlich gibt es ein System, das auf mm basiert.

All dies bedeutet, dass ein Rad, das einen Durchmesser von 20 Zoll hat, in Wahrheit einen Innendurchmesser von 406, 428, 432, 438, 440 oder 451 mm haben kann.

In den letzten Jahren beginnt sich aber die sogenannte ETRTO-Norm durchzusetzen (ETRTO steht für: European Tyre and Rim Technical Organisation, Europäische technische Organisation für Reifen und Felgen). Die Größenangaben dieser Norm bestehen aus zwei Teilen, die durch einen Bindestrich getrennt sind. Die erste Zahl gibt die Reifenbreite, der zweite Teil den Reifeninnendurchmesser an:

37-584 ist ein Reifen, der 37 mm breit ist und einen Durchmesser von 584 mm hat. Eine Tabelle, die Angaben in ETRTO-Norm und jeweils die Angaben in den drei anderen Normen enthält, findest du auf dem Internet unter der Adresse http://www.vsf.de. Wenn du auf „Service" klickst, wirst du zur Tabelle geführt.

Übrigens ist es für einen Detektiv schön praktisch, wenn Fahrradreifen Profile und obendrein noch ganz verschiedene haben. So kannst du einen Reifen am Abdruck oder am Eindruck identifizieren.

Tatsächlich ist aber für Fahrräder, die auf Straßenbelag fahren, ein Profil überhaupt nicht notwendig. Die besten Fahrradreifen sind Reifen, die überhaupt kein Profil haben, so wie viele Rennräder.

Das ist anders als beim Auto. Dort braucht der Reifen ein gutes Profil, damit er besser greift und damit bei Regen der Wagen nicht auf dem Wasser Ski fährt (Aquaplaning).

Wenn du dir Asphalt oder Beton genauer anschaust, wirst du feststellen, dass sie auf der Oberfläche sehr grobkörnig sind. Ihre Struktur ist wesentlich gröber als das eingeschnittene Muster auf den Fahrradreifen. Da der Reifen flexibel ist, verformt er sich dort, wo er Bodenkontakt hat, entsprechend der Körnung des Asphalts und des Betons.

Leider nehmen die meisten Menschen aber an, dass ein Reifen ohne Profil leichter rutscht. Die meisten Reifenhersteller schneiden ein Profil in ihre Reifen, um sie besser verkaufen zu können. Einen Nutzen hat so ein Profil aber nicht.

Selbst wenn die Straße nass ist, verhält sich der profillose Reifen nicht anders als der Reifen mit Profil. Aquaplaning kann beim Rad nicht vorkommen, allein schon deshalb nicht, weil ein Rad nicht die dazu notwendigen Geschwindigkeiten erreichen kann (ca 80 km/h)

Anders sieht es bei Reifen für das Gelände aus. Dort macht ein Profil mehr Sinn. Die großen Noppen, die die Reifen der meisten Mountainbikes haben, können in den Boden greifen und die Haftung des Rades erhöhen. Auf glatter Straße haben solche Reifen allerdings eine schlechtere Haftung, da die Noppen sich dort verbiegen können und das Rad zu schwimmen anfängt. Sie sind dort also bei weitem nicht so sicher wie ein profilloser Reifen.

Die Handschrift des Täters

In diesem Kapitel geht es um die Analyse von Handschriften. Und damit ist der Vergleich von Handschriftenproben durch Kriminalexperten gemeint. Beispielsweise um festzustellen, ob die Handschrift eines Verdächtigen mit der Handschrift in einem Erpresserbrief übereinstimmt. Oder ob die Unterschrift unter dem Scheck wirklich vom Hauptkassierer stammt oder ob sie jemand gefälscht hat. Fachleute sprechen von „forensischer Handschriftenanalyse".

Von dieser Form der wissenschaftlichen Analyse musst du die Graphologie unterscheiden. Sie hat absolut nichts mit der Aufklärung von Straftaten zu tun. Graphologen betrachten deine Schrift und behaupten, dass sie von deiner Schrift auf bestimmte Merkmale deines Charakters schließen könnten. Lass uns annehmen, du machst beim Buchstaben t den Querstrich immer recht hoch. Ein Graphologe würde dann behaupten, dass dies bedeutet, du bist sehr zielstrebig und steckst voller Ehrgeiz. Machst du den Strich dagegen niedrig, so fehlt dir aller Ehrgeiz. Viele Menschen halten solche Aussagen für Humbug und die Graphologie für einen ebensolchen Aberglauben wie die Sterndeuterei. Und tatsächlich gibt es keine wissenschaftliche Untersuchung, bei der ein Zusammenhang zwischen Handschrift und Charakter oder Erfolg im Beruf nachgewiesen werden konnte.

Aber was machen nun Kriminalexperten, wenn sie sich mit Handschriften beschäftigen? Sie analysieren und ver-

Schau dir diesen Text einmal genauer an.

Schau dir diesen Text einmal genauer an.

gleichen die Eigenarten von Handschriften (siehe rechts), zum Beispiel:

▸ die Beschaffenheit des Strichs. Ist er flüssig? Ist er gestört? Wirkt er unsicher?

▸ Den Druckverlauf. Ist mit gleichmäßigem Druck geschrieben worden? Oder mal mit mehr und mal mit weniger Druck?

▸ Die Formgebung der Buchstaben. Wie ist jeder einzelne Buchstabe geformt? Sind Buchstaben stark vereinfacht?

▸ Die Bewegungsrichtung der Schrift. Ist die Schrift nach rechts oder links geneigt? Ändert sich die Bewegungsrichtung?

▸ Nutzung der Seite. Wie wird die Seite ausgenutzt? Wird die gesamte Schreibfläche beschrieben? Wie sind die Abstände zwischen den Buchstaben, Wörtern, Zeilen?

▸ Gibt es sonstige auffällige Merkmale? Gibt es auffallende Schreibfehler? Ist viel im Text verbessert? Ist der Text völlig einwandfrei geschrieben?

Ausgerüstet mit solchen Fragen können Handschriftenexperten in vielen Fällen bei der Aufklärung von Verbrechen helfen.

Die Grundidee beim Handschriftenvergleich ist die, dass keine zwei Menschen die gleiche Handschrift haben. Wenn dies der Fall ist, kann ein

Mensch durch seine Handschrift identifiziert werden.

Darüber hinaus behalten wir die wichtigsten Merkmale unserer Schrift auch über längere Zeiträume bei. Betrachte einmal das folgende Beispiel. Zwischen beiden Unterschriften liegen 35 Jahre.

Zwar kannst du einige Unterschiede erkennen. Das L wirkt in der neueren Version (rechts) etwas schwungvoller. Und die Schrift ist heute eher nach rechts geneigt. Aber die Ähnlichkeiten zwischen den beiden Schriften überwiegen eindeutig. Schau dir das o an, es schaut so aus, als wäre es direkt von der alten in die neue Unterschrift kopiert. Vor allem, und das ist typisch: die Größenverhältnisse zwischen kleinen und großen Buchstaben haben sich nur wenig verändert.

Wenn die Schriftexperten zwei Schriftproben miteinander vergleichen, dann ist es ihnen wichtig, dass sie vom Verdächtigen eine so genannte unbefangene Schriftprobe erhalten. Nimm an, jemand wird verdächtigt, einen Erpresserbrief geschrieben zu haben. Um zu prüfen, ob er den Brief tatsächlich geschrieben hat, ist

Strichbeschaffenheit: oben sicher, unten unsicher

Druckverlauf: oben gleichmäßig, unten ungleichmäßig

Formgebung: verschiedene Formen der Buchstaben s und h

Bewegungsrichtung: oben nach rechts, unten nach links

es ideal, wenn der Experte kann die Schrift auf dem Erpresserbrief mit einem Text vergleichen kann, den der Verdächtige etwa zur gleichen Zeit wie den Erpresserbrief verfasst hat. Später, wenn er weiß dass er unter Verdacht steht, kann er mit allen Mitteln versuchen, seine Handschrift zu verstellen. Dann ist die Arbeit des Schriftexperten erheblich schwieriger.

FÄLSCHUNG VON UNTERSCHRIFTEN UND DOKUMENTEN

Die Fälschung von Unterschriften und Dokumenten spielt vor allem in der Wirtschaftskriminalität eine Rolle. Dabei unterscheiden die Fachleute.

▸ Nachahmungsfälschungen. Damit ist das freie Nachahmen einer Unterschrift gemeint. Der Täter übt so lange die andere Unterschrift, bis er glaubt, sie einigermaßen sicher ausführen zu können (siehe Abbildung unten).

Gefälscht oder echt? Oben siehst du die Originalunterschrift. Darunter eine zweite Unterschrift, die angeblich gefälscht wurde. Was meinst du? (Auflösung Seite 186)

▸ Durchfenstern. Die Unterschrift wird gegen ein Fenster gehalten oder von der Rückseite beleuchtet. Das durchscheinende Licht macht den Schriftträger transparent und die Unterschrift erscheint deutlich dunkler. Nun wird das Schriftstück darüber gelegt, auf dem die Fälschung angebracht werden soll. Und jetzt lässt sich die Unterschrift mit etwas Geschick recht einfach nachzeichnen.

Allerdings bereitet der Nachweis einer solchen Fälschung ebenfalls keine große Mühe. Denn der nachgezogene Schriftzug weicht in seiner Bewegungsflüssigkeit und in seinem Bewegungsrhythmus meist erheblich von der Originalunterschrift ab. Unter dem Mikroskop wird deutlich, dass der Fälscher sehr langsam nachgezeichnet hat und ab und an Haltepunkte einlegen musste. Außerdem ist eine Unterschrift, die im Gesamtbild völlig identisch mit der Originalunterschrift ist, meistens gefälscht.

▸ Blankettfälschung. Bei einer Blankettfälschung wird über eine echte Unterschrift nachträglich ein Text gesetzt, der nicht im Sinne des Unterschreibers ist.

▸ Fotomontagen. Dabei werden verschiedene Schriftstücke und eine Unterschrift so zusammenkopiert, dass sie wie ein echtes Schriftstück wirken.

Im Zeitalter der Kopiertechnik ist es besonders wichtig, dass Schriftexperten keine kopierten Dokumente auf Echtheit überprüfen, sondern nur Originale. Denn Kopien kann man heute äußerst raffiniert fälschen. Selbst einem Experten ist es nicht immer möglich, festzustellen, wie eine Kopie entstanden ist. Verschiedene Ausgangspapiere können ineinander kopiert worden sein, ohne dass dies nachweisbar ist. Und in einem solchen Fall ist die Frage nach der Echtheit einer Unterschrift einigermaßen belanglos. Der raffinierte Fälscher wird schon eine echte Unterschrift in sein gefälschtes Dokument hineinkopiert haben.

▶Verfälschungen. Hier werden Teile eines Schriftstücks durch Hinzufügungen, Übermalungen oder Entfernen von Text mit Hilfe einer Rasierklinge verändert.

Die Schriftexperten haben eine Reihe von Untersuchungsverfahren entwickelt, um gefälschte von echten Unterschriften zu unterscheiden. Dabei werden oft elektronische Verfahren und Lasertechnologie eingesetzt.

Die Weinberger-Entführung

Am 4. Juli 1956 wurde der einen Monat alte Säugling Peter Weinberger aus dem Haus seiner Eltern in Westbury, im amerikanischen Bundesstaat New York entführt.

Im Babywagen fanden die Eltern einen Zettel, auf dem in grüner Tinte geschrieben war: „Es tut mir Leid, aber ich brauche dringend Geld. Gehen Sie nicht zur Polizei. Ich werde sie genau beobachten. Beim ersten falschen Schritt werde ich das Baby umbringen."

Es folgte eine Lösegeldforderung in Höhe von 2.000 Dollar. Die Eltern wandten sich sofort an die Polizei. Einige Tage später meldete sich der Entführer erneut. Die Eltern wurden aufgefordert, das Geld an einem bestimmten Ort zu deponieren. Doch der Verbrecher erschien nicht zur Übergabe.

Gegen den Wunsch der Eltern hatte eine Zeitung über den Fall berichtet, so dass am Treffpunkt sogar ein Reporter erschienen war. Später fand die Polizei eine zweite handschriftliche Notiz mit Anweisungen zur Geldübergabe.

Experten vom FBI wurden eingeschaltet. Sie untersuchten die Handschrift beider Schriftstücke und stellten fest, dass beide von der gleichen Person verfasst worden waren. Ungewöhnlich sah der Buchstabe m aus. Er war fast wie ein z geschrieben. (Das FBI nahm an, dass der Entführer aus dem Raum New York stammte und dass er ein Auto fuhr). Deshalb erhielten einige Dutzend FBI-Agenten einen Schnellkurs in Handschriftenanalyse. Sie sollten sämtliche ausgefüllten Formulare bei der Kraftfahrzeugbehörde überprüfen, die damals alle handschriftlich ausgefüllt wurden.

Nachdem 2 Millionen Karteikarten untersucht waren, wurde am 22. August 1956 ein Agent fündig. Ihm fiel eine frappierende Ähnlichkeit zwischen den Schriften auf den Erpresserbriefen und auf einer Karteikarte von Angelo LaMarca auf.

LaMarca wurde am nächsten Tag verhaftet. Zunächst leugnete er die Tat. Als er aber mit der Übereinstimmung der Handschriften konfrontiert wurde, legte er ein Geständnis ab. Er berichtete, dass er mit dem Baby zum vereinbarten Treffen kommen wollte. Als er jedoch merkte, dass die Polizei eingeschaltet war, und zudem die Presse am Übergabeort anwesend war, fuhr er weiter und setzte das Baby in einem Waldstück aus. Tatsächlich wurde wenig später die Leiche des Babys in einem Wald gefunden.

LaMarca wurde am 14. Dezember 1956 zum Tode verurteilt und 1958 in Sing-Sing hingerichtet.

Auflösungen, Links, Stichwortverzeichnis

AUFLÖSUNGEN

S. 28
IN WELCHE RICHTUNG?

Frag den Mann, in welcher Richtung der Ort liegt, in dem er lebt. Er wird immer in Richtung Unterwiesn zeigen.

S. 29
ZU VIERT ÜBER DEN FLUSS

Zuerst fährt der Bauer die Ziege ans andere Ufer. Dann fährt er allein zurück und fährt den Wolf ans andere Ufer. Von dort nimmt er die Ziege wieder mit zurück. Nun bringt er den Kohlkopf hinüber, fährt wieder allein zurück und fährt schließlich die Ziege ans andere Ufer.

S. 30
CLAUDIA HINTER CLAUS

Sie stehen Rücken an Rücken.

DIE LETZTE BOTSCHAFT

Hätte er Selbstmord begangen, hätte niemand das Band an den Anfang spulen können.

S. 31
EINSTEINS RÄTSEL

Dem Deutschen gehört der Fisch.

Hast du dies richtig herausgefunden, kann man dir nur gratulieren. Du gehörst zu den Top 2% der Weltbevölkerung.

S. 35
MINIKRIMI
DIE ALARMANLAGE

Justus geht davon aus, dass der Professor beim ersten Mal die Alarmanlage scharf gemacht hat. Denn er ist ja extra deshalb noch einmal nach oben gegangen. Nachdem er sich durch den Ölwechsel die Hände schmutzig gemacht hat, hat er die Anlage ausgeschaltet, indem er den Kode erneut auf der Tastatur eingegeben hat. Dabei hat er ganz sicher deutliche schwarze Fingerabdrücke auf den Tasten hinterlassen. Hat er dann anschließend die Anlage wieder scharf gemacht, musste er den Kode erneut eingeben. Diesmal mit sauberen Fingern. Dabei hat er die deutlichen Fingerspuren wieder verwischt, aber sicher nicht ganz abgewischt. Hat er aber vergessen, den Kode einzugeben, so müssten die schwarzen Fingerspuren noch in ihrer ganzen Pracht zu sehen sein.

S. 67
MINIKRIMI
ENERGIEKRISE
Bob will beim Elektrizitätswerk anrufen, um herauszufinden, ob in den letzten Minuten der Strom ausgefallen ist. Ist dies der Fall, so vermutet er, dass jemand von der Band die Gelegenheit nutzte, um die Ringe zu klauen. Zwar kann dann trotzdem jemand von der Bar versucht haben, die Ringe zu stehlen, doch wäre das Risiko groß gewesen, da diese Person nicht wissen konnte, wie schnell der Strom wieder fließen würde. Ist der Strom nicht ausgefallen, so muss jemand die Sicherungen aus- und später wieder eingeschaltet haben. In diesem Fall ist höchstwahrscheinlich jemand vom Barteam der Dieb/Täter, denn nur Charlie und seine drei Mitarbeiter wissen, wo sich der Sicherungskasten befindet.

S. 87
MINIKRIMI
RECHTS ODER LINKS
Das war eine einfache Ent-

scheidung für Justus. Da die Frau am rechten Straßenrand stand, konnte sie überhaupt nicht gesehen haben, dass der schwarze Buick einen Blechschaden an der Fahrerseite hatte. Justus vermutete deshalb, dass sie versucht hatte, die beiden in die Irre zu führen.

S. 96
CÄSARS KODE?
Die Nachricht wurde tatsächlich mit Cäsars Kode verschlüsselt. Es wurde eine 11er-Verschiebung verwendet. Die Nachricht lautet:
Kann heute nicht kommen

S. 98
TRE--EN IN NEUN TAGEN IM -ER-TE--
Kann heissen
TREFFEN IN NEUN TAGEN IM VERSTECK
Oder
TRENNEN IN NEUN TAGEN IM VERSTECK
Die erste Lösung scheint mehr Sinn zu machen, oder?

S. 99
TANZENDE MÄNNCHEN
1. Nachricht: AM HERE ABE SLANEY
2: Nachricht: AT ELRIGES
3: Nachricht: COME ELSIE
4: Nachricht: NEVER
5: Nachricht: ELSIE PREPARE TO MEET THY GOD

Nachrich von Holmes:
COME HERE AT ONCE

Übersetzung ins Deutsche:
1. Nachricht: Bin hier ABE SLANEY (Ist ein Name)
2: Nachricht: Bei ELRIGES (Elriges ist der Name einer Kneipe)
3: Nachricht: Elsie komm
4: Nachricht: Niemals
5: Nachricht: Elsie bereite dich vor, deinem Gott gegenüberzutreten
Nachrich von Holmes:
Komm sofort her

S. 105
MINIKRIMI
ERPRESSUNG IM EDEL-
WEISS

Professor Grimm hat festgestellt, dass der Text nach den Regeln der neuen deutschen Rechtschreibung geschrieben ist (z.B. alt *daß*, neu *dass*; alt *Erdnußmus*, neu *Erdnussmus*). Das spricht sehr stark dafür, dass nicht Bernd der Absender ist, der ja schon seit zehn Jahren in den USA lebt, sondern Alois, der erst vor einigen Monaten gekommen ist.

S. 114
KÖRPERHALTUNGEN

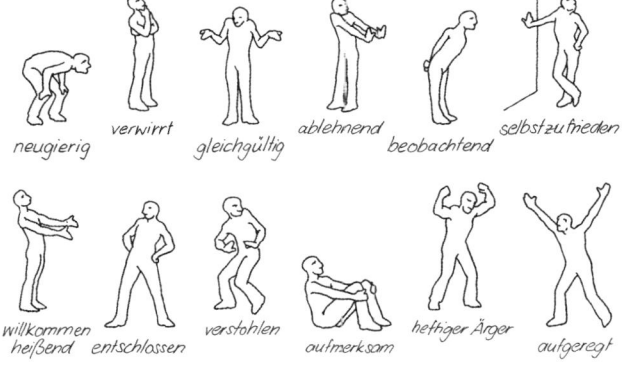

neugierig verwirrt gleichgültig ablehnend beobachtend selbstzufrieden

willkommen heißend entschlossen verstohlen aufmerksam heftiger Ärger aufgeregt

S. 121
MINIKRIMI
AUCH ZWILLINGE
KÖNNEN IRREN

Zwar sahen sich die Zwillinge so ähnlich, dass auch Peter nicht erkennen konnte, welcher von beiden im Zimmer und welcher im Frühstückssaal gewesen war. Aber eines hatten sie offenbar nicht gewusst: Die Fingerabdrücke von Zwillingen unterscheiden sich voneinander, selbst diejenigen von eineiigen Zwillingen. Die Polizei muss deshalb nur an der Zimmertür nach Fingerspuren suchen.

S. 134
MINIKRIMI
DIE ZEHNTE SYMPHONIE

Wahrscheinlich hat Justus beim Aufsammeln festgestellt, dass es sich bei dem Papier um ein modernes, glattes Papier handelte und nicht um altes Büttenpapier, auf dem Beethoven wahrscheinlich geschrieben hätte. In einem solchen Büttenpapier hätte er ganz sicher auch ein Wasserzeichen entdeckt, als er das Papier gegen das Licht gehalten hat. Und vielleicht haben ihn auch die Erklärungen des Vertreters des Auktionshauses misstrauisch gemacht. Beethoven war am Ende seines Lebens taub. Deshalb hat er viele seiner Werke nie selbst gehört. Außerdem ist er nicht in Zürich gestorben.

S. 182
UNTERSCHRIFT

Die Unterschrift ist eine Nachahmungsfälschung.

LINKS

Das deutsche Bundeskriminalamt hat sehr viele Links. Unter anderem zu allen deutschen Landeskriminalämtern, zu vielen ausländischen Polizeibehörden sowie zu Europol und Interpol. Die BKA-Adresse lautet:
http://www.bka.de

Wenn die Polizei in deinem Wohnort eine Website hat, so findest du diese am einfachsten über die Suchmaschine Google (**http://www.google.de**). Du gibst den Namen deines Wohnortes und den Begriff „Polizei" ein. Unter den angezeigten Ergebnissen musst du nicht lange suchen, um zu deiner Polizei zu kommen (vorausgesetzt, die Polizei hat eine Website!).

In einigen Bundesländern (z. B. Bayern) erreichst du die Websites lokaler Polizeibehörden nur über die Websites der Landespolizei. Du musst dann bei Google z. B. „Bayern" und „Polizei" eingeben. Hier die Websites einiger Großstädte:
Berlin:
www.berlin.de/home/Land/Polizei
Bochum:
www.polizei-bochum.de
Bonn:
www.polizei-bonn.de
Bremen:
www.bremen.de/info/polizei
Dortmund:
www.polizei.nrw.de/dortmund
Dresden:
www.polizei-dresden.de
Düsseldorf:
www.polizei.nrw.de/duesseldorf
Frankfurt/Main:

www.polizei-frankfurt.de
Hamburg:
www.polizei.hamburg.de
Hannover:
www.polizei.niedersachsen.de/pd-hannover
Kassel:
members.aol.com/polpraesks
Kiel:
www.polizei-kiel.de
Köln:
www.polizei.nrw.de/koeln
Leipzig:
www.leipzig-online.de/polizei
Magdeburg:
www.polizei-in-magdeburg.de
Wiesbaden:
www.polizei-wiesbaden.de

Alle Websites der österreichischen Polizei sind über folgende Adresse erreichbar:
www.polizei.gv.at

Die österreichische Kriminalpolizei (mit Fahndungsaufrufen) erreichst du über
ln-inter1.bmi.gv.at

Alle Websites der schweizer Polizei und das Schweizer Bundesamt für die Polizei erreichst du über die folgende Adresse:
www.polizei.ch

Wenn du Englisch kannst: Dies ist eine der besten Websites für Detektive, die Seite des FBI:
www.fbi.gov

Die drei deutschen Geheimdienste haben jeweils ihre eigenen Sites. In einigen Bundesländern gibt es Sites der jeweiligen Landesämter für Verfassungsschutz. Die Baden-Württembergische Seite ist eine der interessantesten:

www.bundesnachrichtendienst.de
www.bundeswehr.de/bundeswehr/zmil/mad.html
www.verfassungsschutz.de

Baden-Württemberg:
www.baden-wuerttemberg.de/verfassungsschutz
Bayern:
www.verfassungsschutz.bayern.de
Berlin:
www.berlin.de/home/Land/SenInn/Verfassungsschutz
Brandenburg:
www.brandenburg.de/land/mi/vschutz/index.htm
Hamburg:
www.hamburg.de/Behoerden/LfV/homepage.htm
Hessen:
www.verfassungsschutz-hessen.de
Mecklenburg-Vorpommenrn:
www.verfassungsschutz-mv.de
Niedersachsen:
www.niedersachsen.de/MI7.htm
Rheinland-Pfalz:
www.verfassungsschutz.rlp.de
Sachsen:
www.sachsen.de/de/bf/verwaltung/verfassungsschutz/index.html
Sachsen-Anhalt:
www.mi.sachsen-anhalt.de/min/abt5/index.htm

SchleswigHolstein:
www.schleswig-holstein.de/landsh/im/verfassungsschutz

verfassungsschutz.html

Der zum Innenministerium gehörende österreichische Staatsschutz hat keine eigene Website. Das gleiche gilt für den Staatsschutz in der Schweiz, der zum Bundesamt für die Polizei gehört.

Sehr gute Links hat die Website von Atlas Detektive:
www.atlas-detektive.de

Beim Bundesverband Deutscher Detektive findest du Links zu vielen Detektiven:
www.bdd.de

Und noch ein Detektiv-Verband:
www.bid-detektive.de

Voller interessanter Links, eine private Seite über Polizeiforschung und Überwachungstechniken:
www.rrz.uni-hamburg.de/kr-p1/pol-surv.htm

Sehr viele gute Links findest du auch bei den CyberCops. Die CyberCops sind ein Club für Polizeibeamte. Die Zielstellung des Clubs ist es, auf elektronischem Wege Nachrichten und Informationen auszutauschen und den Kontakt unter Polizeikollegen zu pflegen. Die Webadresse:
www.cybercops.de/index.html

„Polizei 110" ist eine interessante private Website zur Polizei, mit sehr guten Informationen und Bildern. Besonders gut ist die Seite mit den Autokennzeichen aus vielen Ländern der Welt:
www.polizei110.de
Eine private österreichische Website über

die Polizei:
members.aon.at/polizei-at

Diese Website befasst sich mit dem Thema
„Schusswaffeneinsatz bei der Polizei":
www.schusswaffeneinsatz.de

Eine private österreichische Website über
Polizeihunde:
come.to/the.k9-austria

Die Mainzer Polizei hat eine Website zum
Thema Polizeihunde:
**members.tripod.com/~weltweit/
dhst.htm**

Die Elterninitiative vermisster Kinder hat
ihre eigene Website. Schau einmal hinein,
vielleicht kannst du helfen:
www.vermisste-kinder.de

Der „Weiße Ring" kümmert sich um Krimi-
nalitätsopfer:
www.weisser-ring.de

Die Adresse in der Schweiz:
www.weisser-ring.ch

Der Vorbeugung von Verbrechen hat sich
das deutsche Kriminalitätsforum verschrie-
ben:
www.kriminalpraevention.de

Zwei Websites, auf denen nach gestohlenen
Autos gesucht wird. Meist handelt es sich
um Luxuswagen der Marken Ferrari oder
Mercedes:
www.autodiebstahl-xy.com
www.autodiebstahl.de
Eine Website über die dümmsten Krimi-

nellen:
freunde.imperium.de/gansel/kriminal.htm

Eine Detektivseite für Kinder, mit vielen
Links ist:
www.undergroundnet.de

Und für die drei ??? gibt es diese Websites.
Der Produzent der Hörspielversionen der
Krimis hat diese Site:
www.dreifragezeichen.de

Für alle Fans der drei ???-Bücher ist die folgende Seite gedacht, mit vielen Links:
www.rocky-beach.com

Und eine Fanseite vom Webmaster Stefan:
www.super-papagei.de

Einige Hersteller von Fahrradreifen:
www.panaracer.com
www.nokiantyres.fi/bike
www.geax.com
www.vittoria.com
www.contitires.com
www.schwalbe.com
www.michelin.com

Stichwortverzeichnis